JN045777

戦争のかけらを集めて

遠ざかる兵士たちと私たちの歴史実践

清水 亮＋白岩伸也＋角田 燎［編］

Ryo SHIMIZU + Shinya SHIRAIWA + Ryo TSUNODA

塚原真梨佳
遠藤美幸
後藤 杏
望戸愛果
津田壮章
堀川優奈
塚田修一
那波泰輔

Marika TSUKAHARA
Miyuki ENDO
Kyo GOTO
Aika MOKO
Takeaki TSUDA
Yuna HORIKAWA
Shuichi TSUKADA
Taisuke NABA

TOSHO MIGIWA

プロローグ　あの戦争は「歴史」になったとしても

清水　亮
Shimizu Ryo

――もうお目にかかれなくなるでしょう。でも、つながることはできます。戦後百年でも二百年でも。

戦争体験者のなかでも元兵士たちの高齢化は一足先を行く。最も多くの犠牲を払ったとされる一九二〇～一九二二年生まれの「決死の世代」[1]は、みな一〇〇歳をこえた。この文章を書いているうちにも日々生まれてくる子どもたちが、彼らの語りを直接聴くことはまずない。

私たちは今どこにいるのだろう。一九九一年生まれの筆者にとっての一九四五年は、一九五一年生まれにとっての日露戦争（一九〇五年）と同じ距離にある。さらにいえば、二〇二四年生まれにとっての一九四五年は、一九五一年生まれにとっての西南戦争（一八七七年）であり、一九九一年生まれの筆者にとっての第一次世界大戦（一九一七年、ロシア革命や米国参戦）である。[2]

時間の距離を考えれば、いまやアジア太平洋戦争に無関心なのは当たり前だ。ウクライナやガザの戦争を目の当たりにしながら、満洲事変から数えれば九〇年以上も昔のセピア色の戦争

（1）森岡清美『決死の世代と遺書〔補訂版〕――太平洋戦争末期の若者の生と死』（吉川弘文館、一九九三年）。

（2）同じ戦後生まれといっても、孫、ひ孫ほど世代は離れている。二〇二三年（戦後七八年）に戦後の長さは、明治維新（一八六八年）から一九四五年までの長さ（七七年）を越えた。

を「継承しなければならない」という課題設定は、二一世紀生まれの若者から骨董趣味のように思われていても不思議ではないだろう。

もどかしさがある。時の流れに、言葉が追いついていない。

現実にはぴたりと当てはまるのに、口にするのはためらいがちな言葉がある。

「歴史」、である。

一九五一年生まれの成田龍一による、戦後日本の「戦争経験」のあり方・語られ方の三区分を素材に考えてみよう。まず「体験」の時代（一九四五年〜）は、「社会全体が共通の経験を有するなかで、自らの場合（ケース）を語る」ことが基本だった。続く「証言」の時代（一九六五年〜）は、（主に非経験者の）「特定の相手に対し経験の具体相を伝える」ことが支配的だった。これに対して、非経験者が社会の大多数を占める「記憶」の時代（一九九〇年〜）には、戦争は、学校教育やメディアを通して、「もっぱら再構成された戦争像によって感得されるもの」となる大きな転換があった。(3) このように、体験者の減少に従って、戦争との接し方は徐々に間接的になりつつも、断絶には至っていない。

「記憶」の時代は、三〇年以上も足踏みを続けている。成田は二〇一〇年の時点で「いよいよ歴史化される過程に入りつつある」(4)としながらも、二〇二〇年の増補版補章でも、二〇一〇年代は「記憶の時代がいっそう進行した」とする。「歴史化」の方向への動きは示されたものの「実際の歩みは複雑」で、「「歴史化」はまだ途上である」と総括する。(5)

なるほど、まだ歴史じゃないよな、と自然に思える感覚がたしかにある。しかし、いつ「記憶の時代」は終わるのだろうか。存命の体験者が一人もいなくなったらか。「歴史」という言葉で戦争を語れば、生々しさを失ってしまう不安が社会からなくなったらか。そもそも、なぜ「証

（3）成田龍一『増補「戦争経験」の戦後史――語られた体験／証言／記憶』（岩波現代文庫、二〇二〇年〔初版二〇一〇年〕）、二〇、二七五〜七六頁。三者は三位一体であり、どれが統御しているかの違いがあるのみで、「記憶の時代」に「証言」や「体験」が存在しないわけではない。ゆえに、来るべき「歴史」の時代は、「記憶の時代」の完全な終幕とは限らない。「体験」と「証言」の消滅による「三位一体」の崩壊に加え、「記憶」が「歴史」によって統御される時代、と推論できるだろう。

（4）前掲成田、二九五頁。

（5）成田龍一「補章」（前掲成田）、三〇四、〇六、二三頁。

言」の時代のあと、戦後五〇年あたりで日本社会は「歴史」の時代へは移行しなかったのか。(6)

これに対して、二〇二四年の本書は、「歴史」の時代を、座して待つことなく、能動的に呼び寄せて切り開こうとする意志をもって編まれた。

「歴史」の時代は、戦争体験者全員が亡くなったときに開く自動ドアがもたらすものではない。すでに過去とほとんど断絶してしまった現実を自覚してなお、私たちが「歴史」という回路から過去へ跳躍する実践と、そうした接近の意味を語り合う言葉が、新しい時代の扉を押し開ける。「歴史」の時代は、決定的な「隔たり」を自覚することから始まる。目の前にいた戦争体験者の圧倒的な存在感を全身で感じることはできなくなる。声は文字になり、溜息は録音になり、顔は写真になり、身体は映像になる。

間接性・媒介性・距離を、二〇二〇年からの新型コロナウィルス感染症流行が残酷なまでに自覚させたことは皮肉で、象徴的だ。それでも、人は人とつながり、伝え合うことをやめはしなかった。コロナ禍が新たな非対面的コミュニケーションを生みだしたように、隔たりを認めたところから、過去とのつながり方の再構想が始まる。

*

思考の基盤たる言葉が「歴史」にならないままでは、「体験者」が「継承」の頼みの綱にされたままだ。本来、体験者が希少化・高齢化した「記憶の時代」には、「これまで語られ書き留められてきた戦争経験を手掛かりに、非経験者それぞれが戦争を追体験し検証していくことが要請される」(7)。

しかし、大多数の現実は異なるのではないか。過去の体験者の語りを活字化した記録は膨

---

(6) 戦後五〇年という歳月は、「歴史的研究にとって、冷静な把握を阻害するとされる同時代人の経験が、相対化され、時間的な距離によって客観的な対象化が可能になる時期のはずだった。しかし、「そこで「歴史」ではなく、「記憶」へと移行したことこそ、歴史認識論上の大きな変化であった」（野上元「テーマ別研究動向（戦争・記憶・メディア）――課題設定の時代被拘束性を越えられるか？」『社会学評論』六二巻二号、二〇一一年、二三九～四〇頁）。

(7) 前掲成田、二七六～七頁。

大にあるにもかかわらず、「メディアや教育の場においては、存命の体験者に話を聞くことと、過去の膨大な資料を読み解く手間を省くこととが、ときに表裏一体になっている」と、福間良明は指摘する。「「いま聞き取らなければならない」という「継承」の欲望が、過去の体験者の「忘却」を生み出している」こともなきにしもあらずと警鐘を鳴らす。(8)

この際、思い切って「体験・記憶の継承」から、「歴史実践」へ、言葉を変えてみよう。(9) 連続的な地平で〝受け取る〟ことではなく、ギャップごしに〝探究する〟姿勢で過去と向き合おう。歴史実践は、歴史研究や歴史教育に限らず、「日常的実践において歴史とのかかわりをもつ諸行為」全般をさす、懐の広い言葉だ。(10) 体験者がいなくなってしまってと愚痴をこぼすより、たとえ体験者に会えなくなっても「歴史なんて、僕らの日常生活のあちこちに溢れかえっているんですよ」(11) と、戦後八〇年を前向きに迎えるための言葉だ。

ただし、この「日常生活」のあらゆる行為を包含しかねない定義はあまりに広い。過去との断絶から出発するという「歴史の時代」の重要な主題も含まれない。「継承」ではなく「断絶」から出発する構えならば、「あちこちに溢れかえっている」過去は、歴史そのものではなく、歴史実践者が歴史叙述を構成するための断片とみる必要がある。(12)

テッサ・モーリス＝スズキは、保苅の歴史実践について、独自の解釈を提示している。彼女は、「歴史」を「とても複合的で複雑な巨大なジグゾーパズル」に喩えているのだ。歴史否定主義者を念頭に「このパズルのピースをひとつかふたつだけを取り上げて「すべての絵はこうである」とは言えません」と述べたうえで、次のように語る。

> 「歴史する」というのは、ジグソーパズルで「大きな絵」をつくっていくことです。パズ

---

(8) 福間良明『戦後日本、記憶の力学――「継承という断絶」と無難さの政治学』作品社、二〇二〇年、一一頁。そもそも体験者の高齢化は、単なる数の減少ではない。戦争当時若かった一部の体験者世代にしかインタビューできなくなるという偏りを意味する。

(9) 蘭信三・小倉康嗣・今野日出晴編『なぜ戦争体験を継承するのか――ポスト体験世代の歴史実践』（みずき書林、二〇二一年）も、体験継承を深めつつ歴史実践につなげてようとする提案と読める。「歴史総合」科目導入に伴う教育実践論でも「歴史実践」が焦点化されている（成田龍一『歴史像を伝える――「歴史叙述」と「歴史実践」』岩波新書、二〇二二年、小川幸司『世界史とは何か――「歴史実践」のために』岩波新書、二〇二三年）など。

(10) 保苅実『ラディカル・オーラル・ヒストリー――オーストラリア先住民ア

ルのピースはほぼ無限にあります。少しずつピースを集めます。その断片を精査し検証し分析します。その意味や価値を考えます。そしてそのピースを全体像の中に埋め込んでみる。〔中略〕一人だけではジグソーパズルの完成はとても望めません。それゆえ、多くの知見を参照し、異なる立場の人たちと交流し、生涯をかけてこのジグソーパズルに取り組むのです。(13)

モーリス＝スズキが語る歴史実践は、「ピース」の探究と、「パズル」という歴史叙述のセットである。(14)試みに定義するならば、「多様な過去の痕跡を収集し分析し組み合わせて、歴史を叙述する、終わりなき共同作業」だろう。

歴史の探究・表現は、パズルや絵を描くことのように、一定の技術・方法の習得を要し、技量を評価しうるものの、アカデミックな研究者以外の多様な探究・表現——小説やアートや展示——を行う主体に開かれている。パズル的歴史実践は、やがて来る「歴史の時代」において、体験者不在という厳然たるギャップ越しに過去とつながるための、徹底的な対象の探究と真摯な表現の反省を促す。

＊

本書は、社会学・歴史学の研究者一一人と二人の編集者が、一年半にわたり研究会で議論を重ねた末に誕生した論文・エッセイ集だ。研究対象は、（元）兵士と彼らに関わる集団や個人による、多様な歴史実践のプロセスである。民間人の戦争体験者以上に高齢化が進んでいる旧軍の兵士は、「歴史」に近い対象だといえる。そして彼らの歴史実践は、戦友会や軍隊（自衛

ボリジニの歴史実践』（御茶の水書房、二〇〇四年）、五〇頁。歴史実践はもっと軽やかに「歴史する」と言い換えてもよい。

(11) 前掲、二〇頁。

(12) 断片の「つぎはぎ」は、しばしば継承者＝オーディエンスの期待した滑らかな物語を裏切る。「読者の期待に沿った物語とはならない散らばってしまった断片とその組み合わせ」による歴史叙述は、読者の安住する世界観や歴史観を揺るがす「異化効果」をもちうる（藤原辰史『歴史の屑拾い』講談社、二〇二二年、一七四～八頁）。

(13) テッサ・モーリス＝スズキ、姜尚中『Doing history——「歴史」に対して、わたしたちができること』（弦書房、二〇一七年）、一八～一九頁。

(14) その点で、大河ドラマの視聴や歴史小説を読む受容者——製作者ではなく——まで全て包括する保苅の歴史実践よりも狭義だ。

隊）などの〝組織〟や、出版や観光などの〝市場〟や、国家から運動体までのさまざまな〝政治〟のなかに埋め込まれている。私たちは、それらの戦後の歴史社会的文脈を解読していく。

彼らの歴史実践を解読する歴史実践を行う著者たち自身の姿も、ところどころみえてくる。著者の大半は一九八〇～九〇年代生まれ、身内の戦争体験者といえば祖父母の世代である。成田の枠組みでいえば、「記憶の時代」の真っ只中で「もっぱら再構成された戦争像」に接して育った世代だ。

続きは、気になる章から自由に読んでほしい。ゆるやかな問いのもとに、三つの部に分けた。そして、各部の間には、大学生であれ在野であれ研究に取り組む人のために、先行研究と史料の状況について解説する補章を配置した。各章の事例研究は、型にはめず伸び伸びと展開させつつ、補章が事例研究群の学術的な意味を補完する。

第一部の問いは、元兵士がつくった組織はいかにして非体験者に引き継がれているのか。元兵士たちのつながりの結晶であった戦友会は、高齢化によってほとんど消滅した。しかし、二〇二〇年代に入っても、様々な変容や問題を抱えながら、非体験者が参与し戦友会が存続する現象もみられるのである。

最初の二つの章は、著者たちの目線で書かれたエッセイ的文体で、専門外の読者が本書の世界に足を踏み入れる両開きの扉だ。塚原真梨佳は、自らが遺族という立場から、戦没した戦艦の戦友・遺族会への参与観察を行い、遠藤美幸は、体験をもとに二度と戦争を繰り返さないために行動する「不戦兵士の会」の後継団体を自ら引き継ぐにいたる過程を記述する。

両者とも当事者として組織内部から細部まで記述するのに対して、角田燎は、俯瞰的な視点をとる。体験者の高齢化を見越して複数の戦友会組織を統合しようとした試みが直面した困難から、固有の歴史を負った各戦友会の意味の重さが浮き彫りになる。このように、非体験者による体験者組織の引継ぎという謎に、各著者が相異なるポジショナリティとアプローチから迫っていく。[15]

「補章①　戦友会研究への招待」は、戦争体験者がつくりあげた組織に、非体験者が参加するという近年の現象にどう向き合うかを問いかける。それは、戦友会研究の蓄積に照らすと、記憶継承の「成功例」として単純に論じるわけにはいかない、謎に満ちた現象なのだ。その謎を解くヒントになるよう、現代日本社会の「記憶の場」としての戦友会に対する分析枠組みを提示する。

第二部は、従来の研究ではほとんど歴史記述の対象外とされてきた憲兵の戦友会や、極端に政治化した元兵士組織を取り上げ、さらにアメリカの退役軍人会や自衛隊退職者へと視野を広げていく。第二部がゆるやかに共有している問いは、元兵士たちを外部の戦後社会はいかにまなざしてきたのか、だ。まなざしの政治性と戦後社会の複数性が、この部分の通奏低音となる。

後藤杏は、憲兵の戦友会が自衛隊の警務隊ＯＢによって引き継がれる計画がとん挫した過程を、憲兵に対して戦後社会が付与した強烈なスティグマ（烙印）に着目して記述する。白岩伸也は、政治色が強いために旧軍人団体の周縁に置かれてきた日本郷友連盟の設立経緯をたどり、国家のまなざしによってさえも、ますます周縁化されていく過程を明らかにする。

望戸愛果は、アメリカ在郷軍人会に異議を申し立てる大学生たちのまなざしを、未来出征軍人会というユニークな場から伝えていく。この論考の肝は、やがて在郷軍人会やメディアが、大学生たちに出征をうながすようにまなざしかえしていく、双方向的なダイナミズムである。

そして、戦後日本には自衛隊があり、「自衛隊体験」もあった。津田壮章が分析する自衛隊退職者たちの著書は、自衛隊に対する戦後社会の否定的なまなざしに政治的な観点から反論するようなものばかりではない。むしろ、通常業務での「与太話」や、自衛隊で身につく「役に立

（15）これらに描かれた光景は、戦友会の最盛期にあたった『共同研究戦友会』（高橋三郎編、田畑書店、一九八三年）の第一章「戦友会の一日」（溝部明男）が参与観察した光景とは大きく異なっている。ここが、私たちの出発点だ。

つ」技術の紹介など、特異な組織（で働く人々）に対する多様なまなざしに対応した出版物の広がりが明らかになる。きっと、これらの論考を読んだ読者は、元兵士たちのまなざしと、社会のまなざしに加え、周縁化されてきた対象に対して深くのぞきこみ理解を深めようとする研究者たちの〝第三のまなざし〟を行間から読み取ることもできるだろう。(16)

史料ベースの研究が占める第二部のあとには「補章② 兵士の史料への招待」を置いた。ますます声を聴くことが難しい時代になっても、文字を通して歴史に接近するため、兵士の史料をめぐる近年の状況と、それに私たちがアクセスしてきた足跡を示す。実際、戦争資料はもはや博物館が所蔵しきれないほど膨大に散在している。もちろん史料それ自体を尊び保存することは大切だ。しかし、それ以上に本章は、書庫の片隅やネットオークションに散らばる史料から、問いをもった一人一人が、独自の価値を見出して一片一片を「拾う」運動こそが、風化に抗う術だと提案しているようにみえる。まさにそのような実践が、第三部で取り上げられる。

第三部は、非体験者個人が、亡くなった体験者〝故〟人といかに関わり対話しうるのかを問う。研究者個々人は、調査を通して、歴史実践のありかた自体にも考察を巡らせていく。

堀川優奈は、あるシベリア抑留者の残した膨大な資料の保存と整理に格闘しつつ、故人の思考を解読していく過程を記述する。塚田修一は、軍事エリート校出身のエリートビジネスマンが一九九〇年代以降に戦友会や出版ビジネスと関わりつつ軍隊経験を経済的な成功と結びつける物語を創造していく過程を描写する。残された資料は、彼らが生き残ったからこそ戦後に書き遺されたものである。

堀川・塚田が戦争を生き延びた故人を自ら探究するのに対して、清水亮・那波泰輔は、戦死者という故人を探究する個人の歴史実践を記述する。清水は、非体験者ながら戦友会の担い手

(16)「記憶の時代」は、それ以前の語りから排除されてきた「日本」「日本人」以外のアジアの人々の声に耳を傾ける時代だったが（前掲成田、二七六頁）、本書はむしろ「日本」の枠内でもなお見落とされてきた対象をまなざす関心がうかがえる。

となり、遺族訪問など多様な活動を行う女性の、あくなき探究心と謙虚さの来歴と意味を考える。那波は、各世代の人々が、戦没学徒たちが書き遺した遺稿とどのように出会うかを問い、著名な『わだつみのこえ』という書籍と、「わだつみのこえ記念館」というミュージアムの二つのメディアの関係性を糸口に探究する。体験者なき時代のとば口に立っていても、偶然的な資料や人との出会いを通して、もう出会うことは叶わない故人の思考や感覚に迫ろうとする。(17)

以上の分類は、後付けの道案内にすぎない。読者は、各部の境界をまたぐ論点に気づくだろう。たとえば、なぜ戦友会が存続／解散するかという問いは、第一部にとどまらず、解散した事例を扱う後藤の章などにも欠かせない。(18) あるいは、「歴史」の時代の基調が、ヒトからモノへの変化だとすれば、アート（塚原）やノート（堀川）、ミュージアム（那波）や出版物（津田・塚田）など、実に多様なモノが、各章に顔を出す。さらに、「追憶」（塚原）、「戦争体験の私化・個人化」（津田）や、「環礁モデル」への辿りつき方（那波）、歴史への「謙虚さ」（清水）、といった歴史実践論を、他の章の対象にあてはめて考えてみることもできる。

エピローグでは、各章を踏まえつつ、非体験者のみとなった世界で、私たちはどのように歴史実践を展開しうるか、を構想する。戦争体験者との直接的な出会いの減少は、まぎれもなく、戦争をめぐる歴史実践の弱みだ。しかし、諦めずに、「弱さをそのまま弱点と捉えるのではなくて多様性の表現や特長へと変換できるような」可能性を模索する。(19) それは、さまざまな歴史実践について、非体験者も、非専門的研究者も、持ち寄って議論し合う広場をつくる試みである。

＊

歴史は、いま、ここに、生きている。

---

(17) それはちょうど第一部で塚原が、顔もわからない遺族の大叔父を粘り強く追跡していった姿にも重なる。

(18) 当初は、生き延びた／解散した組織を比較するような社会科学的なまとめ方も考えた。しかし、むしろ個別事例から多様な論点を自由に出し合うことで広がりを持たせようとした。

(19) 岡田林太郎『憶えている――四〇代でがんになったひとり出版社の一九〇八日』（コトニ社、二〇二三年）、四二頁。

歴史は、単なる情報や知識ではない。目をそむけたくなったり、信じがたい痕跡が刻まれた史料の解読に没頭するとき、感情をゆさぶられ過去に引きずり込まれる。今野日出晴は、藤田省三が唱えた「物事との間の驚きに満ち又苦痛を伴う相互的交渉」から生じる「経験」は、「本来的には、自分を震撼する出来事に対して自らを開いておくこと、物事によって揺り動かされることを歓迎するような態度」を基盤とすると強調している。[20]研究者が〝研究対象〟を突き放して観察し分析する以上の余剰が、「経験」によって生じる。その余剰を捨象せずに、「過去との遭遇は、どんな遭遇でも、純粋な知識と同時に感動と想像力をともなうものだ」[21]と伝える書物でありたい。

歴史は、こちらが一方的に掘り進める化石ではない。私たちが歴史に働きかけるとき、歴史も私たちに働きかけてくる。たとえばフィールドワークをするとき、年齢的にも経験的にも、ずっと戦争体験に近しい年配者に取り囲まれていることもある。若輩者の研究者たちが恐る恐る深淵をのぞく時、深淵も興味深げにこちらをのぞきかえしている。歴史実践は相互行為だ。

そして私たちも歴史の一部だ。私たちは大きな歴史の構造のなかに生きていると同時に、私の経験の内にも小さな歴史があり、あなたの人生も小さな歴史である。私たちは研究会を重ねつつ、自らの過去との向き合い方も問い直してきた。

ここに集まった、元兵士の集団に関心をもつ若手研究者の発生自体が一つの時代の反映だとしたら、それは何を意味するのか。現在という歴史の先頭に生きる私たちは、どこから生まれてきた何者なのか。

簡単に答えの出ない問いを、読者諸氏も一緒に考えていただけたなら、著者冥利に尽きる。[22]

---

(20) 今野日出晴「「戦争体験」、トラウマ、そして、平和博物館の「亡霊」」(『なぜ戦争体験を継承するのか――ポスト体験時代の歴史実践』みずき書林、二〇二一年)、四二〇頁。

(21) テッサ・モーリス＝スズキ（田代泰子訳）『過去は死なない――メディア・記憶・歴史』（岩波現代文庫、二〇一四年）、三三頁。

(22) 本書は、隙間だらけでも、めいっぱい「大きな絵」を描こうとした「パズル」である。未完成の隙間は「読者が主体的に歴史的断片の組み合わせに参加できる」（前掲藤原、一七八頁）余地と受け取っていただけたら幸いである。

戦争のかけらを集めて　遠ざかる兵士たちと私たちの歴史実践　目次

第3部　残された言葉との対話

第1部
非体験者による存続の行方

戦後七〇年の軍艦金剛会
「追憶」のためのノート

塚原真梨佳
Tsukahara Marika

イントロダクション

「あんたの大伯父さんはね、英霊として、靖国に祀られとるんよ。」

閣僚の靖国参拝を報じるニュースを見ながら、思い出したように母が呟いた。二〇一二年夏のことだった。その頃、美大生として映画製作に没頭していた筆者は、英霊と呼ばれる自身の大伯父に、何とはなしに興味を抱いた。あわよくば新作のネタになるかもしれない、という下心すらあったように思う。とにかく戦死者慰霊だとか戦争の記憶の継承といった使命感や明確な理由があったわけでもない。下心含みの興味本位……率直に言えばそれが戦死者たる大伯父と筆者の出会いの契機であった。ただ、自分の血の繋がった身内に「英霊」がいるという事実を不意に知らされ、なぜかわずかに動揺したこと、その動揺が顔も知らない大伯父なる人物について知らなければならない、という思いを掻き立てたように思う。

手始めに筆者は、母に大伯父について知っていることを尋ねた。自分も会ったことはなく、母（筆者の祖母）からの伝聞であるから詳しいことは分からないと前置きしつつ、

・名前は谷口常雄、谷口家の長男であった。
・農家の長男であったが、成績優秀であったため、教師の勧めで海軍に志願した。
・ムサシだったかコンゴウだったか、とにかく漢字二文字のフネに乗っていて戦死した（当時の日本海軍の戦艦は大体漢字二文字である）
・大伯父の親兄弟は既に全員鬼籍に入っており、生前の大伯父を直接知る身内は残っていないはず。写真などもおそらく残っていない。

といったことを教えてくれた。つまり、名前とどうやら海軍にいたらしいこと以外ほとんど何も情報が残っていなかったのである。公には「英霊」として祀られていながら、一族の記憶としては、写真一枚残されていないという状況に、筆者は衝撃を受けた。そして、つい先日まで自身もその存在すら認識していなかったことに申し訳なさすら感じていた。

これが、本稿で事例として紹介するアートプロジェクト『Remembrance プロジェクト』の始まりである。『Remembrance プロジェクト』は、映像作家である筆者が主催するアートプロジェクトであり、谷口常雄という一人の戦死者をめぐる記憶や過去、歴史を調査する活動そのものと、それらの活動の成果をもとに映像作品やインスタレーション作品を制作する活動を総称したものである。本プロジェクトは、二〇一二年から現在まで継続しており、名前と海軍軍人であったという情報のみを頼りに、谷口常雄という一人の戦死者が一体いかなる人物であり、

どのような人生を歩んだのか、その痕跡を辿り残されたモノを拾い集めるという活動を続けている。これまでに映像作品一本、映像インスタレーション作品を二作品制作・発表している。本稿ではこれらの作品群の中でも、特に筆者と戦友会との関わりの中から制作された映像作品『Remembrance～追憶のための往復書簡～』の話題を中心に、その制作過程において筆者が見聞きし、感じ、カメラに収め続けた戦友会の姿を素描してみたい。

　大伯父の足跡を追いかける中で、筆者は「軍艦金剛会（以下、金剛会）」と出会った。金剛会は一九四四年一一月二一日に米潜水艦の魚雷攻撃により沈没した戦艦金剛の乗組員およびその遺族によって結成、運営されている戦友遺族会である[1]。戦死者慰霊追悼を目的に、一九七八年に佐世保旧海軍墓地（現東公園）に慰霊碑を建立することを契機に結成し、現在まで毎年一一月に戦死者の慰霊法要を続けている。

　筆者は、名前と海軍所属という情報のみをもとに、靖国神社において発行される「御祭神調査書」や軍歴照会を通じて入手した大伯父の「軍歴証明書」から、大伯父が太平洋戦争中、戦艦「金剛」に乗艦しており、金剛の沈没時に戦死していることを突き止めていた。これらの公的書類を通じて、大伯父の軍人としての経歴や乗艦していた艦、戦没地などはある程度特定できたものの、そこからなかなか調査を進展させることができずにいた。そこで筆者は、大伯父が最期に乗艦していた戦艦「金剛」を糸口に、大伯父につながる新たな情報や痕跡を求めた。そこで、戦艦「金剛」は佐世保海軍鎮守府（長崎県佐世保市）所属の艦であったこと、ゆえに長崎県佐世保市に「金剛」の慰霊碑があること、慰霊碑は「金剛」の戦友遺族会が建立、管理を行っており、会は現在でも活動を続けていることが芋づる式に判明した。慰霊碑には大伯父の名前も刻まれているかもしれず、もしかしたら、大伯父のことを知る戦友もまだ在籍している

（1）筆者が参与している「軍艦金剛会」は、戦艦金剛乗組経験者で構成される戦友会と戦艦金剛沈没時に戦死した戦死者遺族で構成される遺族会が統合された形態をとっている。よって本稿では、戦友と遺族が一つの会を組織しているこの形態を「戦友遺族会」と呼称する。

かもしれない。そんな一縷の望みをかけて筆者は戦友遺族会の世界に飛び込んだのである。これが、筆者と金剛会との出会いである。

「追憶的行為」と戦友遺族会

『Remembranceプロジェクト』にとって、金剛会との出会いと会への参与は重要な意味を持った。それは後述するように、大伯父の足跡や人となりを窺い知る上で公的書類からは見えてこない情報が得られたことはもちろん、それだけでなく、金剛会が毎年行う慰霊法要に子孫の一人として参与を続けるうちに、戦死者を弔い、その存在を折に触れて思い出すような戦友遺族会の営為に、そしてそのような営みを数十年にわたって続ける戦友遺族会という存在そのものに関心が広がっていったからである。この金剛会に対する関心は、本プロジェクトの核にある「追憶」という行為を意識する契機であった。

本プロジェクトでは、プロジェクトにおける一連の行為を、「追憶的行為」として位置付け、類義語の「記憶」という語や戦争死者慰霊・追悼の現場でしばしば用いられる「記憶の継承」といった試みとは明確に区別している。「記憶（Memory）」は、「過去に体験したことや覚えたことを、忘れずに心にとめて置くこと、またその内容」を指す。つまり「記憶」には、当事者としての体験や経験が結びついており、「記憶の継承」という試みは、その当事者の体験や経験を非当事者が当事者から引き継いでいくという連続性を帯びたニュアンスが含まれる。では、筆者の一族のように当事者や当事者を直接知る者が既にこの世におらず、戦死者の記憶はおろかその存在すら忘却されかけていた場合、「記憶」することは既に不可能であり、「記憶の継承」にも失敗してしまったと言えるのだろうか。少なくとも筆者は、当事者や当事者の体験・経験との結びつきをほとんど持たない自分自身が行う一連の行為には「記憶」や「記憶の継承」という言葉は馴染まないと考えた。筆者自身には覚えておくべき体験や経験もなければ、継承されるべき記憶も既にほとんど忘却の彼方へと追いやられていたからである。であるならば、当事者の子孫であるということ以外ほとんど断絶した立場である筆者が、戦死者の体験や経験の痕跡を過去に遡って拾い集める行為は、「記憶の継承」とは異なる言葉で表されるべきではないか。

そこで思い当たった言葉が「追憶（Remembrance）」である。「追憶」とは、「過去のことを思いやること、さかのぼって過ぎ去ったことを思いしのぶこと」を意味する。「記憶」と異なり「追憶」は、必ずしも「体験や経験を覚えている・思い出す」という当事者性は含まれない。一方で、単に「覚えていること」やその内容を指す「記憶」に比して「過去を遡る」「過去を思いやる・思いしのぶ」という能動的な響きを持つ言葉でもある。さらに言えば、過去を遡るという行為は、「記憶の継承」とは異なり記憶の保有者である当事者やその記憶との連続性を必要としない。筆者のように当事者やその記憶とほとんど結びつきを持たない立場からであっても、過去を思い、様々な痕跡を辿って過去を遡ることは可能である。

P・ノラやM・アルヴァックスをはじめ、社会的な出来事をどう記憶し、どう想起するかという記憶をめぐる問いについては歴史学や社会学など様々な分野で検討されてきた。[2] 阪本真由美は、災害の記憶の継承とは、実際にそれを経験した人の持つ記憶が留められた場を通じて、その出来事を自らの記憶として追想するプロスペクティブな記憶を想起することであることを、震災ミュージアムの事例から明らかにしている。[3] ここに登場する「追想」や「想起」は、本稿

(2) ピエール・ノラ『記憶の場』（谷川稔訳、岩波書店、二〇〇二年）、モーリス・アルヴァックス『集合的記憶』（小関藤一郎訳、行路社、一九九九年）。

(3) 阪本真由美「災害ミュージアムという記憶文化装置」（山名厚、矢野智司編『災害と厄災の記憶を伝える』勁草書房、二〇二一年）。

の主題である「追憶」と通ずる部分も多い。しかし決定的に異なるのは、過去を思い返すための「記憶」が途切れることなく保存されているという前提の有無である。阪本の議論においては「追想」や「想起」という営みにはそれを喚起する「記憶」が制度的に保存されていることが前提とされている。しかし本稿の「追憶的行為」は、むしろそのような「記憶」の継承がほとんど途絶しつつある、「分からない」だらけの地点から出発する行為である。つまり本稿の「追憶的行為」とは、出来事やその経験はもちろん、体験者の記憶の継承までもが全て過ぎ去ってしまったその後で何ができるかという試みでもある。

そのような非当事者による「追憶的行為」という戦死者と生者の関係性を体現し、筆者に「追憶」という行為の可能性を示してくれたのが他ならぬ戦友遺族会の金剛会であった。

よって本稿では、『Remembrance プロジェクト』における筆者と金剛会の関わりの中で特筆すべきいくつかのエピソードを点描することを通じて、戦後八〇年を間近に控え、太平洋戦争の記憶も遠くなり、記憶の継承の重要性と困難さが叫ばれる現代において、戦死者と今を生きる我々との新しい関係性としての「追憶」という行為の可能性を考えてみたい。

筆者は、二〇一四年から現在まで途中新型コロナ流行による中断を挟みつつも、毎年一一月に行われる軍艦金剛慰霊法要への参与及び撮影を継続している。本稿においては、約一〇年間の参与観察と撮影をもとに現代における戦友遺族会の有り様を記述・記録するとともに、いくつかの印象的なエピソードの中から戦友遺族会における「追憶的行為」の実践をみていく。そしてそれらの実践及び金剛会との関わりを通じて製作された映像作品『Remembrance ～追憶のための往復書簡～』を事例として、戦死者と現在を生きる人々との関わり方としての「追憶」という行為のもつ意味とその可能性について考察したい。

「軍艦金剛会」点描──「軍艦金剛会」との出会い

『Remembrance プロジェクト』において、筆者が軍艦金剛会（以下金剛会）関係者と初めて出会ったのは二〇一四年の夏の終わりのことである。旧海軍墓地管理者経由で当時の金剛会会長のY氏を紹介していただき、金剛会が建立した慰霊碑の前で取材を受けていただくこととなった。

「ええとこにあるでしょう。眺めのいいね、海軍墓地の中で一番ええとこに建ててもらったとですね」

開口一番、Y氏はそう誇らしげに語り出した。確かに戦艦金剛の慰霊碑は、天神山山頂付近にある公園内のさらに上部に位置し、眼下にはかつての金剛の母港であった佐世保港を一望できる風光明媚な光景が広がっていた。

「こんな眺めのええとこに、立派な慰霊碑を建ててもらってね、兄貴も喜んでると思いますわ」

二〇一四年当時金剛会会長を務めていたY氏は、戦死者の弟にあたる遺族という立場にあった。Y氏によれば、金剛会の結成当初、会員は戦艦金剛乗組経験のある戦友のみに限られていた。一九七二（昭和四七）年に九州在住の戦友会会員(4)を中心に建立を進めた慰霊碑が完成して以来、一九八〇年代末頃までは戦友会主催で毎年慰霊法要が開催されていた。その慰霊法要には遺族も参列していたが、遺族会という明確な組織があったわけではなく「戦友会」「遺族会」がはっきりと区別されていたわけではなかったという。金剛沈没から五二回忌を数える一九九六年頃、戦友

写真　戦艦金剛慰霊碑

会会員の高齢化に伴い、会長職及び運営が戦友会員よりも若年の遺族に引き継がれることとなった。以来Y氏をはじめとした遺族が会の運営を担っている。もちろん戦友会員より若年といっても戦死者の兄弟や子世代であり、そちらの高齢化も容赦なくすすむ。五〇回忌等を区切りに「弔い上げ」として慰霊祭の終了や会の解散を選ぶ戦友会も少なくない中で、活動継続という苦労の多い道を選択したのは何故なのか気になった筆者はY氏にその理由を尋ねてみた。Y氏は少し悩んでから、ポツポツとその理由を語ってくれた。

「うーん……そうですねぇ、五〇回忌のときにですね、それまで（慰霊祭の）案内状を毎年出しておったんですが、皆歳も歳だし、長崎まで来るのは大変だろうということで、案内状はもう出さないようにしようかねぇ、と。それで、そのあとは知ってる人だけ、来られる人だけでやろうと。昔は法要もここ（慰霊碑の前）でやっとったんですが、坂の上にあるでしょう。ここまで登ってくるのもしんどいということで、今は下のところ（東公園入口に位置する休憩所）でやらせてもらっとるわけです。それでも、ねぇ……国のためにといって亡くなっていった人たちに、生き残ったもんが何も報いないというのは……それに、ここまで続けてこられた戦友の方たちにもですね、（会を引き継がないというのは）申し訳が立たんという気持ちですね」

Y氏の語るその動機には、戦死者へのある種のやましさと同時に、戦友会の活動を自分たちの代で途切れさせることへの罪悪感、戦友会員への配慮もが両立していたことが印象的であった。戦友会が数十年にわたって活動を続けてきたからこそ、戦死者の記憶だけでなく戦友会の

（4）筆者が二〇一八年に取材した別の金剛会会員（本文にも後に登場する、二〇一八年当時唯一戦友という立場で会に出席していた会員）によれば、慰霊碑の建立や慰霊法要開催にまつわる実務的な事柄は九州在住の会員が担っていたという。この点については「金剛」が佐世保海軍鎮守府所属の艦であり、乗組員の多数が九州出身者であったことが理由であろう。また、四国などの他地方在住の戦友会員については、各地方世話人のようなポジションの会員がおり、慰霊碑建立の資金集め等を取りまとめていたという証言も得られている。

活動や記憶、その思いをも継承しなければならないという使命感（義務感？）が会を託された遺族にはあったのだろう。だからこそ、規模を縮小し、慰霊祭の形式を変更しながらでも遺族たちは会を継続する道を選んだのである。

「ところで、お身内の方のお名前はどちらになりますか？」

取材が一区切りしたところで、ふとY氏から尋ねられた。慰霊碑には金剛沈没とともに戦死した一二五〇名余の氏名が刻まれている。大伯父の名前も、慰霊碑の裏側に確かに刻まれていた。こちらになります、と大伯父の名前を指差すとY氏は碑に刻まれた大伯父の名前に手を合わせ、（大伯父の）出身はどこか、年はいくつか、海軍での所属はどこかなどを筆者に尋ねた。軍歴に記されていた情報を必死で思い出しながら、佐賀の唐津に生まれて、戦死したときは二六歳で、砲術の仕事をしていたようだと答えると、

「そうね、砲術ね。歳もうちの兄貴と近かね。そうか、それやったら、もしかしたら友達やったかもしれんね。砲術やったとなら。歳も近かとやし」

と、Y氏は笑いながら嬉しそうに言った。Y氏のお兄さんも砲術科に所属していたらしい。同じ所属で歳も近かったのなら、もしかしたら同じ艦の中で知り合っていたかもしれない、互いの身内が友達だったかもしれないとY氏が言った時、これまで単なる記号あるいは情報でしかなかった軍歴に記された文字列が初めて「意味」を持ったような気がした。もちろんY氏の言は残された者の想像に過ぎない。本当のところは永遠に分からない。しかし、戦死者の兄弟という戦死者を直接知る世代の遺族とともに、軍歴に記された幾ばくかの文字列から過去に思いを馳せるとき、それらの文字列は戦死者の経歴を示す以上の「意味」を初めて持った。すなわち、大伯父が「戦死者」としてでなくかつて確かにこの世界に生き、軍人として仕事をした

り友達を作ったりと「生活」をしていた一人の人間として初めてありありと思い描かれたのである。

別れ際、金剛の沈没した毎年一一月二一日にここで慰霊祭をやっているから、筆者も戦死者の身内として慰霊法要に参加しないかとY氏から誘いを受けた。この時点では、まさかその後一〇年近くにわたって会に参与することになるとは思いもよらなかったが、かくしてつい最近まで戦死者の存在すら認識していなかった筆者が金剛会と出会い、身内として会に参与していくことになるのであった。

軍艦金剛慰霊祭点描Ⅰ

ここからは、筆者が二〇一四年から参加している戦艦金剛慰霊祭（慰霊法要）の様子を描写する。金剛会主催の戦艦金剛乗組員の慰霊祭は、毎年一九四四年に金剛が沈没した日である一一月二一日に開催されている。毎年一三時ごろから列席者が東公園に集いはじめ、慰霊碑の清掃や慰霊碑への参拝などが各自で行われる。その後、年によって多少のばらつきはあるものの、大体一四時ごろから僧侶を招き、東公園事務所内で仏式の慰霊法要が開かれるのが通例である。この慰霊法要が戦艦金剛慰霊祭のメインとなっている。先述のY氏の証言通り、以前はこの慰霊法要も慰霊碑前で行われていたそうであるが、慰霊碑が東公園内の坂の上に位置するため、高齢で体の弱った会員が慰霊碑前まで来ることが困難であるという理由から、現在は東公園内入ってすぐの事務所内で法要が行われている。事務所内には、仏壇が常設されており、金剛会以外の戦友遺族会の慰霊法要も同様に挙行されてきたそうだ。

慰霊法要の式次第は、会長から開式のあいさつ、参列者全員による黙禱、僧侶による読経、参列者による焼香、会長による閉式の挨拶という流れで定型化している。年によっては焼香の後に、当時唯一参列を続けていた金剛元乗組員のI氏による挨拶がある場合もあった。慰霊法要にかかる諸費用は前年の参列者からの香典で賄っており、例えば二〇一八年の慰霊祭は前年の香典約六万円から支出され行われている。(5) 慰霊法要の取り仕切りや会計については全て遺族会会長が担っている。

金剛会の慰霊法要には年によって多少のばらつきがあるものの概ね一〇～二〇名ほどの参加がある。(6) 参列者たちの多くは喪服とまでけいかずとも、ほとんどの参列者が男性は黒スーツ、女性は黒やグレーのセミフォーマルといった出で立ちで参加していることが多い。いわゆる軍帽や当時の階級章などを身につけている参列者は、少なくとも筆者が慰霊祭に参加している期間には見かけていない。戦友会主催の慰霊祭や式典の定番である国歌斉唱や海ゆかば、軍艦行進曲といった当時の軍歌の合唱なども式次第には含まれておらず、現在の金剛会の慰霊祭において軍隊色は非常に希薄である。慰霊法要で用いられる仏壇周辺には日章旗と国旗が掲揚されていたり、大日本帝国海軍記章があしらわれた意匠の花瓶が仏前に供えられていたりはするものの、これらは東公園の管理者側によって(7)用意されたものであり、金剛会として用意したものではない。このような軍隊色の希薄さが軍艦金剛会結成当初からの傾向なのか、それとも会の運営主体が戦友から遺族に移行する過程で徐々に軍隊色が薄れていったのかについては判然としないが、このような軍隊色の希薄さゆえに現在の金剛会の慰霊法要は一見すると一般家庭の法事のようにも見える。会長挨拶や僧侶の読経に含まれる「艦長以下一二五〇名の戦死者」や「国家のために散華された御霊」といった語句に、かろうじてこれが通常の法事ではなく戦死

(5) 金剛会平成二九年度収支報告書より。なお、この収支報告書は毎年慰霊法要後の懇親会の際に参加者に対してコピーが配布されている。

(6) 新型コロナ流行期の二〇二〇年には関係者のみの少人数で挙行されている。

(7) 東公園の管理は、一般社団法人佐世保海軍墓地保存会によって担われている。佐世保海軍墓地保存会は、旧海軍関係団体（海友会、水交会、海交会、主計会、ガンルーム会、甲飛会）及び海上自衛隊OB会で前身組織が結成され、一九四四年に社団法人化している。

者慰霊の法要であることが見て取れる。

また、慰霊祭の場には、金剛会の正式な会員ではない参列者も同席していることがある。それは、海上自衛隊第一護衛隊群第五護衛隊に所属する護衛艦「こんごう」の艦長以下乗組員たちである。彼らの乗船する艦が戦艦「金剛」の名前を引き継いでいるという縁で、一一月二一日にこんごうが外洋に出ていなければ、彼らも一〇名ほどの集団で慰霊祭とその後の懇親会に列席する。慰霊祭当日の出席が叶わない場合は、慰霊祭開催の一週間前から前日までの間で慰霊碑の清掃と参拝を独自に行っている。

多くの戦友遺族会で高齢化の問題は避けて通ることができない。戦友という生き残った当事者の立場を次世代に継承することが不可能なのはもちろん、身内に戦死者がいる遺族（子孫）であっても戦死者との血縁・関係性が希薄になっていけばいくほど、慰霊追悼行事を引き継いで主催していく動機やモチベーションも多くの場合希薄化していくものである。そこで、直接的な当事者ではないにしろ、かつて同じ艦に乗って同じ戦場にいたという所属縁とも血縁とも異なる、戦艦「金剛」と別の縁をもつ護衛艦こんごうの乗組員たちのような集団が、これまで戦友遺族会が担ってきた役割を一部担っていくというあり方は、戦友遺族会による戦死者慰霊・追悼という営みを途絶させないという点においては、一つのケーススタディとなりうるだろう。

筆者が参加し始めた二〇一四年から現在までの約一〇年のあいだにも参加者の顔ぶれは大きく変化した。参加者数の大きな変動は見られないが、参加者の顔ぶれは一〇年前と現在とでは大分に変わった印象を受ける。筆者が初めて参加した二〇一四年には、戦死者の兄弟であるY氏が会長を務めており、元金剛乗組員で戦友という立場で金剛会の最初期からの会員であるI

氏も参加していた。I氏は筆者が参加をはじめた時期にはすでに唯一の戦友会員であった。流石に戦死者の親世代の参加者を見かけたことはなかったが、Y氏同様戦死者の兄弟の遺族は二〇一〇年代半ば頃には数名参加していた。しかし年を経るにつれ、彼らのような当事者あるいは生前の戦死者を直接知る世代の遺族の参加は減少し、現在ではほとんど会で見かけることはできない。唯一の戦友会員であったI氏も二〇一八年以来慰霊法要で見かけていない。また同時期に会長も代替わりをしており、戦死者の兄弟であるY氏から戦死者・戦友の子世代である現会長のU氏が引き継いでいる。

子世代の参加者は二〇一四年から継続的に参加している者が多く、当時から参加者のボリュームゾーンであった。ゆえに参加者のほとんどが六〇～七〇代以上の高齢世代であり若年層は皆無に等しい。しかし、戦死者の子世代と思われる高齢世代の参列者は見たところ四～五〇代の付き添い者を伴って参列していることがままある。関係性を尋ねてみると実の親子あるいは嫁舅姑という間柄であり、聞くところによれば高齢により単独で会場まで赴くことが難しく娘息子や嫁に送迎を頼んでいるということであった。また、子世代の遺族は同世代の配偶者を伴って参列していることも多い。現会長のU氏の妻も会長の配偶者として会の運営・会計を担っており夫妻で会を切り盛りしている。

このような顔ぶれの変化からうかがえることは、戦友遺族会における慰霊追悼行事の担い手が戦友や遺族という「遺された者」から子や孫（あるいはその配偶者）という「子孫」へと移り変わっているということである。生前の戦死者を直接知る「遺された者」たちと比べて子孫たちと戦死者との関係は時を経るごとに確実に薄くなっていく。戦死者の子供といえども生前の父親の姿はほとんど覚えていない、知らないと語る参加者も多い。筆者も含めた孫世代になれば会ったこともなければ、顔も知らないという有様である。しかしその一方で子世代遺族自身の配偶者や息子の嫁のような姻族が、付き添いや送迎という現実的な要請があるにせよ慰霊追悼の場に新たな参加者として登場し、会の継続を支えているという現象も垣間見ることができる。先に見た護衛艦「こんごう」の乗組員たちが慰霊行事に参与することも、戦艦「金剛」の名を継承した護衛艦「こんごう」の存在を基盤とした、艦の子孫という縁で結びついた関係であるとも言えるだろう。すなわち、子孫の時代である現在の戦友遺族会において、戦死者と現在の会の担い手である生者との関係は必ずしも密接とは言い難い。しかし戦死者と生者の関係性が薄くなる一方で、姻族や艦の子孫である「こんごう」乗組の自衛隊員など新たな関係性が開かれてもいる。戦死者と彼らを直接知る者との濃密な関係性は、慰霊・追悼の実施や戦友遺族会の活動を強く動機づける一方で、戦死者との直接的な縁を持たない他者の参入の余地を持たないという側面もある。時間の経過により戦死者と生者の濃密な関係性が薄れていく一方で、薄く、しかし広く緩やかな関係性が築かれているという点は、現代の戦友遺族会のあり方として一つの注目すべきポイントであろう。

軍艦金剛慰霊祭点描Ⅱ

ここで、戦友遺族会と追憶というテーマを考えるうえで印象的なエピソードを一つ紹介したい。金剛会の慰霊法要では、法要後軽い懇親会が催される。持ち寄った菓子とお茶、缶ビールなどを飲食しながら一時間から二時間程度懇談の場が設けられる。会の初期から参加していた戦友会員のＩ氏によれば、昔は旅館やホテル、居酒屋などに場所を移して食事や酒盛りをしながら夜通しの懇親の場が設けられていたそうであるが、会員数の減少に伴い次第にその規模は縮小していったという。懇親会は自由参加であるが、ほとんどの参加者が場に残り座を囲んでいる。毎年の懇親会では、参加者の近況、健康をはじめ、戦死者と参加者の関係性について、会を取り仕切る遺族会会長へのねぎらいなどが毎年緩やかな空気の下で語られる。

中でも印象深いのは、二〇一八年頃まで毎年の恒例であった一幕である。懇親会が始まってしばらく経つと、必ず誰ともなく当時唯一の元金剛乗組員であった会員のI氏に金剛乗組人の経験談を語るよう促すのである。I氏もその求めに応じて、毎年矍鑠（かくしゃく）とした様子で語り始める。内容は毎年ほとんど同じもので、自身が怪我で一足先に艦を降りたために金剛沈没時には乗艦しておらず、間一髪難を逃れたこと、ガダルカナルの飛行場砲撃の際には砲術科の一員として難しい作戦を必死にこなしたことなどが朗々とした口調で語られる。

懇親会の場は大抵いくつかの小さなグループに分かれて、めいめい世間話や思い出話に興じているが、このI氏の語りがはじまったときだけは、皆会話を止めてI氏の語りにじっと耳を傾ける様子が印象的であった。特に戦死者・戦友の子ども世代が熱心であり、毎年I氏に経験談の語りを求めるのも子世代の参加者が多かったように見受けられる。なぜ、子世代の参加者たちは既に聞き及んでいる経験談を毎年繰り返し聞きたがったのだろうか。

戦後七〇年が経過した二〇一〇年代後半まで元金剛乗組員として参列を続けていたのは、筆者の知る限りI氏ただ一人であった。戦死者の子世代以下の参加者が大半を占める金剛会においてほぼ唯一の直接的な当事者ともいえるI氏は、会の中でも特別な存在として位置づけられていた。特に自身が生まれた直後、あるいは物心つく前に父親を亡くしている子世代の遺族にとってI氏の存在やその語りは、顔すらほとんど覚えていない自身の父親を想起させる存在だったのではないだろうか。筆者の眼には、子世代の参加者がI氏を通して毎年自身の父親に邂逅しているように映った。I氏の語る戦場体験や艦上生活の様子は、子世代の参加者にとって自身の父親の「ありえたかもしれない過去」と重なる語りであり、子世代の参加者たちはI氏とその語りを契機として過去を遡り、その過去に思いを馳せていたように思われる。実際、筆者にとってもI氏の語りは大伯父の「ありえたかもしれない過去」を想起させるものであり、大伯父と近しい存在であるI氏によって語られる過去に耳を傾けるという行為そのものが、一種の「追憶的行為」であった。

つまり、その場にいた子世代の参加者にとって、語りの内容が重要なのではなく、I氏という自身の父親に近しい人物が、自身の父親もその場に存在したであろう過去を語るという行為そのものが重要であったのではないだろうか。I氏を囲んで氏の過去の語りに耳を傾けるという行為は、各々に関わる戦死者の「ありえたかもしれない過去」に思いを馳せる行為であり、それはまさに「追憶」そのものであった。したがってあの懇親会の場は、追憶のための空間としてある時期の金剛会において確かに存在していたのである。

「追憶」という行為の可能性について

初めての金剛会慰霊法要に参加した翌日、筆者は海上自衛隊佐世保史料館（セイルタワー）に居た。I氏の語りの中に当時の筆者にとって非常に気がかりな思い出を見つけたからである。I氏は自身の艦上生活や軍隊生活をあれこれ聞かせてくれたが、その中には海軍に入ってまず佐世保の海兵団で教育を受けたこと、福石観音（佐世保港近くの寺院）に修学旅行に行って集合写真を撮ったこと、修業記念には写真帖が作られたことについての話もあった。取材当時、大伯父の写真が手元に一枚も残っていなかったため、筆者はこの修業記念の写真帖に大いに興味を惹かれた。おそらく、大伯父もI氏と同様に佐世保海兵団に入った後、初年兵教育を受けているのではないか、そして修学旅行に行ったり記念写真を撮ったりしたのではないか。だとすれば、大伯父の写真もまたその修業記念写真帖に残されているのではないか。そう考えた筆者は、さっそく、佐世保海軍鎮守府関連史料を保存している海上自衛隊佐世保史料館を尋ねたのである。

その予感は的中し、ある年の四等水兵修業記念写真帖に当時の筆者よりも若い一〇代の大伯父の姿を見つけたのである。I氏の話どおり、大伯父もクラスの集合写真に納まり福石観音へ修学旅行に出かけていた。「谷口常雄」と記された水兵姿の大伯父の顔写真を見つけたその時、つい一年前まで顔はおろか、名前やその存在すら知らなかった大伯父に初めて会えた気がした。

しかし、この邂逅は同時に大伯父に対するあるアンビバレンツな思いを抱く契機ともなった。筆者は、靖国神社を訪れることから始まり金剛会へと至る旅の途中経過を折に触れて母に報告していた。すると、それに触発されたかのように、母は筆者の祖母や曾祖母から幼い頃に聞いていたという大伯父の話を、そういえば……と思い起こして教えてくれた。いわく、長男だった大伯父は妹である祖母をとても可愛がってくれたとても優しい人だったこと、女も学をつけなければならないと祖母を女学校までやってくれたこと、そんな優しい兄のことを祖母は殊更に慕っていたということだった。

「海軍さんだから、船に乗ってたから、年にね一回か二回帰ってくるんやて。電話もない時代だから、いつ帰ってくるよ、とかいうのはないのね。で、夜寝てて、明け方くらいに、遠くから、その、運動靴じゃなくて革靴ね。で、アスファルトじゃなくて砂利道みたいなところを、こう、カツカツカツって音が聞こえてくるって。そしたら、寝てて、遠くからその音が聞こえて、カツカツカツカツって音が近づいてきて自分の家の前の玄関のところで止まったら「あ！ にいちゃんや！」って言って、皆起きていって、ガラガラガラって（玄関の扉を）開けたら、お兄さんが軍服着て、「ただいま」って帰ってきて……もう手に抱えきれんくらい荷物いっぱい持ってきて、その中にお土産を……珍しいお菓子とか、で、今で言ったら鉛筆とかノートとか当たり前だけど、今みたいに昔はそんなに無いから、その時にお兄さんが「はい、八千代、これはあんたのだよ」ってノートとか鉛筆とかお菓子とか、後缶詰とかね。持ってきてくれてたらしい。もうそれが嬉しくて、嬉しくて……お兄さんが帰ってくるっていうことも嬉しいけど、もう見たこともないようなものを買ってきてくれるっていうのが、もうとっても、子供心に、嬉しかったらしい」

おそらく、祖母から何度も繰り返し聞かされていたのだろう。母は、まるで祖母自身が兄の思い出を語るかのように、大伯父の人となりを語る。このように、母からポツポツと出てくる一族の中の大伯父のエピソードを聞く限り、大伯父は兄妹思いの優しい青年であったようで、筆者の中でもそのようなイメージがなんとなく膨らんでいた。

しかし、水兵服姿の大伯父の写真を目にしたとき、大伯父は紛れもなく軍人であったことを強烈に自覚させられた。戦死者の痕跡を追うという試みをしている以上、それは当然のことであり最初から十分に理解しているつもりであったが、真に大伯父が軍人であったという事実に本当の意味で向き合ったのはこの時が初めてであったように思う。軍人として戦場に赴いたということは、つまり、殺し殺されの世界に身を置いていたということであり、大伯父もまた軍人として人を殺めたということを意味する。職業軍人として戦地に赴き戦死した大伯父は、単なる無辜の死者ではない。写真を通じて軍人の顔をした大伯父を発見して初めて、戦死者としての大伯父の加害性に直面したのである。一族に伝わる家族思いの優しい青年としての大伯父と、職業軍人として殺し殺されの世界に生きた大伯父の二つの像が筆者の中でうまく重ならず、写真を見つけ、大伯父と出会えたと思った矢先にますます大伯父のことが分からなくなったのである。大伯父という人物を知ろうとはじめたはずの追憶の旅は、わずかな分かったこととともに、筆者を分かりえなさの海に投げ込むものであった。結局のところ、「分からない」から始めた追憶の旅は、次なる「分からない」へと辿り着く旅だったのかもしれない。筆者は、まだ、大伯父・谷口常雄のことを分からないでいる。

ここまでの、大伯父の存在を聞かされてから、金剛会に出会い、大伯父の写真を見つけるまでの過程を一本の映像作品としてまとめたのが『Remembrance～追憶のための往復書簡～』である。本作は筆者が大伯父の存在を知った二〇一二年の夏から大伯父の写真を見つける二〇一四年の秋までを撮影した。(8) 大伯父について残された情報を探り過去へと遡る旅の記録であるが、その記録は筆者と大伯父によるビデオレターの往復書簡という体裁をとっている。もちろん戦死者である大伯父がビデオレターなど撮って返してくるはずもないから、このビデオレターは架空の往復書簡である。なぜ、あえてそのような虚構を差し挟むのかという疑問を抱くかもしれない。しかしこのフィクショナルな体裁は、現在から過去を遡り一人の人間を知る

---

(8) 本作は、筆者と大伯父の架空のビデオレターの往復という形式をとっており、明確な終わりをあえて定めない作りとなっている。ゆえに、大伯父を追憶する行為を続ける限り、本作は新たなシーンが追加され続けていくことになる。よって『Remembrance～追憶のための往復書簡～』には複数のバージョンが存在し、二〇一四年秋までを区切りとしているバージョンは、第一作目のバージョンとなる。作品は左記のQRコードから視聴できる。

旅の過程を表現する上で、最も実感に近いものだったのである。筆者が大伯父の生前の痕跡を求める行為は、常に問いかけである。貴方がいかなる人間だったのか。貴方はいかに生き、そして死んだのか。それを問うために過去を遡り、過去に思いを馳せるのである。そうした行為の結果、見聞きしたものや知ったことは筆者の問いかけに対する大伯父からの返答のように思えた。ゆえに本作は、筆者の調査の過程と調査の結果見聞きしたものとがそれぞれ交互に繰り返される架空のビデオレターのやりとりという体裁をとる。そして、筆者はこの架空のやりとりに「追憶」という名前を与えた。

このような「追憶」という行為を通じた生者と死者の関係性を筆者に教えたのが、他ならぬ金剛会であった。唯一の軍隊経験者であるI氏の語りを通じて、自らの父親の「ありえたかもしれない過去」を想起し、戦死者である父親と邂逅しようとする子世代参加者の姿も、同じ砲術科に所属していたというわずかな過去の情報から、もしかしたら私たちの家族は友人同士だったかもしれないねと戦死者の生前の生活を想像するY氏の語りも、過ぎ去った過去に思いをはせ、過去をしのぶ営為であった。このとき思いやる「過去」は必ずしも事実とは限らず、あくまで「ありえたかもしれない過去」にすぎない。調査の結果得られた大伯父についての情報を「貴方はいかに生き、死んだのか」という筆者の問いかけへの応答と感じたのも、大伯父に関する単なる客観的・社会的事実を示すに過ぎない短い文字列の背後にある大伯父の「ありえたかもしれない過去」に思いを馳せたからである。その意味では過去の体験や経験を忘れずに覚えておくこと、さらにその体験や経験の記憶を引き継ぐことについては、金剛会も筆者も成功しているとは言い難い。少なくとも我々の行為はそのような「記憶の継承」とは異なる営みであろう。

鶴見俊輔はかつて戦友会を「記憶の貯蔵所」と呼んだ。[9] 確かに戦友や戦死者の生前を知る遺族が多く集っていた時期の戦友遺族会には、戦争の当事者としての戦友たちの体験や経験の記憶が、関係者が覚えている戦死者たちの記憶が、なみなみと湛えられていたことだろう。しかし、いまや戦友や戦死者を知る遺族の時代も終わり、戦死者の死後に生まれた子孫の時代へと移りかわりつつある。もはやかつての記憶の貯蔵所には、澱（おり）のようなものが底の方にわずかに残るばかりである。

そのような戦死者と生者のつながりが限りなく希薄化した子孫の時代において、死者と生者の切り結ぶことのできる新たな関係性の糸口として「追憶」という行為に一つの可能性を見出したい。子孫は戦死者と直接のつながりは持たない。ゆえに記憶の継承は必ずしも成功しているとは限らない。むしろ貯蔵された記憶が子孫に継承されぬまま役割を終えた戦友会の方が多いだろう。それでも、たとえ生前の戦死者と直接のつながりを持たない子孫であっても、過去を思いやり、過去へ遡ろうとすることはできる。そのとき、戦友会という「記憶の貯蔵所」の底に残った記憶の澱が一つのよすがになり得るのかもしれない。戦友会の遺した慰霊碑が、戦友会誌が、あるいは戦友会がかつてあったという事実そのものが、戦死者たちの「ありえたかもしれない過去」を想起させるかもしれないからである。

しかし、その一方でそのような追憶の営みは、同時に私たちをさらなる分かりえなさに導くものでもある。「ありえたかもしれない過去」はあくまで「ありえたかもしれない」でしかなく、それを追い求めるほどに「本当にあった過去」のすべては決して知りえないという事実が浮き彫りになる。また、筆者が軍服姿の大伯父の写真を見つけたことで、大伯父のことがかえって分からなくなったように、何かが分かるということは次なる分からなさを呼び込むこ

(9) 高橋三郎「「記憶の貯蔵所」としての戦友会」(『思想の科学』一九九二年一二月号、思想の科学社)。

とでもある。記憶の継承が途絶えてしまったその後で、分からないことから始まる追憶的行為は、つまるところ、分からないことが分かるだけなのかもしれない。それは一つの限界なのかもしれないが、ここではあえて「分かりえなさ」に積極的な意味を見出したいと思う。なぜなら、分からないからこそ、さらに過去を思い過去へと遡ろうと足掻きたくなるからである。すべてが過ぎ去ってしまった後に生まれた私と戦死者である大伯父とをつなぐ唯一の紐帯、それが他ならぬ「分かりえなさ」なのである。

二〇一八年の夏、筆者は台湾北端の港町・基隆に居た。基隆港から北方六〇海里あたりで「金剛」は沈没したと推定される。基隆の海は大伯父が最期を迎えた場所であった。基隆を訪れたのも、大伯父が最期にどんな海を見たのかを知りたくて、可能な限り大伯父の最期の海に近い場所に行ってみたかったからである。現在の基隆は貿易港としてはもちろん、クルーズ船が行き交うウォーターフロントとしても活気のある賑やかな港町である。夜には夜市の熱気ときらびやかなネオンが町を包む、おそらく大伯父が見た基隆の海とは似ても似つかない光景だろうと思う。海は、同じ海なのだけれど。

不戦兵士の会

元兵士と市民による不戦運動の軌跡と次世代への継承

遠藤美幸
Endo Miyuki

戦友会とは異質の元兵士たちのアソシエーション

「ご婦人には無理ですからおやめなさい」

今から二〇年近く前、ビルマ戦に従軍した元兵士たちの戦友会で、初対面の元将校が真顔で言った。当時、私は二人の子どもを育てながら大学院生としてビルマ戦の一戦域である拉孟（らもう）戦の研究をしていた。[1] 拉孟戦に関する事ならどんな些細なことでも知りたいとの思いでビルマ戦のある戦友会を訪ねた。戦友会は正午から始まり午後三時に終了するので小さな子どもを抱えた主婦には都合がよかった。戦友会でおじいさんたちは、「ジャワは天国、ビルマは地獄、生きて帰れぬニューギニア」とよく口にした。ニューギニア戦ほど絶望的でなくとも、ビルマ戦では約三三万の兵力を投入し、約一九万が戦没した。ビルマ戦の将兵の三分の二が生きて帰れなかった。それも戦闘死ではなく、戦没者の八割近くが飢餓や傷病死というデータがある。[2] そ

（1）拉孟戦とは、一九四四年六月から九月まで、米英中連合軍の補給路（ビルマルートあるいは援蔣ルート）を中国雲南省西部の山上に位置する拉孟で遮断することを目的とした戦闘（断作戦）で、約一三〇〇名の日本軍が投入され、約四万の中国軍と対峙し、一〇〇日間の戦争の末に全滅した。拉孟戦の詳細は、拙著『戦場体験」を受け継ぐということ――ビルマルートの拉孟全滅戦の生存者を尋ね歩いて』（高文研、二〇一四年）を参照。

（2）藤原彰『餓死にした

んな地獄のビルマ戦に、「遺族でもない女性が、それも子持ちの母親が何を聞きたいというのか……」。おじいさんたちの顔にはそう書いてあった。こうして私の元兵士たちへの聞き取りは、「アウェー」感が漂う中でスタートした。少し酒が入って戦友同士がかつての戦場の「武勇伝」で盛り上がっている最中、「遠藤さん、お子さんが小学校から帰ってくる時間だから早くお帰りなさい」と帰宅を促された。おじいさんたちのそうした「配慮」に私はなんとも言えない疎外感を感じた。

その後、戦友会では昼食の手配や様々な雑用を買って出た。そうでもしないといたたまれなかったのだ。こうして二〇年毎月通い続けた甲斐あってか、次第に元兵士たちと打ち解けて、戦友会での立ち位置が徐々に「アウェー」から「ホーム」にシフトした。[3] 今では戦没者慰霊祭や懇親会の幹事役を仰せつかっている。戦友でご存命なのは、「おやめなさい」と私に忠告した元将校ただ一人となった（一〇二歳）。他の方々はコロナ禍前に九〇代後半で相次いで亡くなった。

延べ四千人近くの戦場体験者の聞き取りをしてきた作家の保阪正康は、その体験から戦友会を単に「戦争体験を供にした仲間の集まり」とするのはまったくの誤りだと指摘し、戦後社会における戦友会の多様な役割を示した。[4] 数ある役割の中で重要なのは、生還した戦友同士の親睦と癒し（慰め合い）、「英霊」に対する供養と追悼（遺骨収集や慰霊碑の建立なども含む）、遺族に対するケアやフォローだと私は思うのだが、保阪が指摘するように、戦友会の中には自分たちの部隊の軍事行動を正当化し、自らが従軍した戦争は正しい、あるいはやむを得ない戦争だったと主唱し、加害行為などの都合の悪いことを世に出して語らないように口裏を合わせる（口止め）という役割があった。

英霊たち』（青木書店、二〇〇一年）、八三～八五頁を参照。藤原はビルマ戦線の戦没者の中で、戦死者と病死者の割合を、インパール作戦から撤退したある中隊を事例に分析し、戦死者が二二%で、残りの七八%が病死と患者（病死の可能性大）とした。さらに深傷から致死や身体だけでなく精神を病んだ将兵もいたであろう。

（3）私が通った戦友会の内実については、「戦友会狂騒（ラプソディ）——おじいさんと若者たちの日々」（『世界』九二三～九二七号、岩波書店、二〇一九年八月～一二月）の五回の連載に詳しい。

（4）保阪正康『戦場体験者——沈黙の記録』（筑摩書房、二〇一五年）、一四～一七頁。

例えば、中国戦線と沖縄戦の最前線で戦った不戦兵士の近藤一（一九二〇～二〇二二年）によると、口裏を合わせるどころか、年一回の二月一〇日（旧陸軍記念日）の戦友会に集う戦友たちには、中国での侵略行為について一片の反省もなかったと語る。ある元将校は少年にコーリャン殻をかぶせて火をつけたてのたうち回る姿を思い出しながら、反省するどころか「あれはおもしろかったなぁ」と中国での暴行、強姦、虐殺などの体験を自慢げに話したという。[5]

反面、濃淡はあるにせよ、戦友会でも個々の戦場体験を踏まえて反戦と平和を希求するメンタリティを保持している人たちもいる。私が参加した戦友会のメンバーには「先の戦争はアジアの人々を解放した戦争だ」と語る人もいたが、そのような人も含めて「二度と戦争をしてはいけない」という点で皆一致した。だからといってこの戦友会が対外的に反戦平和運動行うことはなかった。

従来の戦友会とは目的も役割も異なる不戦兵士の会は、機関誌『不戦』誌の表紙裏に以下のような組会の目的を掲げながら、再び戦争に結びつくような言動や政策に反対する活動を実施した。

一、国際紛争の解決は戦争によらず、すべて平和的手段による。
二、憲法第九条の精神を遵守し、世界平和を希求する。
三、市民による、市民のための、市民の国家体制に逆行するあらゆる思想、言動、政策に断固反対する。

不戦兵士の会の初代副代表理事となる元海軍軍人の小島清文（一九一九～二〇〇二年）は、「百

---

(5)『不戦』一三六号（二〇〇四年一月～三月）、二一～二二頁。

害あって一利なしの軍事費などをいっさいやめにして、社会・文化予算を重視し、弱者を助ける福祉国家、「敵意なき国家」の実現に努めることこそ、いかなる軍事的防衛策にも勝るであろう」と語る。(6) 後述するが、不戦兵士たちは一九九二年制定の「PKO協力法」に対しても反対デモを精力的に展開した。彼らは陸海軍、戦域、階級、思想も問わず不戦の旗の下に集結し、「残りの人生を平和のために献身しよう！」が合言葉であった。立ち上げ当初のメンバーは、海軍の予備学生出身などの学徒兵が目立つのは、小島が予備学生出身なので声がけがし易かったからだろう。また、思想を問わずといっても、組会の目的に賛同する人たちが入会している点で、一定の属性を有する元兵士の団体であったといえる。続々と入会してきた元兵士たちの戦域も中国、ビルマ、フィリピン、硫黄島など幅広いのも特徴である。このように不戦兵士の会は、私が関わってきた戦友会とは明らかに異質の戦後の元兵士たちのアソシエーションであった。(7)

二〇一五年五月三日の東京新聞の「「不戦兵士」の声は今——戦後七〇年憲法を考える」という見出しに私は目が留まった。声の主は小島清文。私は戦友会とは異質の不戦兵士の会に興味が沸いて、不戦兵士の声に耳を傾けてみようと決心した。二〇一五年五月に、遅ればせながら不戦兵士・市民の会に入会し、思いがけず理事となる。

新聞投稿で集まった元兵士たち

一九八七年一〇月一日、当時朝日新聞の編集委員だった永沢道雄は、「テーマ談話室」の「戦争編」シリーズで、小島清文のルソン島における米軍投降の経緯を記事にした。小島は戦

(6)「不戦と有事来援の意味するもの」(『不戦』二号、一九八八年四月)、六頁。

(7) 戦友会研究会『戦友会研究ノート』(青弓社、二〇一二年)の戦友会の類型を見ても不戦兵士の会は、戦友会研究の対象外に置かれている。戦後の元兵士たちのアソシエーションの研究事例として、清水亮『「予科練」戦友会の社会学——戦争の記憶のかたち』(新曜社、二〇二二年)がある。予科練出身者の「戦友会」が世代や階級を越えて記念碑や記念館を建立する過程で、様々な社会的な関係性を形成しながら「エリート集団」としての「予科練」の集団的な記憶を形成する過程は興味深い。

時中、慶應義塾大学経済学部を繰り上げ卒業し海軍に入る。戦艦大和の暗号士官としてフィリピンのレイテ沖海戦に従軍し、その後、一九四五年一月、小島中尉は小隊を率いてルソン島に赴任。飢餓と傷病死が隣り合わせの極限状況のジャングル戦。「玉砕」の二文字が頭を過る中、小島中尉は「天皇のため」、「国家のため」と叫んでいた最高司令官は安全な場所におり、虫けらのように死んでいくのは兵隊ばかりで、ジャングルの中で、我々は一体何のために、誰のために戦っているのか、という疑問にとりつかれた。ジャングルの中で、ドイツの志願兵の第一次大戦の戦場を描いたレマルクの『西部戦線異状なし』（一九二八年）の一節を小島は思い出した。志願兵が死んだその日の戦線報告が「西部戦線異状なし」。国家の前には一人の人間の命など問題にならないのだ。ジャングルの中で小島中尉は考えた抜いた末に、一九四五年四月一三日に数名の部下とともに白旗を掲げ米軍に投降した。(8)

その後、小島はハワイの日本人捕虜収容で終戦促進捕虜グループの一人として終戦運動に関わる。

一九四五年八月九日（ハワイ時間）、連合国がポツダム宣言受諾を申し入れするも、一三日まで待ち続けたが日本の最終回答がなかったので、米軍は再び本土攻撃を開始した。小島は当時の心境を『不戦』六号（一九八八年八月）に「真珠湾での終戦」というタイトルで次のように述べている。

> 一体、日本政府は何をやっているんだ。日本の軍部はどこまで馬鹿なんだ！
> 天皇、政府、軍部などの権力者は、「国体護持」の名のもと、自分たち
> （五頁）

(8)『不戦』三三号（一九九〇年一二月）、一三頁。

写真1　小島清文

の権力や体制の維持だけしか頭にないのだ。　（六頁）

ハワイの日本人捕虜収容所長だったオーテス・ケーリ（一九二一～二〇〇六年）の勧めで、小島ら捕虜は戦争終結のビラ作成に従事した。(9) 語学堪能な彼らはポツダム宣言を日本語に翻訳した。八月一三日、B29が東京上空に大量のビラを撒いた。その一部が宮城に落下し終戦の断を促したと小島らは考えている。(10) 小島は同年代のケーリからアメリカ型の民主主義を学び、戦争が終結した暁には日本に民主主義を根づかせることを誓った。戦後、小島は地方紙「石見タイムズ」の発行で有言実行する。(11)

話を不戦兵士の会の創立のプロセスに戻そう。

竹岡勝美（元防衛庁官房長官）が朝日新聞に掲載された小島清文の白旗投降に感銘を受けて小島に手紙を出した。これを機に小島ら元陸海軍人たちは、竹岡勝美を囲む会を国際文化会館（港区）を催した。この会が不戦兵士の会の創立の呼び水になる。

一九八七年一〇月五日、小島清文、熊本訓夫、坂入浩一の三人の元海軍人が世話人となり、「平和を守る元陸海軍人の会（仮称）」の結成を計画した。翌月一一日に同会設立の趣意書を元陸海軍人有志に発送し、一九八七年一二月五日の準備会にて、正式名称を「不戦兵士の会」と決定した（出席者八名、欠席者四名）。一九八七年一二月二九日に、不戦兵士の会の世話人会を発足し、大石嗣郎を代表理事に、一〇名の運営役員を含む一八名でスタートした。

不戦兵士の会の創立

(9) オーテス・ケーリは北海道生まれで、日米開戦後に米国に帰国して海軍の情報将校となり、ハワイの日本人捕虜収容所長を務めた。ケーリの勧めで小島らは戦争終結のビラを作成し、八月一三日にB29が東京上空に大量のビラを撒いた（永沢道雄『「不戦兵士」小島清文』（朝日ソノラマ、一九九五年）、三五〇頁。

(10) 内大臣木戸幸一の八月一四日の日記に「敵飛行機は聯合国の回答のビラにして撒布しつゝあり。この情況にて日を経るときは全国混乱に陥るのありと考へたるを以て、八時半より同三十五分迄、拝謁、右の趣を言上す。御決意に極めて堅きを排し、恐縮感激す。八時四十分より同五十二分迄、鈴木首相と共に拝謁す。十時半より閣僚、最高戦争主導者会議員聯合の御前会議召集を仰出さる」と記されている。

(11) 一九四七年七月一日、小島は山陰の小都市浜田で

一九八八年一月一一日、不戦兵士の会の創立総会が国際文化会館にて開催された。総会出席者一二名（欠席者六名）。総会で事業計画、規約、役員などを決めた。アジア・太平洋戦争で侵略戦争に参戦し、戦場の生き地獄を見てきた元兵士たちが、その体験と戦争責任から「戦争だけは二度としてはならない」と固く誓って、不戦兵士の会を設立した。この時の会員の平均年齢は六六歳であった。初代代表理事の大石嗣郎が次のような所信を『不戦』の創刊号（一九八八年二月）で述べている。

> 日本の行き着く路線が見方によっては戦前以上に多くの危険を孕んでおり、再び自らの選択によって国民の意志に逆らって進もうとしています。聞くところによると、若き世代の中には、この憂うべき動きにはまったく無関心と無頓着も甚だしいとのことです。そしてかつて、ＡＢＣＤ（アメリカ・英国・中国・オランダ）と交戦したことさえ知ろうとしない無知さで過ごしています。

大石は教会の牧師で、戦時中は青山学院大学在学中に米国籍（二世出身）であったが、学徒出陣としてフィリピンで米軍と対戦した体験を持つ。大石は、戦争を知らない若者たちに自分たちの戦場体験を伝える場として不戦兵士の会を立ち上げたと述べている。

一九八八年一月の創立時、一八名の元陸海軍人でスタートした不戦兵士の会だが、一九八八年一月に二七人、同年三月に四〇人、一周年（一九八九年一月）には八五名が参加する会となり、不戦兵士の会に賛同する輪は、元兵士ではない一般の人たちにも広がった。

一九九〇年一二月は、正会員一二二名、機関誌『不戦』を読む準会員（誌友会員）は一〇七

地方紙『石見タイムズ』を発行した。一九四七年二月にケーリが東京で旗揚げしたリベラルな新聞の「東京タイムズ」に影響を受けて、其れに倣って「石見タイムズ」と名付けた。詳しくは吉田豊明『伝説の地方紙「石見タイムズ」――山陰の小都市浜田のもうひとつの戦後史』（明石書店、二〇〇四年）、二九～三〇頁を参照。

名となり、特別会員一二名を含むと二四一名となった。九一年には、正会員約一二〇名、準会員約二〇〇名を合わせて三〇〇名以上の会員を要する会に成長した。

一九九九年二月二七日の総会で、不戦兵士と志を同じくする市民の増加に対応して、「不戦兵士の会・市民の会」と改称した。

事務局に保管されていた創立時の入会申込書の古いファイルを見てみると、朝日新聞の記事を見た人、不戦兵士から直接勧められた人、各平和市民団体のネットワークから入会した人など、入会動機も様々だが、会の目的に賛同して若い学生や主婦も入会している。

「PKO協力法」反対声明

不戦兵士の会が創立した一九八八年はどんな年だったのだろうか。翌年（一九八九年）一一月、冷戦の代名詞であったベルリ

表　不戦兵士の会創立時の役員10名

	役　職	氏　名	軍歴、その他（職歴など）
1	代表理事	大石嗣郎	学徒兵、フィリピンのセブ　船舶兵、米国籍、牧師
2	副代表理事	小島清文	海軍予備学生、レイテ沖海戦（大和乗船）、二六航戦、フィリピン、ルソン島山中戦、「白旗」投降、平和学会会員
3	常任理事／副代表理事	坂入浩一	学徒兵、暁六一四二部隊（船舶工兵）、フィリピン、ポロ島、セブ島転戦
4	常任理事	奥田正道	海軍予備学生（三期）、第一機動艦隊司令部付、53航戦司令部付
5	常任理事	熊本訓夫	サバン駐留の海軍第九特別根拠地隊司令部幕僚付将校兼通信責任者
6	常任理事／初代編集長	小沢一彦	海軍予備学生、戦艦大和でシンガポールへ、インド洋アンダマン島、一二特別根拠地隊付、哨戒艇長、回航指揮官、陸戦隊、平和学会会員、ジャーナリスト
7	常任理事／副代表理事	山内武夫	学徒兵、東京外語大（ロシア語）、社会主義者、四三師（誉）一一九三六部隊、サイパンで投降
8	理事	日高玉光	海軍予備学生（三期）南遣所属第七号掃海特務艇長マニラとシンガポールへ赴任
9	監事	松村繁光	北満第六一二連隊、シベリア抑留三年
10	監事	埜口幸次郎	鯖江歩兵三六連隊、満洲一三一二八部隊、シベリア抑留四年

創設時の『不戦』誌及び1990年11月28日付の会員名簿より作成／後の役職

ンの壁が崩壊し、冷戦は終結を迎える。九〇年には湾岸戦争が勃発。東欧に民主化の波が押し寄せ、九一年にソ連が崩壊。国際情勢が大きく変化した中で、日本も国際的紛争地域への平和的解決への協力や参加が求められた。九二年にPKO協力法（国際平和協力法）が制定。紛争地域における国連の活動に日本の自衛隊が派遣された。戦後の日本は、日本国憲法の前文九条を根拠に長らくPKO協力法に参加しなかったが、二〇一五年の改正で、自衛隊の任務に「駆けつけ警護」が追加され、その任務遂行時に武器の使用が容認されたことは記憶に新しい。交戦権を認めていない憲法九条との矛盾が指摘され現在も引き続き問題になっている。

「二度と戦争をしてはならぬ、若者を戦場に送ってはならぬ」と固く誓った不戦兵士たちがPKO協力法を容認するはずがなかった。古希を迎えた老兵たちは不戦兵士のタスキをかけて、「PKO協力法案反対」のプラカードを持ってデモをした。

一九九二年四月、不戦兵士の会は法案に断固反対する以下のような趣旨の声明を出した。

この法案はかつて「大日本帝国政府」が国民を欺いて侵略戦争に駆り立て、アジア・太平洋全域の諸民族に大惨禍をもたらしたあの歴史の教訓を冷笑し、真に平和を愛する内外の庶民のうえにふたたび軍事優先の覇道を押しつける許しがたい企てである。かつての十五年戦争またはアジア・太平洋戦争の従軍者を中心に構成する不戦兵士の会は、戦争の残忍さとこれら地域住民の苦難とを骨身に染みて知っているが故に、歴史を無視し日本国憲法を「中学生の作文」とあざわらう人びとによって推進されつつあるPKO協力法案の企てを絶対許すことはできない。

（一九九二年四月二五日）

老兵たちが「不戦」の旗を掲げて立ち上がる決意がここに読み取れる。三〇年以上前に不戦兵士の会員の面々は、すでに日本が再軍事化を進め、再び大国間のパワー・ポリティクスに組み込まれる危険を察知していた。このような不戦運動だけでなく、一九九三年から一〇年副理事代表をやっていた武田逸英（一九〇七〜二〇〇三年）を中心に、家永三郎の教科書検定訴訟を支援する運動などにも賛同した。(12)

機関紙『不戦』誌の発行

『不戦』は、B5サイズの三〇から五〇頁程度の小冊子だが、創刊号から毎月一〇年余り休むことなく発行している。創刊号（一九八八年三月）から四〇〇から七〇〇部発行し、会員以外にも政治家や様々な民間団体に頒布した。一〇〇号（一九九六年一〇月、一一月）を境に毎月号から隔月号になる。一三九号（二〇〇五年春号）から春夏秋冬の季刊号となるが、年に三、四回の発行が一八二号（二〇一九年）まで継続した。二〇二〇年以降は、コロナ禍による活動停止、不戦兵士の激減、運営役員の高齢化（闘病）や死去により、一八三号（二〇二〇年春季号）、一八四号（二〇二一年冬季号）は年に一回出すこともままならない状況に陥った。図らずも一八四号が最終号となった。

創刊号から同年一二月号までの『不戦』の裏表紙の両面に会の目的と特徴がびっしりと書き込まれている。毎月発行の『不戦』からほとばしる不戦兵士の面々の並々ならぬ熱量に圧倒される。「不戦兵士の会」とは？　という見出しを見ると、創設期の不戦兵士の会がどのような会を目指し、どのような人たちを求めていたのかを知る手がかりとなるので、長文だが引用

(12)『不戦』六三号（一九九三年六月、二一頁）に武田の「憲法、教科書、みんなのつどい」の投稿がある。

しよう。（抜粋）

冒頭、「本会は、はじめに結論ありき、という会ではない」から始まる。

本会は特定のイデオロギー、思想や、政党党派に属するものではなく、各人のそれぞれ違ったイデオロギーや考え方を持つことを否定するものではありません。事実、会の中には非武装中立論者もいれば、非武装中立はナンセンスという人もおります。そして平和を守るためには、最小限の軍事力はどうしても必要だという考え方もあります。軍事力の保持はかえって戦争を招くという意見もあります。さらに、中立維持にはスウェーデンのような武装中立を是とする人もおりますし、日本国憲法で規定しているような非武装中立に賛成の人もおります。……本会では、はじめから皆さんの意志を統一して、何らかの行動をすぐさま起こそうというのではありません。会員が一つの顔になろうというわけではないのです。むしろ、多くの顔を持った会として、多面的に幅広く活動していくべきであると考えております。

続いて、不戦兵士の会の特徴と目的が述べられている。

ただ、私どもは、過去の大戦で多くの切実な体験をさせられたという、重要な共通点を持っております。会員の多くは、中国大陸で、酷寒のシベリアで、フィリピンで、太平洋の島々で、インド洋の島々で、海に陸にそして空で、言語を絶する悲惨な戦いのすえ、辛うじて生き残った人々です。いわば戦場の生き証人として、戦争がいかに残酷であり非人間的なものであるか、そして政府や軍部の権力者たちが、いかに国民を踏み台にして、利己的かつ狡猾に振舞ったか、またそのためにどのように国民を抑え込んでいったかを、この眼にまざまざと焼き付け今日まで生きてきました。……二度とあのような不幸を後世の人たちに味わせてはならない、二度と戦争を起こしてはならいという気持ちは、戦後四〇余年の間ひとときたりとも忘れたことはありません。……かつての大戦の前と同じような、いろいろときな臭いにおいがたちこめはじております。……このままではまた、いつか歩いた道、戦争への道につながる、そしてせっかく手にした民主主義が危うくなる、という懸念が次第に強くなってまいりました。……私どもは、この際あの悲惨な戦争の実態を若い人たちにどうしても語り継いでおかなければならない、……そうすることが戦争を防ぎ平和を守る道に通ずるだろう、さらにまた戦争を防ぐ道は武器を手にすることではなく、近隣諸国との友好をおいてない、平和の前に立ちはだかる「国境」意識や偏狭な民族主義を乗り越えて人類愛に平和な社会を求めるべきではなかろうか。……

最後に、入会の条件として、戦争体験の有無も、老若男女も問わない。皆がそれぞれの体験を生かし、若く柔軟な感性をもちながら、より多くの人が「不戦の兵士」、「平和の使途」として会の目的達成に協力してもらいたいと締めくくっている。

不戦兵士の会は当初から少数意見を排除せずに、時間をかけて合意を目指すデモクラティックな会を目指し、戦場体験をもつ元兵士たちだけでなく、戦場体験をもたない戦後世代の人たちを取り込んだ運動を念頭に置いていた。(13) さらに、志を同じくする「日中友好元軍人の会（現日中友好『8・15』の会）」、「日本平和学会」、「婦人有権者同盟」、「日本戦没学生記念会」などの

---

(13)「昭和天皇ご病気」の報道と自粛ムードに、月例会で主権在民を強く打ち出す声明を執行部が提案するも、天皇批判に通じる内容に拒否反応を示す会員が少数だがいたので、会員全員にアンケート調査を実施した。

市民団体と連携しながら運動を展開した。当時の名簿を見ると、日中友好元軍人の会の会員が、不戦兵士の会の会員でもある。

改めて今思う。三〇数年で一八四号の機関紙を刊行し続けることは並大抵のことではない。不戦兵士と市民会員の不戦を希求する弛まぬ熱き思いの結実である。最後の事務局長の森脇靖彦は、「不戦兵士の皆さんの人柄と志に惚れ込んで事務局長を引き受けてしまって……最後は気力で続けてきました」としみじみと語る。

不戦兵士の会では、当初からいろいろな分野から講師を招いて講演会（当会では「不戦大学」と呼称）や会員同士の勉強会を実施し、平和をいかに実現すべきかをともに学び議論を重ねた。第一回の講演会（一九八八年三月）は田川誠一（進歩党代表）、その後、鯨岡兵輔、石橋正嗣、田英夫などの政治家や評論家、新聞記者、学者などが登壇した。政治家は一三人、圧倒的に多いのが学者で九二人（同一人物が数回も含む）。例えば、元陸軍将校で、一橋大学名誉教授の藤原彰は「昭和・天皇・戦争」（一六号、一七号 九八九年六月、七月）という演題で二回、さらに「日本の侵略戦争」（九一号、一九九五年一〇月）、「中国侵略を考える」（一〇〇号、一九九六一〇月・一一月）、合計四回という頻度で登壇。他にも高嶋伸欣（二〇号、一九八九年一〇月）、家永三郎（四六号、一九九二年一月）、内海愛子（五一号 一九九二年六月）、吉見義明（七四号 一九九四年五月）、吉田裕（一五一号、二〇〇九年春季）など、戦後の戦争研究の第一人者の名前が連なる。

市民団体では、富永正三（中国帰還者連絡会会長、六九号、一九九三年一二月）、沖松信夫（日中友好元軍人の会副代表理事、八八号、一九九五年七月）、アレン・ネルソンさん（元米海兵隊員、一三〇号、二〇〇二年七月～九月）、高橋武智（わだつみのこえ記念館館長、一六四号、二〇一二年冬季）、池田恵理子（女性たちの戦争と平和資料館館長、一七七号 二〇一六年夏季）など、こちらも錚々たる顔ぶれが並ぶ。他には弁護士、ジャーナリスト、評論家、作家などの著名人が登壇した（講師肩書や所属はすべて当時のもの）。講演録は近刊の『不戦』に掲載され、講演者の写真が『不戦』の表紙を飾るスタイルが最後まで踏襲された。[14] 一八三号の表紙は元特攻兵の岩井忠正（当時九九歳）、忠熊（当時九七歳）の兄弟と忠正の娘さんが掲載。そして最終号の一八四号の表紙は、東海支部の最後の不戦兵士であった近藤一（二〇二一年五月逝去。享年一〇一歳）の証言を受け継いだ愛知県の高校生たちである。[15] 中国戦線での非人間的な加害行為と沖縄戦の皇軍兵士の凄惨な被害体験の双方を赤裸々に語る近藤一は不戦兵士の代表のような人だ。理事の太田直子（映像プロデューサー）[16]と私の二人で、二〇二一年八月一五日、「近藤さんを『語り継ぐしのぶ会』」に出席した。愛知県下の高校生たちによる「鎮魂の舞」や同朋高校放送部制作の戦場体験証言の映像ドキュメンタリーを観た。若い世代が不戦兵士の遺志を受け継ぐ姿を実感できる素晴らしい会であった。『不戦』誌の最終号の表紙に高校生たちを掲載できたことは私たちの誇りである。

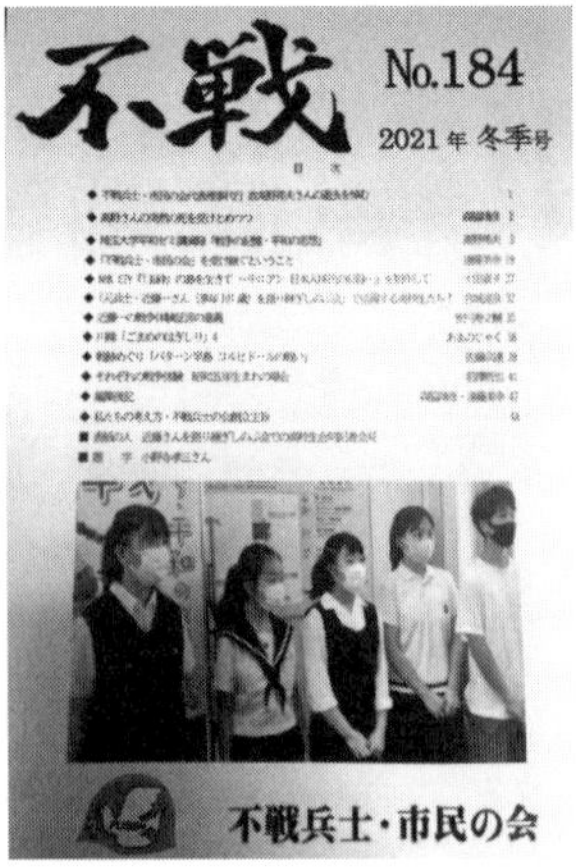

不戦兵士たちの語り部活動

不戦兵士の会の活動の中で、不戦大学の開催と語り部活動が二つの重要な柱である。不戦兵士たちは自ら出向いて戦場体験を語る語り部活動を精力的に行い、その記録が『不戦』に刻まれている。彼らは依頼があればどこにでも出張講演をした。やがて不戦兵士の支部が関東、中部、中国地方に誕生し、なかでも一九九二年一〇月に結成された東海支部は安川寿之輔（前不

写真2　『不戦』一八四号

（14）創立三〇周年の記念号である『不戦』一八二号（二〇一八年春季）に、創立以来の「不戦大学」の歴代講師（当時の肩書）と演題及び『不戦』の掲載号が記載。

（15）不戦兵士・市民の会東海支部主催で、同朋高校教諭の宮城道良（現 不戦兵士・市民を語り継ぐ会東海支部事務局長）の支援で近藤さんを「語り継ぐしのぶ会」が二〇二一年八月一五日に開催（あいち平和のための戦争展の一企画として）。参加者の半分が高校生で大盛況であった。詳細は『不

戦兵士・市民の会副代表理事・名古屋大学名誉教授）らが中心となり、近藤一の語り部活動を支援した。近藤は涙ながらに人を殺すことが平気な日本鬼の罪行を赤裸々に語る。

山東省の山岳地適地部落討伐戦の時、部隊で30歳前後の乳飲み子を抱えた母親を皆で輪姦し、女を裸にして行軍に連れ歩き、途中で古兵が母親抱いていた赤ん坊を谷底に投げた。同時に母親も赤ん坊の後を追って谷底に身を投げた。(17)

皇軍兵士は、内務班や初年兵教育を通して、人間であることを忘れさせ、一日も早く人を平気で殺せる人間に仕立てられた。その最悪の蛮行が生きた人間を訓練と称して銃剣で刺し殺す「刺突訓練」だ。近藤は刺突訓練の感触を「豆腐を突きさすような……」と語り、チャンコロ（中国人への蔑称）を殺すのに罪の意識はなく、むしろバタバタと倒れて「面白かった」と語る。(18)

前々の代表理事の猪熊得郎（一九二八～二〇一六年）も語り部活動に力を入れた一人だ。

猪熊は一九四四年四月、一五歳の時に猛反対する両親をハンストまでして説得し、少年兵（志願兵）として水戸の陸軍航空通信学校に入隊した。当時の心境を「皇国少年とし今こそ国難に立ち向かねばという気持ちだった」と語る。一九四五年四月、関東軍の第二航空軍に配属され、満洲（現・中国東北部）に渡り、敗戦後はシベリアのシワキで抑留生活を送る。抑留中、絶望的な状況から戦友が死ねば食扶ちが増えると密かに願ったと告白。猪熊は最後に必ず「少年兵の無念」を語る。「自分はかけがえのない青春を戦争に捧げた。その戦争とは他国を抑圧する侵略戦争。こんな口惜しい、無念なことはない。これからの若者には平和のための青春を送ってほしい」と切に訴えた。そして、元兵士にも呼びかけた。

戦』一八四号、三三一～三四頁参照。

(16) 太田直子は不戦兵士の会に一九九一年五月に入会（当時二七歳）。その後、数々のドキュメンタリー映画を製作し注目を浴びている。最近ではＥＴＶ特集「〝玉砕〟の島を生きて～テニアン島日本人移民の記録～」（二〇二二年八月）で第二二回「石橋湛山記念 早稲田大学ジャーナリズム大賞」草の根民主主義部門大賞、及び第三八回ＡＴＰ賞テレビグランプリ受賞。二〇二三年八月にはＥＴＶ特集「語られなかった真実 前編テニアン編、後編サイパン編」が放送された。

(17)『不戦』一三六号（二〇〇四年一～三月）、一六～一七頁、『不戦』一五一号、七～八頁。

(18)『不戦』一五一号、一一～一三頁。

戦友（とも）よ、生きているうちに語ろう。
戦友（とも）よ、語らずに死ぬのはやめよう。
戦友（とも）よ、語ってから死のう。

二〇一六年九月、猪熊は八八歳で逝去。戦場体験のある最後の代表理事であった。

最後の不戦大学を手掛ける

二〇一九年一一月九日、不戦兵士・市民の会主催で、元特攻隊の兄、岩井忠正と弟の忠熊が早稲田大学（東京都新宿区）で兄弟対談を行った。忠正は慶應大、忠熊は京都帝国大（現京都大）の在学中の一九四三年一二月に兄弟そろって海兵団に入隊した。戦況悪化の中で忠正は人間魚雷「回天」と人間機雷「伏龍」の特攻隊員となり、忠熊は爆薬を搭載したベニヤのモーターボートで敵艦に体当たりする「震洋」の艇隊長になった。[19]元特攻隊員の兄弟対談と聞いて、二五〇名を超す聴衆が早大の教室に押し寄せ、立ち見も出るほどの盛況だった。

私は司会を務めたのだが、講演の最後に、二人に次世代に何を伝えたいかを聞いた。

岩井忠正は、「この戦争は間違っていると薄々わかっていながらも、沈黙して特攻隊員までになった。死ぬ覚悟をしているのになぜ死ぬ覚悟でこの戦争に反対しなかったのか。時代に迎合してしまった。私のまねをしちゃだめだよ、と若い人に伝えたい」と語った。戦後、京都大学に戻って歴史研究者になった岩井忠熊（元立命館大学副学長）は、「戦争を二度と繰り返さな

---

(19) 人間魚雷「回天」には「戦況を逆転する」という願いが込められ、先端に爆薬を搭載した魚雷に人間が乗り込んで操縦して敵船に体当たりした。人間機雷「伏龍」は潜水服を着た隊員が、竹の棒の先に付けた機雷で敵船を突いて自爆するという特攻兵器だが、実際に使用されることはなかったが、訓練時の事故で亡くなった者もいた。

(20) 岩井兄弟の講演録は、『不戦』一八三号（二〇二〇年春季号）に収録。忠正は二〇二二年九月に逝去（享年一〇二歳）。忠熊は二〇二三年一一月に逝去（享年一〇一歳）。

(21) 一九八五年に、元米軍人のマイケル・ヘインズらが、元軍人（ベテランズ）と軍人の家族とその賛同者によって結成された国際的な平和団体である。

いためにはどうしたらよいのか、特に青年、学生がどうするかによって未来が変わる。そのために歴史を学んでほしい」と力を込めた。

この講演会は生身の不戦兵士による最後の証言（遺言）として次世代に残る歴史的な遺産となった。[20]

友好団体との協力・共同の活動

米国籍をもつ初代代表理事の大石嗣郎は、創設時からアメリカを筆頭に国際的な平和・反戦活動を視野に入れた。一九八九年に、ベテランズ・フォー・ピース（ＶＦＰ平和を求めるアメリカ元兵士の会）[21]のジェリー・ジェネシオ会長と戦争廃絶への連帯を表明した（書簡が残っている）。その後、大石を中心にアメリカやカナダなどの団体と活発な交流を重ねた。その後しばらく交流が途絶えていたが、二〇一八年一月、不戦兵士の会は創立三〇周年を迎えるにあたり、その直前に元米兵（ＶＦＰ）と元日本兵（不戦兵士）と元自衛官のスリーベテランズによるスピーチ・クロストークを早稲田大学で実現した。[22]

戦後の元兵士による反戦・平和団体は不戦兵士の会だけではない。例えば、戦後間もない時期から活動している日中友好元軍人の会もある。不戦兵士の会は、反戦・平和を真に希求するそうした諸団体と横の繫がりを大事に協力している。

共同活動の事例を紹介しよう。二度と中国と戦争をしないことを誓って、盧溝橋事件（一九三七年七月七日）を記憶し、永続的な日中友好関係を築き上げることを趣旨と

(22) スリーベテランズの講演録は、『不戦』一八二号（二〇一八年春季号）に収録。元自衛官（レンジャー部隊）の井筒高雄がＶＦＰジャパンの代表として挨拶した。

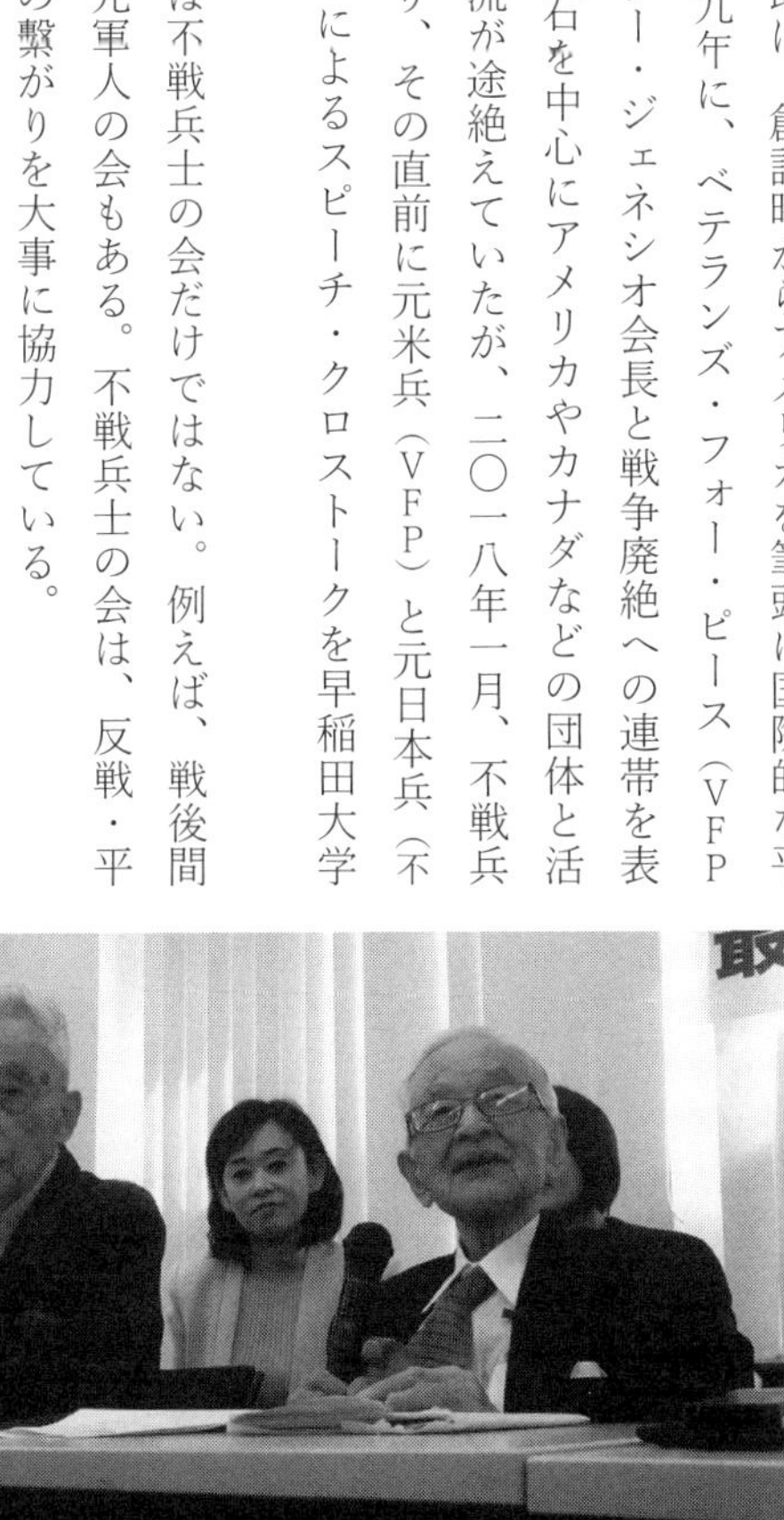

写真3　右：忠熊、中央：直子、左：忠正

し、毎年七月七日に中華人民共和国駐日本大使館の後援の下、日中友好四団体が「七・七記念集会」を実施している。四団体とは、日中友好元軍人の会（現日中友好『8・15』の会）、中国帰還者連絡会（現撫順の奇蹟を受け継ぐ会）、日中平和友好会（現関東日中平和友好会）、不戦兵士の会（旧不戦兵士・市民の会）であり、一九八八年（不戦兵士の会創立年）から毎年、共同して「七・七記念集会」を開催してきた。これは不戦兵士の会の呼びかけで始まった。他の三団体は中国との関係性が色濃い団体だが、不戦兵士の会は中国戦線に限定しない普く戦域を対象にした団体である。

二〇二三年七月七日、四年ぶりに「七・七記念集会」が埼玉県浦和で開催された。例年、四団体が持ちまわりでホスト役を務め、記念講演会を企画するなど、各団体の特色を活かした集会を開催してきたが、コロナ禍を経て、各四団体ともに会員の高齢化と次世代への継承に悩んでいる。不戦兵士の会は最も深刻な危機的状況であり、不戦兵士・市民の会の参加者は私一人だった。四団体の代表が挨拶をするその席で、不戦兵士・市民の会を閉じて不戦兵士を語り継ぐ会を立ち上げるとこの場で初めて表明した。そして八月二八日にキックオフ講演会を埼玉県北与野で開催することを告知した。メンバーの高齢化と次世代の継承に悩む三団体からも大きな拍手を受けて大いに励まされた。

不戦兵士を語り継ぐ会の立ち上げと、その先へ

不戦兵士・市民の会は、コロナ禍による活動休止を余儀なくされた中、二〇二〇年八月に高野代表理事代行が急逝し、翌年森脇事務局長が癌の闘病に入った。まさにトリプルパンチを浴

びてノックダウン寸前となる。当会の行く末を案じた森脇務局長から太田理事と私に会を受け継いでほしいと切実な要請があった。太田理事とは違って私は新参者の理事なので最初は固辞しようと思ったが切迫した雰囲気に断れずに承諾してしまった。現会員の状況も不明、段ボール五〇箱以上の『不戦』誌のバックナンバーの受け入れ先などもままならず、何から手を付けてよいかわからずに正直途方に暮れた。

二一年春先に、当会の危機的な現状報告と会員の現況を把握するためのアンケート用紙を同封して名簿に名前のある会員一二〇人に送付した。しばらくして五一通の返信があった。集計してみると八〇歳以上の会員が半数で、一番若い会員が五一歳（当時）、最高年齢は一〇一歳（当時）の貫名初子（消費税をなくす全国の会常任世話人）。貫名から「平和のためになくてはならぬ会です」という直筆のメッセージを頂いた直後に彼女の訃報が届いた（享年一〇二歳）。会員のアンケートには「こういう時代だからこそ不戦兵士の会を閉じないで」、「ぜひとも不戦兵士の遺志を若い人たちに繋げて」とまるで悲鳴のような「声」が紙面に溢れた。

会員の入会動機は様々だった。不戦兵士の直接の勧めや、安川寿之輔（元副代表理事）、浦田賢治（早稲田大学名誉教授、元理事）、高野元代表理事代行などの運営幹部らの勧めで入会した人が多かった。少なからず不戦兵士の不戦の思いが市民会員に繋がっていることを改めて確信した。

私たちは会員の皆さんの存続を願う熱いメッセージに背中を押された。戦争が忍び寄る戦後最も危機的現状だからこそ不戦兵士が遺した言葉や活動の軌跡を世に問うことの意義が大きいとの結論に達した。

二〇二三年八月末に、太田直子と二人で共同代表となり、新たに不戦兵士を語り継ぐ会を立ち上げた。キックオフ講演会を男女共同参画推進センター（さいたま市）で開催した。[23] 講師は三上真理子氏（国士館大学他講師）。演題は「戦争から逃げる！近代日本の徴兵拒否・忌避」。二〇二三年は徴兵制施行から一五〇年の節目の年。今後、世界的に戦争をしない、戦争に行かないという選択が議論になるにちがいない。徴兵拒否や忌避は、「戦争を二度としない、戦場に行かない」と訴える不戦兵士の心情にも通底するものがある。まさに不戦兵士を語り継ぐ会のキックオフ講演会に相応しい内容で好評であった。

不戦兵士を語り継ぐ会の立ち上げに際し、縁のある諸団体の代表者から祝辞やエールを頂いた。「不戦兵士を語り継ぐ会」東海支部（二〇二一年結成）の宮城道良事務局長から、一歩先を歩んでいる同志として大変心強いメッセージが届いた。東京本部も東海支部に連携し、不戦兵士の声と遺志を次世代に継承していきたい。

兄弟的な組織としてともに不戦運動を牽引してきた日本戦没学生記念館（わだつみ会）の永島昇事務局長は遠く宝塚市から駆けつけ、講演会の準備まで手伝ってくれた。不戦兵士・市民の会の故高野代表理事代行はわだつみ会の常任理事も兼任していた。

戦場体験放映保存の会の中田事務局長からも心のこもった祝辞を頂いた。一部の不戦兵士の証言が戦場体験放映保存の会のアーカイブにも収められている。

岩井忠正の娘の直子さんから、岩井兄弟の思いを代弁する大変力強いメッセージを頂いた。直子さんには準備から受付まで手伝って頂いた。五〇名以上の来場者があった。大変有難いことに参加者の多くの方が不戦兵士を語り継ぐ会の今後の支援を確約してくれたのである。

不肖ながら不戦兵士の遺志を継承する当事者の一人となった以上、不戦兵士という生き方を選んだ元兵士たちの実像に少しでも近づきたいとの強い思いに駆り立てられている。本稿では、

---

(23) 朝日新聞（二〇二三年八月三〇日埼玉版）、東京新聞（二〇二三年八月三〇日）に掲載。

創立に関わった一握りの不戦兵士と、会の代表的な数人しか紹介できなかった。言い訳がましいが、紙面の都合もさることながら、私の力不足で不戦兵士の会の輪郭を描き出すだけとなってしまったが、今回、取りあげられなかった多くの不戦兵士の「声」をこれからも掬い上げる仕事を継続していきたい。

不戦兵士たちは二度と戦争をしないために戦場体験の継承を強く希求し行動した。だからと言って不戦兵士の戦場体験を現代に生きる私たちが生き写しのようにそのまま継承することはできない。彼らの体験談や叙述をカタログ化し、大量にコレクションするだけでは意味を成さない。

近藤一は一九八〇年代までは「沖縄戦で捨てられた兵士」の悲惨さだけを語っていたが、九〇年代になると意を決して中国戦線での刺突訓練などの「加害」を語るようになる。九五年の高校生向けの講演では沖縄戦と中国戦線を半々語るスタイルになり、九九年の高校生向けの講演で最後に、ぐしゃぐしゃに泣きながら戦時性暴力(輪姦)の体験を告白した。近藤が帰ろうとした時、二人の女子生徒が追いかけてきた。「来年後輩たちのために来てください」。その前の市民向けの講演では「女性差別だ」と糾弾されたというのに……。宮城教諭はいう。「高校生たちなら聞いてくれるだろうという安心感がこの告白になったのではないだろうか」[24]。

この場にいた高校生たちは近藤の語りに心が揺さぶられ、戦場体験の継承の原動力になった。彼(女)らは主体的に近藤の戦場体験を聴くための「場」を後輩へ受け継いできた。近藤がいなくなっても、彼が残した様々な片鱗に触れながらユニークな歴史実践を行っている。例えば先述した「鎮魂の舞」もその一つだ。語り継ぐ会も高校生たちに見習って、その時々の政治的、社会的な状況に即して私たち一人ひとりの思考に落とし込みながら戦場体験を語り継いでいき

(24) 近藤一・宮城道良『最前線兵士が見た「中国戦線と沖縄戦の実相」』(学習の友社、二〇一一年)、四八～五二頁。

たい。
不戦兵士を語り継ぐ会として、年に一回の講演会の開催と『新・不戦』誌（仮）のような冊子を発行し、過去発行の『不戦』誌の中から残しておきたい戦場体験を厳選して再掲載する。さらに映像のプロの太田共同代表には、不戦兵士のドキュメンタリーの制作をお願いしている。これは今、語り継ぐ会を立ち上げた数名の仲間たちが頭の中で描いている近未来の見取り図である。語り継ぐ会の存在と活動が、不戦兵士の会を次世代に繋げるボンド（絆）のような役割になることを願う。最も重要なミッションは何より「不戦の火」を消さないことだ。

この数年、世界各地で頻発する地獄絵図さながらの悲惨な「戦場」を見たら、地獄の戦場から生きのびた不戦兵士たちは何を語りどんな行動に出るだろう。間違いなく彼らは立ち上がる。「不戦」を声高に叫んで、身体を張って戦争に繋がるあらゆる道筋に立ち塞がるにちがいない。二度と戦争によって若者の希望が、命が、未来が奪われることがない世の中を願って……。私たちもその後に続きたいと思う。

写真4　二〇〇一年8月、小泉総理靖国神社参拝の中止を求める不戦兵士たちのデモ

なぜ統合は困難なのか

戦友会の固有性と組織間のつながり

角田　燎
Tsunoda Ryo

はじめに

戦後八〇年近くが経過し、戦争体験者、その中でも特に従軍体験のある戦争体験者は減少し、最盛期は数千あったとされる多くの戦友会が解散している。(1) 本章では、二〇〇〇年代以降の戦友会の動向を目配りした上で、従軍体験者がいない時代の戦友会、ポスト戦友会時代の「戦友会」的組織について考えていく。具体的には、大東亜戦争慰霊団体協議会（以下、慰霊協）という二〇〇五年に戦友会の統合を目的に設立した団体を研究対象とする。慰霊協は、戦友会など慰霊団体の解散が加速する中で、そうした団体を統合することによって「大東亜戦争」の全戦没者の慰霊顕彰事業を継続しようとした試みであった。しかし、本書各章で記述しているように、戦友会に関わる戦争体験者には、その団体に対する何かしらの強烈な思い入れが存在する。それは、部隊や戦場、軍学校など様々であるが、何らかの思い入れや目的、体験を共有することによって戦友会などの組織が成立していたといえるだろう。

（1）戦友会研究会『戦友会研究ノート』（青弓社、二〇一二年）、九頁。

慰霊協のように団体や戦争体験への固有的な思い入れを飛び越えて、戦友会を統合しようとする試みはどのような経緯で現れたのであろうか。また、それぞれ固有の思い入れを持つ戦争体験者たちが、「大東亜戦争」の戦没者の慰霊顕彰という目的を共有できたのであろうか。そして、戦争体験のない戦後派世代は、どのような意図で戦争体験者の団体を引き継いでいるのであろうか。本章では、慰霊協の設立過程を追うことによって、現代の戦友会の動向及び慰霊事業と固有性の関わりについて検討していく。

戦友会を棲み分ける戦争体験者

そもそも戦友会とは何なのか、簡単に確認しておこう。戦友会は、なんらかの戦争体験を共有した「戦友」が集い、親睦と慰霊、戦争体験の語り合いを行う集団である。親睦と慰霊、戦争体験の語り合いという戦友会の主目的は、それに付随する様々な事業と関連するようになる。例えば、戦争体験を語り合うことや戦没した戦友の慰霊は、部隊史の作成や慰霊碑の建立といった事業に結びつく。また、戦没者の慰霊や顕彰は、靖国神社の国営化を目指す靖国神社国家護持運動などの政治運動と結びつく可能性を持っていた。この他に、戦友が戦後に再び集い親睦を深めることを通じて経済的、社会的互助関係を築くこともあった。

戦友会には、こうした多岐に渡る事業や機能があるが、数千あったとされる戦友会をどのように分類できるだろうか。伊藤公雄は、戦友会の中には大きく分類して、軍学校など学校を再集団化の契機とする学校戦友会と部隊などを契機とする部隊戦友会があると指摘する。その上で、部隊戦友会には、大部隊戦友会と小部隊戦友会が存在するという。大部隊戦友会は、戦中の「所属縁」を再結合の契機としており、対面的な関係を基盤としていないため、その弱い紐帯を保つために、制度化された枠組みをより必要とし、靖国神社国家護持運動などに積極的に参加するという。一方、小部隊戦友会は、戦中の対面的な関係を基盤とする「体験縁」を再結合の契機としているため、制度化された枠組みを必要とすることが少ないことを指摘している。(2)

一方、清水亮は、戦友会にある戦争体験などの共通の属性に基づくコミュニティ的な側面と、公共的な諸事業を立ち上げ、運営していく共同目的をもつアソシエーション的な側面の存在を指摘している。(3) つまり、戦友会には単に戦争体験を語り合い親睦を深めるコミュニティの側面だけではなく、慰霊碑の建立や部隊史の作成、政治運動といった共同目的を達成させるためのアソシエーションの側面があるということである。

こうした大部隊／小部隊、アソシエーション／コミュニティという分類を念頭に戦争体験者たちがいかに戦友会を使い分けていたのかを考えてみよう。まず、戦争体験者にとって最も身近な枠組みは、戦中に体験を共有した小部隊戦友会であろう。戦中の体験を共有しているため、戦争体験の語り合いなどコミュニティとしての機能は最も強いといえる。それに対して、それよりもより大きな枠組みで集っているのが、大部隊戦友会である。大部隊戦友会は、戦争体験を語り合うというコミュニティの側面だけでなく、慰霊碑の建立や、部隊史の作成といった目的達成を目指し、アソシエーション的側面が強くなる。そして、こうした目的達成を目指す戦友会は、資金力や政財界の有力者との関係性を築くために時に大規模化するのである。しかし、人数が多くなれば、それだけ戦争体験や志向の違う人々が集まることになり、時に対立を生み出す可能性も秘めていた。また、慰霊碑の建立や部隊史の作成であれば問題なくとも、靖国神社の国家護持運動や軍人恩給の充実など政治と深く結びついた政治運動を志向する人々も中に

(2) 伊藤公雄「戦中派世代と戦友会」(高橋三郎、高橋由典、新田光子、溝部明男、伊藤公雄、橋本満『新装版共同研究戦友会』インパクト出版会、二〇〇五年)、一四三～二一一頁。

(3) 清水亮『予科練戦友会の社会学』(新曜社、二〇二二年)、二〇九頁。

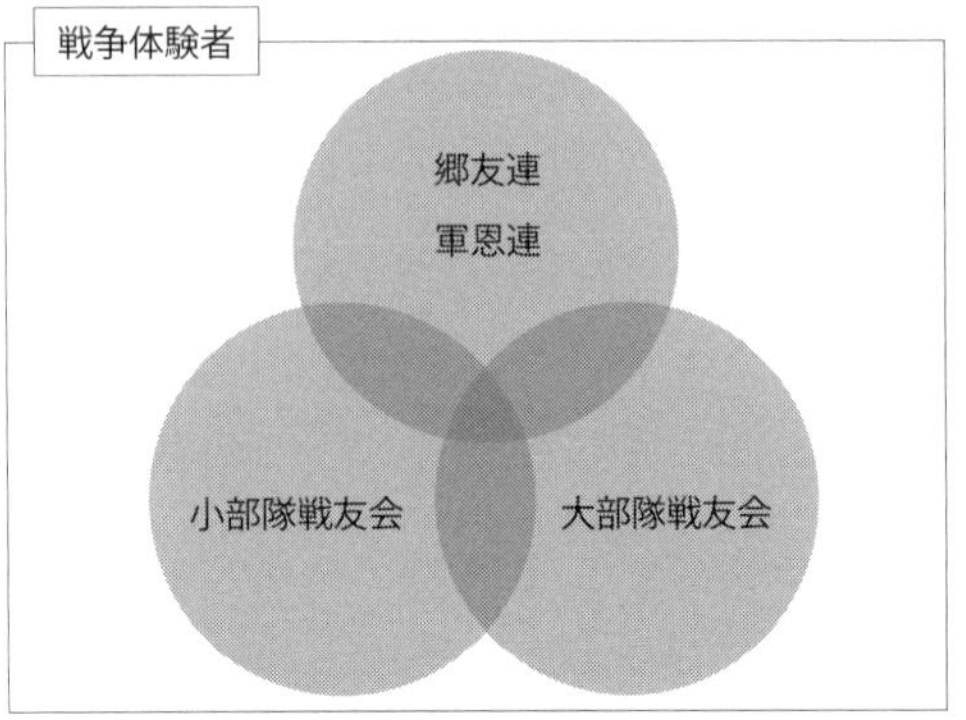

は存在していたのである[4]。そうした政治的運動を忌避する戦争体験者も多く存在した。戦友会研究会の高橋三郎も、戦友会は、戦争体験者にとって自己確認の場、心のやすらぎを求める場であり、その場を大切にしようとすればするほど政治的、経済的なことがらを極力避ける必要があったことを指摘している。そして、元軍人の経済的要求を主張するために軍恩連盟全国連合会（以下、軍恩連）や日本傷痍軍人会が結成されていたことも、戦友会の非政治性の客観的な条件になっていることを指摘している[5]。また、経済的欲求を求める軍恩連など以外にも、反共主義を掲げ戦前の在郷軍人会を目指す日本郷友連盟や首相の靖国神社参拝などを求める英霊にこたえる会などが存在した。つまり、政治的、経済的要求など目的を明確化したアソシエーション的側面が強い戦友会的な組織が存在することによって、戦友会に政治的、経済的欲求を持ち込むことを避けたのである。

戦争体験者
郷友連
軍恩連
小部隊戦友会
大部隊戦友会

図1　戦友会の棲み分け

上述したことをまとめると**図1**のようになるだろう。前述した小部隊戦友会、大部隊戦友会があり、それに加え、郷友連、軍恩連といった政治的、経済的欲求を満たす団体が存在する。戦争体験者は、そのどれに参加するのか選択し、この図のどこに自身を位置付けるのかを決めていたのである（どこにも所属しない空白地帯に位置づけることも可能だった）。そうした選択がある程度可能であったこと、政治的、経済的欲求を求める団体が小部隊戦友会、大部隊戦友会と別

（4）実際に戦友会の団結や政治的なまとまりを求める人もいた。例えば、元陸軍将校であり、戦後は政治家になった辻政信は戦友会にまとまりのないことに不満を示し、共産主義に対抗するために「郷軍が、既成の腐敗政党と絶縁して、強力な政治力を結集すべき」と呼びかけている（辻政信「年頭に想う」『偕行』一九五五年一月号、二頁）。ちなみに辻は、戦友会が政治的なまとまりに欠ける要因として、①階級がものを言わなくなっている②目的がはっきりせず、恩給促進などでは団結が固いが、それを除くとバラバラであり、単なる懐古の範囲を出ていない③偕行会、水交会、桜星会、郷友会などの脈略がなく、適切な指導理念を欠いている④一般に必要以上に臆病であり、反動と呼ばれないか、睨まれないか等々長い占領期間の情勢を払拭できていないという四点をあげている。

に存在することで、数千あるとされる戦友会が成立していたのである。

戦友会の解散と大東亜戦争全戦没者慰霊団体協議会の設立

前述した戦争体験者による棲み分けによって、数千とあった戦友会であるが、戦争体験者の減少に伴い、大きく数を減らしていく。特に、一九九〇年代後半は、戦後五〇年以上が経過したこともあり、戦友会の解散や、解散に関する議論が活発に行われた時期であった(6)。同時にこの時期は、村山談話や細川侵略戦争発言など、政府の政策転換が明確になり、アジア・太平洋戦争は侵略戦争であったという認識が広まる一方で、この政策転換に反発する動きが見られる時期でもあった(7)。そして、侵略戦争認識やその背景にあるとされた「東京裁判史観」「自虐史観」への批判が、戦争体験者の周囲でも積極的に行われるのである。そして、自分たちの戦った戦争は侵略戦争ではない、侵略戦争認識の背景にある「東京裁判史観」を打破しなければならないという問題意識は、存続／解散を議論する戦友会に新たな目的を与えることになるのである。例えば、陸軍将校の集まりである偕行社は、二〇〇四年に会の存続と元自衛官の受け入れを決めているが、その背景には、慰霊事業や「東京裁判史観」打破のために後継者を必要としたことがあった(8)。こうした状況の中、共通目的を持った(あるいは新しく打ち立てた)アソシエーション的な戦友会が存続を決定する一方で、戦争体験者の社会関係をもとに成立しているコミュニティ的な戦友会は徐々に解散を選択していく(9)。

その中で、戦友会などの慰霊団体を集約化する大東亜戦争全戦没者慰霊団体協議会設立の動きが二〇〇〇年代前半に起こるのである。この運動の中心となったのは、元陸軍将校として大

---

(5) 高橋三郎「戦友会研究の中から」(『世界』四五九号、一九八四年)、三一〇〜一六頁。

(6) 一九九〇年代から戦友会の解散が目立ち始め、二〇〇五年が戦後六〇年の区切りとなり解散が最も目立ったという(吉田裕『兵士たちの戦後史』[岩波書店、二〇一一年]、二二五頁、戦友会研究会前掲、二二五頁)。

(7) 前掲吉田『兵士たちの戦後史』(岩波書店、二〇一一年)、二二七頁。

(8) 斎須重一「偕行社の将来問題について」(『偕行』二〇〇四年六月号)、六、七頁。詳細は拙著『陸軍将校たちの戦後史』(新曜社、二〇二四年)をご参照いただきたい。

(9) もちろん、遠藤美幸の研究や、本書塚原のように、戦争体験者の子供、孫世代がコミュニティ的な戦友会を引き継ぐという可能性もある(遠藤美幸『悼む人——元兵士と家族をめぐるオーラル・ヒストリー』

本営や関東軍で参謀を務め、戦後シベリア抑留ののちに伊藤忠商事の会長などを務めた瀬島龍三であった。瀬島は、二〇〇四年に「戦没者慰霊の中核となるような慰霊団体を作りたい。名称は、「大東亜戦争全戦没者慰霊団体連合会」と言うようなものを考えたい」との意向を示し、設立理事長となるような人物の推薦を偕行社に依頼した。その後、偕行社の協力のもと、団体設立に動き、二〇〇五年七月に「大東亜戦争全戦没者慰霊団体協議会」が、財団法人として厚生労働大臣から設立許可が降りる。[10]

瀬島は慰霊協の設立趣旨について以下のように語っている。「先の大戦が終結して六十年の歳月が経過しこの戦いを経験した者の多くが他界し、或いは老齢化するに至っており、私どもは、この歳月の経過の中に、国民の戦没者に対する慰霊の心が風化しつつあることを憂慮し、全戦没者慰霊事業の永続性を図るため戦没者慰霊諸団体と相諮り、大東亜戦争全戦没者慰霊団体協議会を設立し、戦没者慰霊諸団体が相携え世情の流れに即した全戦没者の慰霊事業に貢献する」ことであるという。[11]つまり、戦友会などの慰霊団体が協力し、「大東亜戦争」の全戦没者の慰霊を行うことが会の目的だったのである。具体的な事業として、参加団体による合同慰霊祭、将来にわたる戦没者慰霊のあり方に関する研究、戦没者崇敬に関する思想の普及を図る事業の研究が掲げられている。[12]この団体の特徴の一つは、「大東亜戦争」を団体名に掲げている点にあるだろう。設立時には、この名称について議論があったようであるが、「我が国が、この戦争に対して国が名付けた公式な呼称は、「大東亜戦争」であり」、歴史を振り返るとき「名称は重要な要素である。特にこの戦いに一命を捧げた戦没者の追悼慰霊を目的とする我々慰霊団体にとってはこの戦争の名称を正しく理解し、正しく後世に伝えていく責任」があるという。[13]

生きのびるブックス株式会社、二〇二三年）。しかし、子供や戦争体験者の配偶者などが戦友会に積極的に関わるとは限らない。例えば、陸軍士官学校のある同期生会では、戦争体験者の高齢化の中、遺族や婦人などへの協力を要請したが、「「プライバシー」尊重等々でご異議が多く」、協力を得られず会は解散状態に陥っている。また、戦争体験者家族の高齢化も深刻で、戦争体験者から引き継いだ同期生会を子供世代が解散するというパターンもあった（前掲、一四五頁）。

（10）小田原健児「（財）大東亜戦争全戦没者慰霊団体協議会の設立経過」（『慰霊』創刊号）、二頁。

（11）瀬島龍三「協議会機関誌『慰霊』創刊のことば」（『慰霊』創刊号、二〇〇六年）、一頁。

（12）前掲瀬島。

（13）「「大東亜戦争」の呼称について」（『慰霊』二号）、二頁。

会員としては、個人の賛助会員が年会費三〇〇〇〇円、特別賛助会員（特別ご芳志の賛助会員）の年会費が五万円、正会員（趣旨に賛同する慰霊目的の法人）が一万円、特別会員（趣旨に賛同する法人団体）が五万円となっている。[14]

参加団体数としては、設立時に正会員団体一五、特別会員団体一〇となっている。参加団体としては、次頁の**表1**を参照していただきたい。参加時期に●がついている団体が初期からの参加団体である（★は永代会員）。

この設立初期の団体から、瀬島の個人的つながり、及び陸軍将校のネットワークが活用され、慰霊協が設立されていることが読み取れる。瀬島は、シベリア抑留から帰国後に慰霊団体などに積極的に関わり、慰霊協設立当初の参加団体である特攻隊慰霊顕彰会、[15]太平洋戦争戦没者慰霊協会、千鳥ヶ淵戦没者墓苑奉仕会、同台経済懇話会などで会長などの要職を歴任していた。また、偕行社やその関連組織（同期生会、地方偕行社）が参加団体として多く、設立当初で七団体、現在では、一五団体を数える。[16]会員についても、偕行社に積極的に協力を求め、会員を集めている。[17]そして、団体の基礎となる団体の財政も瀬島の働きかけによって、実業家大久保隆の資金援助を受けた。アソシエーション的機能を強める戦友会的な組織は、基本的に常駐の事務局員などを雇い活動を行っている。その活動には資金が欠かせないのである。[18]この大久保隆については、詳細は不明だが、瀬島は自身が会長を務めた特攻隊慰霊顕彰会を財団法人化する際も、大久保に寄付を求め、特攻隊慰霊顕彰会に一億円の寄付をしてもらっていたようである。大久保は慰霊協には五〇〇〇万円の寄付を行い、この資産が会運営の元手となったのである。[19]また、元陸軍将校で皇族の三笠宮崇仁親王が名誉総裁に就任している。つまり、瀬島を中心とする政財界までに広がる旧軍エリートの人脈によって慰霊協が設立されたといえるだろう。

---

(14)「当協議会会員御入会のご案内」（『慰霊』四号）。

(15) 正式名称は、公益財団法人特攻隊戦没者慰霊顕彰会（略称特攻隊慰霊顕彰会）。創設時の名称は、特攻隊慰霊顕彰会で、一九九三年に財団法人特攻隊戦没者慰霊平和祈念協会に名称変更され、二〇一一年に現在の名称に変更されている。本稿では、混乱を来さないために基本的に特攻隊慰霊顕彰会と表記する。

(16) 近畿偕行会は、設立当時は慰霊協に参加していたようである。

(17) 小田原健児前掲稿。なお、法人の設立許可がなかなか下りない中で、所管官庁に陳情に赴いたのも元陸軍将校であり、元国会議員である堀江正夫であった。

(18) 財団、公益財団法人として認められるためにも組織の財産は重要であった。

(19) 最上貞雄「財団法人特攻隊戦没者慰霊平和祈念協会設立」（『偕行』一九

表１　大東亜戦争全戦没者慰霊団体協議会参加団体（2023年）

特別会員	参加時期
(株) SNA	二〇一四年
(公財) 偕行社	二〇〇五年●
(株) キャリアコンサルティング	二〇一四年
軍学堂	二〇一四年
医療法人社団 伍光会	二〇一四年
サスラボ株式会社	二〇一九～二〇二〇年
(公財) 水交会	二〇〇五年●
(株) 青林堂	二〇一四年
(NPO法人) 孫子経営塾	二〇一四年
(公社) 隊友会	二〇一二年
航空自衛隊退職者団体 つばさ会	二〇一三年
同台経済懇話会	二〇〇五年●
(一社) 日本郷友連盟	二〇一二年
(NPO法人) 日本サイパンFRIENDSHIP協会	二〇一九年
(株) リアリ	
正会員	**参加時期**
(公財) 海原会	二〇〇五年●
英霊にこたえる会	二〇〇五年●
英霊の志を継承する会★	
エラブカ東京都人会	二〇〇九年
鹿児島偕行会	二〇〇八～二〇〇九年
神奈川県偕行会	二〇〇五年●
駆逐艦菊月会	二〇二一年
旧戦友連	二〇〇九年
熊本偕行会	二〇一〇年
熊本歩兵第二二五聯隊戦友会	
群馬偕行会	二〇〇六年
国民保護協力会	二〇一一年
埼玉偕行会	二〇〇五年●
佐賀県偕行会	二〇〇九年
(NPO法人) ＪＹＭＡ日本青年遺骨収集団	二〇〇五年●
震洋会（永代会員）	二〇〇六年
全国海洋戦没者伊良湖岬慰霊碑奉賛会★	二〇〇八年
全国近歩一会★	二〇〇五年●
全国甲飛会★	二〇〇五年●
全国ソロモン会	二〇一〇～二〇一一年
全国メレヨン会	二〇一三年
(一社) 全ビルマ会	二〇〇五年●
ソ連抑留戦友・遺族会東京ヤゴダ会★	二〇〇七年
(公財) 太平洋戦争戦没者慰霊協会	二〇〇五年●
筑後地区偕行会	二〇〇八～二〇〇九年
(公財) 千鳥ヶ淵戦没者墓苑奉仕会	二〇〇五年●
(一社) 東京郷友連盟	二〇〇八年
東部ニューギニア戦友・遺族会	二〇一一年
特攻殉国の碑保存会★	二〇〇六年
(公財) 特攻隊戦没者慰霊顕彰会	二〇〇五年●
豊橋歩兵第18聯隊戦友会★	二〇〇六年
ネービー21	二〇一六～二〇一七年
ハワイ明治会	二〇一四年
姫路偕行会★	二〇〇八～二〇〇九年
福井県偕行会★	二〇〇八～二〇〇九年
福岡県偕行会	二〇一三年
宮崎県偕行会	二〇〇八～二〇〇九年
山口県偕行会	二〇〇五年●
陸士第53期生会★	二〇一〇年
陸士第57期同期生会★	二〇〇五年●

「大東亜戦争全戦没者慰霊団体協議会ホームページ」より（https://www.ireikyou.com/day.html 2023年9月30日最終閲覧）。参加時期については機関誌を確認した。空白の団体は機関誌を確認しても参加時期が特定できなかった。過去に所属した団体としては、瀬島事務所、歩兵第二二五連隊戦友会、予科練雄飛会、イルヤ、近畿偕行会、倉谷化学産業株式会社、さんゆうらいふ株式会社など。

慰霊団体の統合をめぐる対立

こうして設立された慰霊協であるが、瀬島の当初の構想では、団体名は「大東亜戦争全戦没者慰霊団体連合会」であった。しかし、出来上がった団体は連合会ではなく協議会である。ここにいかなる違いがあるのであろうか。実は、瀬島は慰霊協を単に共に集い慰霊祭などを行うという形ではなく、慰霊団体の統合による慰霊団体の永続を目的としていたのである。しかし、各論紛糾して「連合会」結成に至らず、当面、諸団体の「緩やかな連合体」として「慰霊団体協議会」が設立されたのである。(20)

この議論が具体的にどのように紛糾したのか、機関誌等の資料には記載されていないので不明な点もあるが、連合会にするにはどのような問題があったのか参加団体の資料等から見ていこう。まず、参加団体の一つである特攻隊慰霊顕彰会である。この団体は、先述したように瀬島が過去に会長を務め、事務所も慰霊協と共に構えるなど、最も慰霊協と近い関係性にある団体といえる。

この時期、特攻隊慰霊顕彰会の会長を務めていたのは、元陸軍将校で戦後は富士通などで活躍した山本卓眞であった。山本は、瀬島から特攻隊慰霊顕彰会の会長の後任を引き継ぐだけではなく、偕行社の会長や日本会議の副会長を務めた人物であり、後に瀬島死後の慰霊協の会長も引き継ぐことになる人物である。

山本を中心とする特攻隊慰霊顕彰会の中心人物たちは、瀬島が設立した慰霊協の趣旨に全面的に賛成であった。(21) 会長の山本は、「今や高齢化に伴って行動力の減退は如何んともし難くなって参りました。斯かる時にこの様な財団法人が設立されることは、極めて時宜を得たもの

九四年一月号)、六〜七頁。

五〇〇〇万の寄付については、慰霊協事務局での聞き取りより（二〇二三年一一月一五日実施）。

(20)「平成三〇度合同慰霊祭斎行」(『慰霊』四四号、二〇一八年)、一〜二頁。

(21) 菅原道熙「お知らせ」(会報『特攻』六三号、二〇〇五年)、六〇頁。ちなみに特攻隊慰霊顕彰会の事務局長である菅原道熙も慰霊協と深く関わっていたし、会報『特攻』の編集人飯田正能は、後に慰霊協の機関誌の編集人も兼任するようになる。

と誠に心強く感じており」、「私共は残された余生を、この協議会の発展に協力することで、次世代への慰霊顕彰と共に、我が国の歴史・伝統・文化の継承をより確かなものとして行わなければなりません」(22)と述べている(23)。

こうした慰霊協への期待の背景には、戦争体験者の高齢化に伴う活動力の減退、経済力の低下、そしてそれらを補う存在として期待していた元自衛官の存在があった。特攻隊慰霊顕彰会や偕行社、慰霊協といった目的を明確化し、存続を選択したアソシエーション的団体は、その目的を遂行するために後継者を必要としていた。そこで期待されたのが戦後軍事組織での職務経験がある元自衛官だったのである(24)。

しかし、後継者として期待される元自衛官としては、慰霊団体が乱立している状況で、その全てを引き継ぐのは難しかった。そのため慰霊団体の統合を期待したのである。そして、元自衛官をスムーズに会に引き込むために、特攻隊慰霊顕彰会としても、慰霊協に慰霊団体が集約されることを期待したのである。慰霊協との協力関係には、屋上屋を重ねるとか、会費の二重払いなどの指摘もあったという。これに対して、山本は「もっともではありますが、将来の慰霊団体集約方向に備えての措置に伴う過渡的な問題とご了解願いたいと思います」(25)と言っている。特攻隊慰霊顕彰会に勧誘した元自衛隊からも、「唯でさへ色々な慰霊団体があって、安易に入会することはためらわざるを得ないのに、その上更に慰霊協が設立されては、余計躊躇せざるを得ない」と言う声も上がっていた(26)。

この他に、元自衛官からは、「多くの慰霊団体があって入会に迷う、慰霊団体が一本化されれば動き易い」という意見も出ていた。こうした意見を受けて、特攻隊慰霊顕彰会では、二〇〇六年の一二月に理事会・評議員会の後に懇談会が開かれる。「旧軍関係会員が現役とし

(22) 山本卓眞「祭文」(会報『特攻』六三号、二〇〇五年)、一頁。

(23) 山本は、この他にも偕行社の会長として、偕行社の会員の慰霊協への参加を積極的に後押ししていた。瀬島龍三「協議会機関誌『慰霊』創刊のことば」(『慰霊』創刊号、二〇〇六年)、一頁。

(24) 会員の全てが元自衛官になっている訳ではない団体でも事務局、会誌の編集人など、運営面においては元自衛官が担っている団体が大半であるといえる。現在特攻隊慰霊顕彰会、慰霊協、本書で登場する郷友連の運営を担っているのはいずれも元自衛官である。

(25) 山本卓眞「平成十八年初頭に当たり」(会報『特攻』六六号、二〇〇六年)、六頁。

(26) 菅原道熙「財団法人大東亜戦争全戦没者慰霊団体協議会(慰霊協)の紹介」(会報『特攻』六九号、二〇〇六年)、五七頁。

て活動できる時代の終焉を目前にして、協会の先き行きをどう考えるのか、一昨年発足した」「慰霊協との合併統合という考え方を、一つの叩き台として出席者の意見を伺」ったという。意見の多くは、現在その様なことを考えるのは時期尚早である、特攻の名称を消してはならないということであり、慰霊協との合併統合ではなく、以降も特攻隊慰霊顕彰会として活動していくことになったのである。(27)

この話は、特攻隊慰霊顕彰会が毎年慰霊祭を行っている世田谷山観音寺にもされたようで、「今度は特攻観音というのは、単なる目次に過ぎない状態にしたい」と瀬島から打診があったという。しかし、世田谷山観音の太田賢照和尚は、「そもそも、あなた方がここへ見えたのは、特攻観音ではないのか、それを無視して大東亜戦争の中の一部に、単なる目次にするとは考えられない、絶対に反対だ」と反対したという。(28)

特攻隊慰霊顕彰会は、特攻隊指揮官によって創設された組織であり、戦没者の中でも、死を前提とした「必死」の作戦に従事した特攻戦没者を他の戦没者とは異なる特別な戦没者として慰霊顕彰してきた。いわば「特攻」への特別な固有の思い入れを持った人々が集まっていた集団である。(29)そのため、「大東亜戦争」の全戦没者の一部として慰霊顕彰される慰霊協との合併案は受け入れられなかったのである。また、特攻隊慰霊顕彰会は、その合併案を受け入れる必要があるほどに資産的に困窮しているわけではなかった。こうした要因もあり、慰霊協との合併は失敗したのである。

こうした慰霊協の統合をめぐっては、海軍関係者からも反発が起こっていたようである。神風特別攻撃隊の「発案者」である大西瀧治郎の副官を務め、戦後も「神風特別攻撃隊」をはじめとする特攻隊の慰霊を行なっていた門司親徳は、瀬島の慰霊協の構想を聞いた時から「大反

---

(27) 菅原道熙「平成一八年第二回理事会・評議員会報告(平成一八年一二月二日)」(会報『特攻』七〇号、二〇〇七年)、六三頁。慰霊団体の多さに驚き、慰霊団体がまとまることを願う元自衛官は特攻隊慰霊顕彰会以外にもいた。偕行社に入り、山本から偕行社の会長を引き継ぐ元自衛官志摩篤は、山本に恐る恐る「何とか纏まらないものでしょうか」と聞いたところ「君たちの時代になったら頼むよ」と言われたという。志摩自身も深く関わるほど、それが如何に難しいことであるか分かったという(志摩篤『志摩コラム』『偕行』二〇一二年七月号)、五頁。

(28) この話が具体的にいつ話されたのかはわからない。また、瀬島は、「大東亜戦争の会」にすると言っているので、慰霊協の構想段階の可能性もある(「世田谷山観音寺と特攻隊慰霊顕彰会の歴史」(会報『特攻』一〇九号、二〇一六年、

対」の意思を表明していたという。そして門司は、呼びかけを受けた海軍の戦友会から相談を受けると「戦友会は共通の体験を持つ戦友同士が集まるからうまくいくんで、統合して上納金みたいな会費をとるようになっちゃダメになる。実情を知らないもの同士でくっついても、うまくいくはずない」と指摘する。そして、「慰霊というのは一人一人の心の問題なのに、団体をつくったり財団を維持することが目的になって、そのために会員を勧誘するようでは本末転倒。瀬島さんが亡くなるまで、あまり細いことは決めないほうがいい。統合して、やれ慰霊碑の管理だとか、ほかの戦友会の手伝いとか、手を広げさせられても大変なことになるし、現実を見据えて慎重にやろう。それに、大本営陸軍部にひきずられるのは、戦争で懲りた」という。[30]

ここから読み取れるのは、コミュニティ的な戦友会、慰霊のあり方とアソシエーションの齟齬である。瀬島をはじめとする慰霊協の人々は、戦争体験者が減少する中で、大小様々な戦友会を統合し、慰霊顕彰事業を永続するアソシエーションとしての組織を整備しようとしていた。しかし、戦争体験者の中には、門司のように相互の関係性が構築されたコミュニティとしての戦友会でこそ慰霊を行うべきであると考える人々もいた。戦没者の慰霊顕彰において、どの戦没者を、誰と慰霊顕彰するのかは非常に重要な問題であった。そして、戦争体験者はどの戦没者を誰と慰霊顕彰するかを戦友会等の団体を使い分けることで選択していたのである。例えば、特攻隊慰霊顕彰会は特攻隊全戦没者の慰霊顕彰団体であるが、これ以外にも海軍の特攻戦没者や特攻隊の基地、部隊などの単位で集い慰霊する集団が存在した。[31] 集団の規模が小さくなればなるほど、慰霊対象の戦没者を想像しやすくなる一方で、数が少ないのでその継続には大きな課題を抱えていたのである。そのため、特攻隊慰霊顕彰会や慰霊協といったより大規模な慰霊団体が存在したのである。「特攻隊」というある程度戦没者を想定でき、共通性・固有性を保

二三〜三八頁）。

(29) この時期には、戦艦大和以下第二艦隊の沖縄出撃を準特攻と認定するなど、特攻隊慰霊顕彰会内部での「特攻」の位置付けも変化している。詳細については、拙稿「特攻隊慰霊顕彰会の歴史」（『戦争社会学研究』第四巻）、一七二〜九二頁をご参照いただきたい。

(30) 神立尚紀『特攻の真意――大西瀧治郎 和平へのメッセージ』（文藝春秋、二〇一一年）、三八〇頁。そもそも瀬島龍三は海軍関係者からの評判が芳しくない側面もあった。海軍関係者の中には、瀬島龍三の名前を聞いただけで「あいつは嘘つきだから」と即座に反応する人や「瀬島龍三の言うことは、俺は信用しない」という人がいたという（戸髙一成、大木毅『帝国軍人』角川新書、二〇二〇年、六八頁）。

(31) 海軍の特攻戦没者、特に神風特攻隊の戦没者の慰霊を行っていたのが先述し

持できる集まりであれば、慰霊団体として機能するものの、「大東亜戦争」全体の戦没者となるとイメージがつきにくく、そこに統合となると否定感を持つ人々が存在したのである。その結果、慰霊協の戦友会などの慰霊団体の統合という目的は失敗に終わったのである。

設立以降、慰霊協は、大東亜戦争全戦没者合同慰霊祭を毎年七月に靖国神社で行っている。[32]この慰霊行事では、現在も活動を続け、慰霊協に参加する団体だけではなく解散し永代会員となった団体も主催団体として名を連ねている。[33]解散した団体からすれば、永代会員という形、「大東亜戦争」の全戦没者の一部（目次）という形でも名前が残るのである。こうしたある種「保険」としての意味合いはあったものの、各戦友会が慰霊協に統合されるために活動にピリオドを打つということはなかった。そのため、各慰霊団体の資産が集まることもなく、慰霊協は財政的にも厳しい状況に追い込まれているのである。[34]

戦争体験者の減少に伴い、会員も減少する中で、状況を打破する一つの方策として、慰霊協は二〇二三年に新たな会長として安倍晋三元首相の妻である安倍昭恵を迎え入れる。慰霊協としては、彼女の発信力を活かして、会の活性化を目指しているのである。[35]

おわりに――固有性と戦友会の存続

こうした慰霊協の設立・統合に関する議論から様々なことが考えられるだろう。まず、旧軍エリートが豊富な資産（経済的・人的）を持ち、慰霊事業をリードしてきた事実である。慰霊協の設立は、瀬島を中心とする旧軍エリートが中心となっており、彼らが経済的・人的資源を有効活用することによって、戦争体験者の活動力が減退していた二〇〇〇年代に「大東亜戦争」

た門司たちであった。また、特攻隊慰霊顕彰会の中では、元海軍士官たちが殊更に海軍を持ち上げていたという側面があった（前傾「世田谷山観音寺と特攻隊慰霊顕彰会の歴史」）。

（32）慰霊祭の様式や、協力している人々も特攻隊慰霊顕彰会と同じである。

（33）当初の名称は「準正会員団体」。解散を余儀なくされた団体を希望があれば、「準正会員団体」として慰霊協との関係を維持するという意図を持ってはじめられた（「事務局からの報告」『慰霊』一三号、二〇〇九年、一五頁）。

（34）瀬島龍三が二〇〇七年に亡くなったこともあり、団体の基盤となる資産が充実していなかったという。そのため、他の団体のように資産運用などを行うことができず、毎年赤字続きであるという（前傾慰霊協事務局への聞き取りより）。

（35）安倍昭恵「会長就任のご挨拶」（『慰霊』五九号、

の名前を冠した慰霊協を公益財団法人として設立することが可能になっていたのである。このことは、経済的・人的に豊富な資産を持つ旧軍エリートたちがお互いにネットワークを構築し、そのネットワークによって戦没者の慰霊顕彰事業がリードされていたことを示している。

しかし、当初から現在に至るまで、全てが旧軍エリートの意図通りに進んだとは言えない。戦争体験者たちは、戦友会などの各団体で自分たちの戦争体験の意味づけを確認し合い、戦争体験に固有の意味づけを持たせていたのである。そのため、その場には、政治といった話題や階級意識は極力避けられていた。そのため、瀬島という二〇〇〇年代に生存していた将校でトップクラスの実力を持つ瀬島の呼びかけでも戦友会を統合することはできなかったのである。

そして、戦争体験を語り合う戦友会という場は、自身たちの戦争体験を意味づけ、その体験に固有の意味づけ（どのような戦争体験）であったのかと意味を付与することにもつながった。そうした戦友会での活動の終焉が迫る二〇〇〇年代に慰霊協は、戦友会を統合し、その慰霊顕彰事業の永続を目論んだのである。戦友会を統合することによって、各団体の資産が集まること、団体数を減らすことによって元自衛官の受け入れをスムーズに行うことが可能になると考えたのである。そこでは、彼らの戦争体験は、「大東亜戦争」の一つの目次となってしまうが、慰霊顕彰事業は永続するというものであった。

しかし、戦友会や慰霊顕彰の基盤となっているのは、それぞれが持つ個別の戦争体験、固有性であり、その体験を共有しうる団体であった。その活動の延長線上に、何かしらの目的を共有し、アソシエーション的な組織になる可能性を秘めていたとしても、基盤はあくまで、彼らの戦争体験、固有性であった。こうした固有性や戦争体験へのこだわりは、慰霊団体を統合し、それぞれの戦争体験を「大東亜戦争」の目次にして永続を目指すという慰霊協の目論見と相容

二〇二三年）、一頁。慰霊協と安倍昭恵を繫いだのは、現在慰霊協の顧問をしている政治家山谷えり子の仲介があったという（前傾慰霊協事務局への聞き取りより）。

れず、その統合案はうまくいかなかったのである。

戦争体験者が、個別の戦争体験へのこだわりから作った多くの慰霊団体は、戦後派世代の元自衛官からすれば、その違いに大差はなく、加入に躊躇する側面が少なからず存在した。そうした側面から慰霊団体の統合は有効な手段と考えられたのである。しかし、本書の各章が示す事例は、戦後派世代も何かしらのこだわりを持って戦没者の慰霊顕彰事業や戦友会に参入しているという事実である。戦争体験者との個人的接触が少ない現代の戦後派世代にとっては、何かしらの思い入れなしに慰霊事業に参入する可能性は低いのである。例えば、知覧などの特攻隊資料館に訪れる、特攻隊映画を見るなどして、特攻隊の慰霊に興味を持った人が、知覧で行われている特攻隊の慰霊祭や特攻隊の慰霊団体である特攻隊慰霊顕彰会に興味を持つ可能性はあるだろう。しかし、その次元を超えて、「大東亜戦争」全戦没者の慰霊事業に関心を持つ戦後派世代は必ずしも多くないであろう。

補章① 戦友会研究への招待

非体験者が参加する戦友会という謎

角田　燎

「戦死者の慰霊や戦禍の継承を目的に、元兵士らが結成した戦友会は、会員の高齢化や死没で解散・消滅が相次ぐ一方、一部で「有志」として加わった若者が活動を担い始めた。VR（仮想現実）技術による戦艦の再現やSNSでの情報発信など、「若い世代の視点であの戦争の記憶をつなぐ」試みが行われている。[1]こうした非体験者、戦後派世代による戦友会の「継承」は、「戦争の記憶を語り継ぐ新たなかたち」として、しばしばメディアも好意的に捉えられている。[2]

だが、そもそも戦友会とは、非体験者の参加が想定された集団でも、戦争の記憶を語り継ぐことを目的に設立されてきたわけでもない。本論では、元兵士たちのつながりの結晶であった戦友会に非体験者が参加していく現象の奇妙さを、先行研究や戦友会に関するメディア報道を整理しながら確認し、一度立ち止まって、謎として考える素材を提供したい。

戦友会とは何か

「三十五年ぶりにあった仲間も沢山いまして、思い出やら近況を話し合うのに熱中して酒も食事もちっとも減らないほどでした。これを機に定期的に会合を開くことになりました。[3]これは、戦後三五年経ち、初めて同期生で「戦友会」を開いた際の一コマである。

戦友会とは、最も一般的な表現をすれば、「軍隊において戦闘体験や所属体験を共有した仲間が再び集まってつくった団体」である。この定義であれば、外国にも戦前日本にも戦友会（退役軍人会・在郷軍人会など）は存在することになり、自衛隊退職者団体も含めることができる。ただし、アジア・太平洋戦争に参加した兵士たちの団体に限定するのが、流通している狭義の戦友会である。最盛期には数千もの数や規模、そして「メンバーが戦友会にかけた情念やエネルギーの強さ」から、「日本独特の現象」とされる。(4)

戦友会が最も多く設立されたのは、高度経済成長を謳歌する一九六〇年代後半であり、活動の活発さのバロメーターとしての出席者のピークは、元兵士たちが退職にさしかかっていく一九七〇年代後半から一九八〇年代後半とされる。(5)

戦友会結成の主要な動機や目的は、「親睦」と「慰霊」であると先行研究は指摘する。主要な活動は、年に一、二回定期的に行われる会合で、その際に行われる宴会と語り合いが重要であるという。(6)宴会自体は一般的な宴会と変わらないが、その際に語り合われるのは、共通の戦争体験である。「あの時誰がどうした」という話が繰り返しなされていく中で、個々の記憶は寄せ集められて「集団の記憶」となる。その多くは悲惨な戦闘についての話であるという。そして、この物語ができあがるのに役立つならば、会員の同伴者、戦友の遺族といった部外者でも歓迎されるという。こうした人たちは、聞き手あるいは、話し手として物語が作られるのに寄与していくのである。(7)

こうして戦友会は、軍事的なものを否定する戦後日本社会において、元兵士たちが記憶を語り合うことによって、お互いの戦闘・軍隊体験を自分たちで意味づける貴重な場となったのである。(8)そして、その場を大事に思うが故に、戦友会の結合、きずなを弱める要素は、「過去」(加害行為)でも「現在」(政治、宗教)でも取り除かれたという。(9)そして、戦友会は、元兵士たちの記憶が集積される「記憶の貯蔵庫」と呼ばれた。(10)

一方で、元兵士たちは戦友会を大事にしながらも、その殻に閉じ籠っていた訳ではない。戦友会が行う「親睦」は、結果的に政治やビジネスにおける「コネ」になる可能性を秘めていた。(11)「慰霊」は時として、大規模な慰霊祭の開催や、慰霊碑の建立、部隊史などの作成を通して、「顕彰」に繋がっていた。(12)たとえば、一九六〇年代の予科練戦友会において、慰霊祭や慰霊碑の建立は、地域住民や政財界の要人、戦後社会とのつながりを生み出し、(13)戦死者の記憶は「英霊」の「顕彰」や「青少年善導」といった意味付与や、自衛隊の「精神教育」への組み込みを通して「教育化」されていく。(14)

戦友会はどう変わったか

元兵士たちによって盛んに活動が行われていた戦友会も元兵士たちの高齢化によって一九九〇年代に解散する団体が徐々にみられるようになり、二〇〇〇年代になると多くの戦友会が解散していく。[15] そして、新聞は、戦友会や元兵士たちの歴史の証言者、戦争の語り部の側面を強調し、戦争体験継承の文脈で戦友会の解散を報じている。[16] これには、戦後五〇年、六〇年と年を重ねるごとに戦争体験の「継承」が叫ばれたことと、元兵士たちが積極的に戦争体験を語り始めたことが関係していた。元兵士たちにとって、悲惨な戦争体験を語るには、時が必要であったし、この時期の「証言」は「遺言」としての性格を帯びていた。[17]

戦友会における歴史の証言者、戦争の語り部の側面が強調される中、そこで求められたのは、その「継承」であった。二〇一〇年代以降、戦友会に参加しようとする非体験者、戦後派世代が現れ始める。例えば、零戦の元搭乗員たちの戦友会である「零戦搭乗員会」は、二〇〇二年に解散したが、「若い世代」が支える形で活動を引き継ぎ、NPO法人「零戦の会」として新たに発足し、孫世代に戦争体験を「継承」する活動を行っている。[18]

こうした戦友会の「継承」が議論される一方で、疑問も浮かぶ。死んだ戦友たちへの連帯感を持ち、会員間の結合を重要視し、戦友会という組織を大事にしていた戦争体験者たちは、なぜ非体験者たちを会に迎え入れたのであろうか。軍事が忌避された日本社会で教育を受けた戦後派世代がどのようなきっかけ、経緯で戦友会に参入することになったのであろうか。そして、非体験者の参入によって、「記憶の貯蔵所」と言われた戦友会にどのような変化が起こったのだろうか。

実際に二〇一〇年代に起こった戦後派世代の参加による戦友会の「変容」はいくつか研究されている。たとえば、ビルマ戦などを戦った部隊の戦友会である第二師団東京勇会は、二〇〇七年に高齢化により解散するが、元気な戦友有志が「勇会有志会」を結成し、遺族以外の「部外者」も有志会員として迎え入れ活動を継続した。戦後派世代が会に参加するようになり、活動が一時的に活性化するが、一部の有志会員の右派的な戦争の捉え方や参加の意図に疑問を感じる元軍人や遺族が現れる。そして、元軍人や遺族の望む戦友会のあるべき姿から「変容」してしまった結果、元軍人や遺族は会から遠ざかり、戦友会は解散へと向かったという。[19]

他方、元海軍士官たちの戦友会である水交会、陸軍将校たちの戦友会である偕行社は、元自衛官を迎え入れることで会を存続させることに成功する。しかし、そこでも大きな変容が起きていた。例えば、偕行社では、元陸軍将校たちが「歴史修正主義」に接近した結果、日本の戦後教育や「自虐史観」の打破が重要な目標となり、元自衛官を後継者として迎え入れることになった。十分な数の元自衛官を会に迎え入れるために、偕行社は公益法人化を行い、自衛隊の支援を積極的に行おうとする。同窓会的な組織は、公益財団法人として認められないために、偕行社に本来あった同窓会的な側面は削られ、自衛隊の外郭団体としての側面が強くなっていく。[20]

戦友会をどう見るか

こうした「生き延びる戦友会」をどのように見れば良いのであろうか。清水亮は、戦友会には、共通の属性に基づく「戦友」たちが慰霊や親睦を行うコミュニティの側面と、部隊史の作成や慰霊碑の建立といった公共的な事業を立ち上げ、運営していく共同目的を持つアソシエーションの側面があるという。[21] アソシエーション／コミュニティという補助線を引き、現代の「生き延びる戦友会」について考えてみよう。

かつての戦友会は、慰霊や親睦を行うコミュニティの側面とアソシエーションの側面を両方持つ戦友会も珍しくなかった。[22] しかし、共通の属性を持つという条件は、再生産が容易ではない。そのため、本書塚原章のように遺族によって続けられているコミュニティ的な戦友会を除いて、大半が解散してしまった。現在残る戦友会は共同目的を持つ人々が集うアソシエーション的な側面が強い。こうした戦友会は共同の目的を掲げ、その目的を共有した非体験者を確保することで会の存続を目論んでいるのである。一方、共同目的を持っていたとしても会員間の属性は大きく違うため、会員間の懇親は容易ではなく、コミュニティ的な側面は徐々に薄れていく。[23]

こうした現代の戦友会にアプローチする方法として以下の三点があると考える。まず、一つ目は、「生き延びる戦友会」は、組織として非体験者も共有可能な共同目的をいかに構築しているかという点である。目的や対象が小さければ、非体験者の会員を惹きつけるのが難しい一方で、それを大きくし過ぎると戦争体験者の意志に反することも起こる。現代の戦友会が、両者が共有可能な目的をいかに打ち立てているのか。組織としての戦友会を分析するのが重要なのである。

二つ目は、非体験者個々人が参加する目的や動機である。上述した組織としての共同目的と、個人が参加する目的や動機が必ずしも重なる訳ではない。例えば、職場の先輩からの誘いなど必ずしも積極的な意図を持っていない場合や、[24]政治的運動や主張といった異なる目的を持った人が参加する可能性もある。[25]そうした人々が戦友会をいかに活用しようとしているのか。戦友会での活動を通じて、どのような戦争への意識が形成されているのか。個人レベルに焦点を当て分析する必要がある。

三つ目は、現代社会が生き延びる戦友会をどのように位置付けているのかという点である。本稿では、生き延びる戦友会を戦争体験継承の文脈で報じる新聞報道を紹介してきた。しかし、これまで見てきたように戦友会はそもそも戦争体験継承を目的とした団体ではない。また、通史的に見れば、その主張や戦争体験の位置付けが大きく変わっていることもある。[26]日本の戦争の記憶の継承との対応関係において、戦友会の継承をメディアや社会はどのように捉えているのかマクロな視点での分析が求められている。今後、こうした視点を持ち、本格的な分析を行う必要がある。

この三点は、どれも関連しているが、独立の要素なので、分析的に区別することが重要である。組織の公的な目的と個人の私的な目的を安易に同一視してはならないし、特定の戦友会の変容を日本社会の変容の縮図として単純に扱ってはならない。そのためにも、資料であれ、インタビューや参与観察であれ、データの収集と分析に基づく議論が必要であると言える。

最後に戦友会の変化について一つ述べておこう。戦友会の全盛期とも言える一九八〇年代に戦友会の研究を行なった高橋三郎は、戦友会を「記憶を語り合うことによって、お互いの戦前・軍隊体験を自分たちで意味づける貴重な場」として位置付けている。そこでは、戦友会のコミュニティ的な側面、一定の共通属性を持つ元兵士たちの集団ということが前提とされていた。そして、元兵士たちの戦争体験が集積される戦友会は「記憶の貯蔵所」と呼ばれた。

それに対し、二〇一〇年代以降の「生き延びる戦友会」

は、非体験者や戦争体験者といった様々な主体による協働、あるいは闘争の中、戦争の記憶が再構築されていると言える。[27]その状況を表すには、「記憶の場」というピエール・ノラの言葉が相応しい。ノラは、「記憶の場を生み出し、またその糧となっているものは、自然な記憶はもう存在しないという意識である」という。そして、「もはや生きてはいないが、完全に死んでもいない。ちょうど、生ける記憶という海の潮が引いたあと浜辺にのこされた貝殻のようなものである」[28]。

先行研究は、戦友会の全盛期にその全体像（＝海）から元兵士とともにあった戦後日本社会を捉えようとしてきた。それに対して、今後は、生き延びているそれぞれの戦友会の事例研究（＝貝殻）から、戦争体験が消えゆく現代日本社会を捉えることが必要になるであろう。

注

（1）「戦後76年 戦友会 若者が継ぐ」（『読売新聞』二〇二一年八月一四日大阪夕刊、一頁）。

（2）「元将兵たちの「戦友会」に若い世代が増加？ きっかけは」（『NHK WEB 特集記事』二〇二〇年九月一一日）、https://www3.nhk.or.jp/news/special/senseki/article_102.html、二〇二四年三月一三日閲覧。

（3）「往信返信・この1年 すばらしき友との出会い」（『読売新聞』一九八〇年一二月二九日朝刊、一七頁）。

（4）戦友会研究会『戦友会研究ノート』（青弓社、二〇一二年）、九頁。

（5）同前、八八～八九頁。

（6）宴会に先立って慰霊行事を行うのが普通であるが、それは宴会をはじめるための儀礼である面が強いという。宴会そのものが「神事」であり、戦死者は宴会などの語り合いの席に降りてくるという意識を戦友会の会員は持っている。

（7）前掲戦友会研究会、七〇～七一頁。他方で、参与観察調査によれば、遺族と元兵士の会話は、「戦友同士が打ちとけあうようには展開せず、戦死者の若き日の写真を手にした遺族と、生存者とがボツボツと語り合うという姿」が一般的だったという側面もあった。同じく戦争体験世代で、同じ死者をよく知る者でも、妻と戦友とではやはり関係性が異なることがうかがえる（溝部明男「軍隊体験と戦後日本の架橋を模索する戦友会ネットワーク」塩原勉・日置弘一郎編『日本の組織 十三巻 伝統と信仰の組織』第一法規出版、一九八九年、二五九～六〇頁）。

（8）前掲戦友会研究会、七四頁。

（9）高橋三郎「戦友会研究の中から」（『世界』四五九号、一九八四年）、三一二～一三頁。

（10）前掲戦友会研究会、六九頁。

（11）角田燎『陸軍将校たちの戦後史——「陸軍の反省」から「歴史修正主義」への変容』（新曜社、二〇二四年）。

（12）新田光子「慰霊と戦友会」（高橋三郎編『新装版共同研究戦友会』インパクト出版、二〇〇五年）、二一三～五二頁。

（13）清水亮『予科練戦友会の社会学—戦争の記憶のかたち』（新曜社、二〇二二年）。

（14）白岩伸也「戦死をめぐる記憶と教育の歴史——予科練之碑建立の経緯と背景を中心に」（『教育学研究』第八九巻第二号、二〇二二年）、九～一〇頁。

(15) 前掲『戦友会研究ノート』二二六頁。
(16)「平和祈り15回目、最後の戦友会 旧歩兵130連隊の元隊員」（『朝日新聞』二〇〇四年一〇月一〇日新潟朝刊、三七頁）、「戦友会、消えゆく 高齢化、解散相次ぐ「慰霊、命ある限りは」」（『朝日新聞』二〇〇七年八月十四日東京朝刊、二七頁）、「老いる語り部、継承に苦悩 戦争体験者団体、解散続く 終戦71年」（『朝日新聞』二〇一六年八月十五日朝刊、一頁）、「旧海軍戦友会が解散式県海交会 戦争体験語り続け」（『読売新聞』二〇一四年五月二八日東京朝刊、二九頁）、「過酷な戦争体験 消えゆく生の声元兵士ら団体相次ぎ解散・活動停止」（『読売新聞』二〇一四年八月十五日大阪朝刊、一三頁）など。
(17) 前掲『兵士たちの戦後史』二六二～六三頁。社会が戦友会を戦争体験の継承を担う組織として期待を寄せる一方で、吉田裕は戦友会が戦争体験の証言を抑制してきた点を強調する。そして、戦友会が解散したからこそ戦争体験者が積極的に戦争体験の証言を行うようになったと指摘している。
(18)「真珠湾攻撃：70年 孫世代、戦争の記憶継ぎ 東京のＮＰＯ「零戦の会」」（『毎日新聞』二〇一一年一二月九日東京朝刊、二五頁）。
(19) 遠藤美幸「『戦友会』の変容と世代交代」（『日本オーラルヒストリー研究』一四号、二〇一八年）、九～二一頁。
(20) 偕行社は現在自衛隊の退職者団体との統合に向けて動いており、まさに変容過程であるとも言える。詳細については、前掲角田『陸軍将校たちの戦後史』を参照いただきたい。
(21) より正確に言えば清水は、戦友会がコミュニティからアソシエーションに変化する過程を明らかにしている。前掲清水、二〇九頁。
(22) あるいは、コミュニティ的な小規模な戦友会を内包している。
(23) そうした意味で、旧軍士官から元自衛官に受け継がれた水交会、偕行社は例外的な存在であるといえる。ただし、水交会、偕行社が元自衛官のコミュニティを会に組み込めているのかは別途検討が必要である。
(24) たとえば、退職自衛官の先輩、後輩の間で、戦友会への勧誘が行われている。
(25) 前掲遠藤で登場する戦友会に参加する非体験者は、右派的な主張に親和的で戦争体験者から「従軍慰安婦がいなかった」証言を引き出そうとしていた。
(26) 前掲角田。
(27) 非体験者の中にも、元自衛官や遺族、軍事に関連するものを趣味とする人、政治的主張を行うために参加する人など様々存在する。
(28) ピエール・ノラ「歴史と記憶のはざまに」（ピエール・ノラ編『記憶の場 第1巻対立』岩波書店、二〇〇二年）、三七頁。

第2部

元兵士をめぐるまなざしの交錯

なぜ憲兵の体験や記憶は忘却されたか

未発に終わった全国憲友会連合会の「引き継ぎ」から

後藤　杏
Goto Kyo

はじめに

二〇一八年にＮＨＫで放送された朝の連続テレビ小説『まんぷく』では、ヒロインの夫になる立花萬平が軍事物資を横流しした嫌疑で憲兵隊に引っ張られ、暴行を受ける場面が登場する。萬平のモデルとなった日清食品創業者の安藤百福は、その自伝において「当時、市民にとって憲兵隊といえば、泣く子も黙る恐ろしい場所だった」と回想し、憲兵伍長Ｋより受けた暴行・拷問についてこのように綴っている。


取り調べ室に入れられ、尋問が始まった。

「お前はけしからんやつだ。自分で悪事を働いておきながら、他人に罪をなすりつけようとしておる。横流ししたのは、おまえじゃないか」

話が逆になっている。全身の血が頭に上る思いだった。

「そんなことはありません。私は被害者なんです」と懸命に主張したが、有無を言わさぬ暴行が加えられた。棍棒で殴られ、腹をけられた。揚げ句は、正座した足の間に竹の棒を入れられた。拷問である。(1)

安藤の体験が象徴するように、国内外における憲兵の取締りや弾圧は過酷なものであり、民衆にとって憲兵は恐怖や脅威の対象だった。それゆえ戦後日本社会では、特高警察とともに戦争への反対論・批判意識を完全に封じ込めた憲兵の恐ろしさや怖さが子供を含めて多くの人々に刻み込まれており、それが一般的な憲兵に対するイメージとして定着していた。(2)こうした人々の記憶に基づく憲兵の姿は朝ドラ『まんぷく』をはじめ、様々なメディアにおいて国内外の民衆に暴力を振るう「悪玉憲兵」として登場し、憲兵研究はそうした恐怖や脅威の対象となった憲兵の実態を解明してきた。(3)

このように今日では「憲兵＝恐怖や脅威の対象」といった認識は共通のものとなっている。こうした捉え方は否定できないものの、そこで注目されるのはあくまでも民衆の憲兵体験であり一面的である。憲兵の恐ろしさや怖さが強調される一方で、末端の憲兵がいかなる意識のもとで任務に従事したのか、戦後に自分達の体験をどのように捉え返したのか、憲兵本人たちの体験や記憶は殆ど忘れ去られている。(4)西村明は、「集合的、集団的に戦争のある部分を記憶するという営みは、時にそうした個別の記憶を抑圧し、忘却させることにもつながる」と指摘したが、(5)「悪玉憲兵」といった一面的な捉え方もまた、憲兵の体験や記憶を抑圧し、忘却をもたらす要因になったのではないだろうか。

本稿では、以上の問題意識から憲兵の体験や記憶の忘却をめぐる背景を検討すべく、元憲兵

(1) 安藤百福『魔法のラーメン発明物語 私の履歴書』（日本経済新聞出版社、二〇一八年）、二六〜二七頁。

(2) 荻野富士夫『日本憲兵史——思想憲兵と野戦憲兵』（小樽商科大学出版会、二〇一八年）、五〜六頁。

(3) 憲兵隊に関する研究は、前掲荻野や纐纈厚『憲兵政治——監視と恫喝の時代』（新日本出版社、二〇〇八年）、岡田泰平「憲兵と暴力——マニラBC級裁判の記録を中心に」（蘭信三他編『シリーズ戦争と社会五 変容する記憶と追悼』岩波書店、二〇二二年）、四三〜六〇頁などがある。

(4) 憲兵の加害行為を証言した土屋芳雄の体験は少なからず注目されてきたものの、その他大勢の憲兵の体験や記憶が顧みられることは少ない。

(5) 西村明「戦争を記憶し、戦争死者を追悼する社会とそのゆくえ」（前掲『シリーズ戦争と社会五

の大規模戦友会である全国憲友会連合会（以下、全憲連）が消滅した歴史的過程と要因を明らかにしていきたい。「憲兵之碑」や『日本憲兵正史』など様々な形で憲兵の歴史を残そうとした全憲連の消滅は、憲兵の体験や記憶の忘却に帰結する現象の一つであり、戦後日本社会の憲兵に対する向き合い方そのものを提示することになるだろう。

先行研究の検討

本稿が分析の対象とする全憲連は、「憲兵の名誉回復」や「会員相互の親睦及び福利増進」などを目的に約四七年間活動した元憲兵の戦友会である。全憲連では、七〇年代から将来の後継者獲得に向けて、自衛隊の犯罪捜査・保安機関である警務隊との関係が構築され、各地憲友会では交流が活発化していった。八〇年代に入ると防衛意識の高揚や機密保護法の制定などを掲げて政治団体化し、警務隊の後援組織的性格を強化していく。さらに八八年の通常総会では警務隊関係者が集う警親会を後継者にすることが正式に決定した。ところが、全憲連から警親会への「引き継ぎ」は実現せず、二〇〇〇年に解散する。

後継者が決定していたにも関わらず「引き継ぎ」が実現しなかったのはなぜだろうか。これまでの戦友会研究では、外部社会に対して閉鎖的な性格を持つ戦友会の多くが会員の高齢化により「一代限り」で解散したことが明らかにされてきた。[6] 全憲連も他の戦友会と同様「一代限り」で解散したわけだが、その過程には「引き継ぎ」による存続という未発の契機が存在した。本稿はそうした「引き継ぎ」が未発に至った経緯を検討することで、従来の戦友会研究が指摘した高齢化とは異なる戦友会消滅の歴史的背景・要因を解明したい。

変容する記憶と追悼』）、四頁。

（6）戦友会研究会『戦友会研究ノート』（青弓社、二〇一二年）、二二五〜二二七頁、吉田裕『兵士たちの戦後史 戦後日本社会を支えた人びと』（岩波書店、二〇二〇年）、二一〜三二、二六一〜六七頁。

そしてそのことは、近年研究が蓄積されつつある「生き延びる戦友会」(7)と本稿が分析の対象とする「消えゆく戦友会」との境界線を考察することにも繋がるだろう。「生き延びる戦友会」の一つである元陸軍将校の親睦組織・偕行社では、「歴史修正主義」が台頭し、会が政治団体化することで幹部自衛官ＯＢへの「引き継ぎ」が実現していた。(8)八〇年代の全憲連も防衛意識の高揚などを掲げて政治団体化しており、共通の目標獲得という点において後継者を獲得する土壌は整っていたといえる。しかし、警親会への「引き継ぎ」において、それらは機能することなく解散に至っている。偕行社のように「生き延びる戦友会」がある一方で、なぜ全憲連は消滅したのか、その差異についても明らかにしていきたい。

以上のことから本稿では、全憲連の「引き継ぎ」をめぐって、どのような意見のやりとりがあり、意志決定されたのか、それらを取り巻く社会状況とはいかなるものか、警務隊や警親会との関係に注目しながら検討することで、戦友会消滅の歴史的過程・要因を解明し、憲兵の体験や記憶の忘却をめぐる背景に迫っていく。

全憲連の設立に至る状況と草創期の活動――「憲兵の名誉回復」を目指して

まず、憲兵の大規模戦友会である全国憲友会連合会とは、いかなる組織であったのかを理解するために、戦中から戦後にかけて憲兵が置かれた状況を整理し、戦友会の設立に至る状況と草創期の活動について説明していく。

総力戦体制下において憲兵は、旧日本陸軍の警察として軍人の軍紀・風紀や一般社会の反戦反軍運動・思想を取締るだけでなく、防諜と戦争遂行の観点から国民の生活や言動にまで監視

(7)「生き延びる戦友会」の形を明らかにした研究は、清水亮『「予科練」戦友会の社会学 戦争の記憶のかたち』(新曜社、二〇二二年)や遠藤美幸「戦友会の質的変容と世代交代――戦場体験の継承をめぐる葛藤と可能性」(蘭信三他編『なぜ戦争体験を継承するのか――ポスト体験時代の歴史実践』みずき書林、二〇二一年)、一三六～六二頁などがある。

(8) 角田燎「旧軍関係者団体における「歴史修正主義」の台頭と「政治化」による戦後派世代の参加――一九八〇年代～二〇〇〇年代までの偕行社の動向を事例に」(関西社会学会『フォーラム現代社会学』第二一巻、二〇二二年)、三〇～四三頁。

(9) 本段落の憲兵隊に関する記述については、前掲荻野、前掲纐纈に依る。

(10)「複雑な東南アジアの対日感情　憲兵への恐怖深刻疑惑と警戒の心去らず」(『毎日新聞』一九五二年一月

と統制を行った。とりわけ東條英機政権下では、憲兵による政権の批判的言動の抑え込みという「憲兵政治」が実施され、その権限は強大であった。また、国外では抗日運動に対して軍事的な討伐行動を行い、鎮圧後は抗日思想運動の取締りにあたった。[9] 国内外における憲兵の取締りや弾圧は民衆にとって過酷なものであり、戦地に派遣された憲兵は「ケンペイ」と呼ばれ恐れられた。[10]

それでは、憲兵とはいかなる社会集団だったのだろうか。憲兵は、一般兵士と異なる地位や権限、そして高給が保証されたため、倍率も高く試験は難関だった。[11] 憲兵の意識構造を分析した広田照幸によると、戦時期の憲兵は、強い社会的上昇欲求があり、憲兵になることは「立身出世」の手段だったという。[12]「末は陸軍大将」とまでは行かなくとも、その多くは下士官を任官し、[13] 地域のエリートとして社会的威信を獲得していた。[14] 加えて、憲兵には任務の遂行にあたって「軍民の模範たれ」という厳格な規範意識が求められた。元憲兵伍長の河野卓は、陸軍憲兵学校で「憲兵たる者、総て一兵長に至るまで全軍の亀鑑であらねばならぬ」と厳格を極めた内務が入校初日より要求されたという。[15] こうした「全軍の亀鑑」としての憲兵は、「皇軍の儀表」・「軍民の亀鑑」として任務を遂行した憲兵体験を誇りとする全国憲友会の創立の辞からも窺える。[16]

ところが日本の敗戦後、憲兵は「軍民の亀鑑」から「暴虐鬼畜憲兵」へと大きく立場が変化することになる。GHQは日本の占領にあたり「非軍事化と民主化」という二大方針を掲げたが、そこでは戦時期に強大な権力を持った憲兵隊を廃止すべく厳しい追及を実施していった。[17] なかでも戦後に行われたBC級戦犯裁判では、裁かれた軍人のなかでも憲兵は大きな割合を占め、元憲兵曹長の宮崎清隆が「憲兵隊の専売特許にも等しき戦犯」と表現したように、憲兵の

一〇日)。

(11) 前掲『憲兵政治』、五二～五三頁、土屋芳雄『聞き書きある憲兵の記録』(朝日新聞山形支局、一九九一年)、七〇～七二頁。

(12) 広田照幸『陸軍将校の教育社会史(下)立身出世と天皇制』(筑摩書房、二〇二一年)、一九九～二〇四頁。

(13) 大谷敬二郎『昭和憲兵史』(みすず書房、一九六六年)、五七八～七九頁。

(14) 吉田裕『日本の軍隊――兵士たちの近代史』(岩波書店、二〇〇二年)、八七～九〇頁。

(15) 河野卓「学徒動員・高射砲兵から勅令憲兵への道」(『福岡県憲友会員が語る昭和の証言』福岡憲友会、一九九二年)、一〇〇頁。

(16) 「全国憲友同志会創立の辞」(『憲友会二〇年のあゆみ』全国憲友会連合会本部、一九七三年一一月一六日)、三～四頁。

(17) 前掲『日本憲兵史』、三四九～五二頁。

戦犯率の高さは際立っていた。[18]さらに、憲兵は戦犯容疑者としての検挙に留まらず、公職追放の対象となる。彼らの場合は将校に限らず下士官・兵・軍属も含まれたため、地方自治体へ就職した者、または就職が内定、決定した若い憲兵が職場から追放され「元憲兵に与えた影響は頗る甚大」であった。[19]

こうして憲兵の戦争責任が厳しく追及される一方で、GHQは四五年一二月に「恐るべき日本憲兵」と題した見解を発表、マスコミは盛んに「憲兵隊の恐怖」を取りあげ、社会の風当たりは更に強くなっていった。[20]当時の憲兵に対する社会のまなざしを表す事例として、五三年四月に公開された映画『憲兵』（野村浩将監督、新東宝）を紹介しよう。もともとは宮崎清隆の『憲兵』（富士書房、一九五二年）が原作だが、池袋にある映画広告の立看板にはこのように掲げられていたという。〝日本帝国の旗を拷問の血で汚したケンペイ！　これが軍閥政権の秘密警察、憲兵の素顔だ、これが侵略戦争を推進させた秘密警察の正体だ！　暴虐ケンペイを素っ裸にする　天皇陛下がこの暴虐を許したのか〟元東部憲兵隊司令官の大谷敬二郎は、この件を取り上げ「強く人々に暴虐憲兵を印象づけたことだろう。暴虐鬼畜憲兵のイメージは、憲兵を知らぬ若い人々の心にも惹きつけられていた」と述べている。[21]このように、敗戦後の憲兵は、戦争裁判や公職追放によって、その戦争責任を厳しく追及されるだけでなく、GHQやマスコミの批判の対象となった。戦時期に「軍民の亀鑑」として権力を誇った憲兵は「暴虐鬼畜憲兵」へと大きく立場が変化し、彼らにとっての「憲兵の名誉」は失墜したのである。そうした状況のなかで、失われた「憲兵の名誉」を取り戻すべく憲兵の戦友会は結成されることとなる。

五二年の公職追放解除を契機に、角田忠七郎をはじめとする元憲兵将校たちは、全国憲友会設立趣意書を発表し、全国に憲友会の結成を呼び掛けた。その結果、約二〇支部の各地憲友会

（18）林博史『BC級戦犯裁判』（岩波書店、二〇〇五年）、六七〜六九頁、宮崎清隆『憲兵続』（富士書房、一九五二年）、一五〇頁。
（19）全国憲友会連合会編纂委員会『日本憲兵外史』（全国憲友会連合会本部、一九八三年）、一三六七頁。
（20）「恐るべき日本憲兵」（『朝日新聞』一九四五年一二月二〇日）、「日本の憲兵隊本部の恐ろしさ」（『毎日新聞』一九四五年一二月二〇日）。
（21）前掲『昭和憲兵史』、五五七頁。

が誕生し、それらを統括する本部組織として五三年に全国憲友会は誕生する。[22] この全国憲友会では「敗戦後憲兵は映画や新聞によって極端に歪曲され誤解されて来た、これを憲友会の運動によって世人に正しく認識せしめねばならぬ」と強調されたように「憲兵の名誉回復」の運動体としての役割を持っていた。[23] 結成当時、憲兵は戦争裁判や公職追放で戦争の「公的責任」を負うだけでなく、元憲兵というだけで就職や開業の「私的生活」を阻まれ、「人としての生存さえ脅かされ」る状況にあった。そのなかで、映画『憲兵』を始めとする「暴虐鬼畜憲兵」の描写は「軍民の亀鑑」として活動した憲兵本来の姿を表したものではなく、世間の誤解は深刻化していると危機感を募らせたのである。[24]

憲友会に集った元憲兵にとって「憲兵の止しい姿」とは、映画や小説などに登場する無慈悲で残虐な憲兵ではなく「監軍護法」のスローガンのもと軍隊や軍人の不正を正し、国内外の治安維持に貢献した「軍民の亀鑑」としての憲兵にあり、[25] 社会の憲兵に対する認識を改め、社会的・経済的困難を打開する必要があった。そのため、全国憲友会は社会の憲兵観を是正すべく、「軍民の亀鑑」として活動した憲兵体験を活かし、世の中を教導して正す「国民の儀表」となることで「憲兵の名誉回復」を目指そうとした。[26] そうしたことが、憲兵本来の姿を社会に示し、汚名返上を実現する手段だったのである。

こうした設立当初の方針は「全国憲友会連合会」として再始動後も受け継がれていくことになる。全国憲友会は人手不足や資金難を理由に五八年に活動を休止するが、六三年に全憲連として活動を再開すると、会則に「国運進展に寄与」を追加することで憲兵観の是正に努めようとした。彼らにとって「憲兵の名誉回復」に向けた運動は、社会的・経済的な生きづらさを解消するだけでなく、亡くなった憲友の「奉慰顕彰」の手段そのものでもあった。[27]

---

(22)「憲友会発会までの経過」(前掲『憲友会二〇年のあゆみ』)、三頁。

(23)「憲友会全国大会開催」(『憲友』第三号、全国憲友会本部出版部、一九五四年)、一頁。

(24) 前掲「全国憲友同志会創立の辞」。福井源次「鬼畜憲兵えの抗議」(『憲友』第三号、一九五四年)、二頁。

(25) 全国憲友会連合会編纂委員会『日本憲兵正史』(全国憲友会連合会本部、一九七六年)、一～二頁。

(26) 前掲「全国憲友同志会創立の辞」。角田忠七郎「東京から」(『憲友』創刊号、一九五四年)、二頁。

(27) 松浦克己「委員長挨拶」(『憲友会報』第一号、全国憲友会連合会本部、一九六四年)、二～三頁。

ところが、社会的信頼を確保し「憲兵の名誉回復」を実現するためには、政治・思想団体化を避けることが重要であり「親睦団体」の或を超えることは困難な状況にあった。(28)確立期にあった全憲連では、組織の拡大強化が課題にあり、内部分裂の危険性がある政治・思想団体化を回避する必要があったといえる。そのため、全憲連は「親睦団体」として会員の増加に努め、「憲兵之碑」の建立や『日本憲兵正史』の刊行という二大事業によって憲兵の正当性を社会にアピールする方向へと向かった。しかし、こうした「親睦組織」として「憲兵の名誉回復」を目指す組織のあり方は、七〇年代末以降変化することになる。

警務隊との関係強化と全憲連の政治団体化——将来の後継者獲得に向けて

二大事業を達成した七〇年代後半の全憲連では、各地憲友会と警務隊の交流が活発化し、警務隊の後援組織的性格を強化していった。それでは、なぜ全憲連は警務隊と結びつくことができたのだろうか。陸上自衛隊は、警察予備隊以来旧軍の影響をなるべく少なくする方針で創設・運営されており、(29)「憲兵批判」が展開する戦後日本社会で「嫌われ者」の憲兵が警務隊と交流を持つことはハードルが高かったと考えられる。全憲連と警務隊が交流を持つことは、双方にとってどのような目的があったのか。そして、警務隊との交流は全憲連の活動にいかなる影響を及ぼしていったのか見ていきたい。

まず七〇年代の警務隊について基本的な情報を整理しておこう。警務隊は、防衛庁長官の直轄部隊として組織され、独自の犯罪捜査権限により自衛隊の部内秩序維持にあたる部隊である。主な業務は犯罪の捜査及び被疑者の逮捕ならびに交通統制、規律違反の防止に対する協力等が

(28) 安藤久男「寄稿」(『憲友会報』第二号、一九六四年)、一五頁、妻形一夫「憲友会の発展によせて」(『憲友会報』第三号、一九六四年)、五頁。

(29) 佐道明広『自衛隊史論——政・官・軍・民の六〇年』(吉川弘文館、二〇一五年)、九四〜九五頁。

あげられる。旧軍の憲兵制度が軍隊内の秩序維持から逸脱したことに鑑み、警務隊は軍事警察一本として権限の範囲は部隊内に留められた。[30]

この警務隊と全憲連の交流が始まったのは、再始動から一年後の六四年である。意外にも先にアプローチをかけたのは警務隊側で、交流のきっかけをつくったのは警務科職種の隊員養成及び研究を実施する陸上自衛隊業務学校において警務教育課長を務める大西正重であった。自衛隊の秩序維持にあたる警務隊は、元憲兵が数十人在籍しており、大西も中支那憲兵隊司令部に所属した元憲兵少佐である。[31] 戦後大西が所属した警務隊は、旧来の憲兵制度との継承関係は極力否定されたが、警務科職種の在り方については旧軍や諸外国の制度を含め、多くの資料を検討することが求められた。[32] しかし、当時は自衛隊でも旧軍憲兵に対する風当たりは強く、関係資料は皆無という状況で思うように研究は進まなかった。[33]

そこで、大西は警務隊教育や警務隊の制度、部隊運用の研究における参考資料を確保するために六四年の『憲友会報』で「旧軍憲兵関係の資料の収集、整理、保管、活用」への協力を呼び掛けた。こうした資料収集は、「正しい憲兵の姿を記録し、公表する」活動としても位置づけられ、「憲兵の名誉回復」を目指す全憲連の活動趣旨にも沿うものであった。[34] 全憲連の会員は資料の提供に協力的で、六六年までに『軍制学教程』や『軍法会議法』などの文献書籍や装具、装備品などが集まっている。これらは業務学校における制度の研究や警務隊員の精神教育、戦史教育の参考資料として活用された。[35] このように、全憲連と警務隊は「憲兵関係資料の収集」という活動を通して繋がっていったのである。警務隊発足以来「部内外の理解と支援の乏しい」状況に置かれていた警務隊[36]にとって全憲連は良き理解者であり、社会の「憲兵批判」に晒されていた全憲連にとってもそれは同じであった。

(30) 大西正重「警務科部隊」(『季刊憲友』第三号、全国憲友会連合会本部、一九七八年)、一一頁。
(31) 大西正重「憲友資料について」(『憲友会報』第五号、一九六六年)、一七頁。
(32) 前掲『日本憲兵史』、三六三頁。
(33) 「憲兵関係資料の保存」(『憲友会四〇年のあゆみ』全国憲友会連合会本部、一九九五年)、一四五頁。
(34) 大西正重「憲友会の発展に寄せて」(『憲友会報』第三号、一九六四年)、七頁。
(35) 前掲「憲友資料について」。
(36) 森安精一「警務隊二〇周年記念日の祝辞」(『東憲』第四八号、東京憲友会事務局、一九七三年)、一頁。

そのため、全憲連と警務隊は『季刊憲友』が刊行される七七年以降、関係を強化していく。「憲兵之碑」の建立と『日本憲兵正史』の刊行という二大事業を達成した七〇年代後半の全憲連では、各地憲友会の発展により安定した運営が実現していたため、これまで「親睦組織」として十分に取り組めなかった会則「国運進展に寄与」する項の実現により「憲兵の名誉回復」を目指す方向へ動きだしていった。そのなかで、アメリカの強大な軍事力に依存する日本の安全保障が問題提起され「会員の防衛意識を高め、国民の愛国心と道義心の高揚に寄与する」目的のもと『季刊憲友』が刊行される。(37)

この『季刊憲友』では、副会長に就任した大西によって「警務隊特集」が組まれ、警務隊長の了承のもと各地憲友会と警務隊の積極的な交流が推奨された。(38)全憲連では、新規会員の獲得に加え、会員の高齢化による後継者問題が課題として浮上していたため、後継者候補の警務隊OBを輩出する警務隊と関係強化を図ることで、組織の「引き継ぎ」や拡大に向けた足がかりをつくろうとしたのである。(39)両者の協力関係の確立にあたっては、警務隊との懇談会や憲友会の催しにおける警務隊員の招待、警務隊訪問などが提案された。(40)全憲連がここまで積極的に警務隊との交流を打ち出せたのは、警務教育課長や陸上幕僚監部警務課長を歴任した大西という有力な橋渡し役が存在したからであろう。

結果的として、警務隊幹部や警親会との懇親会が開催されたり、駐屯地見学を実施して訪問記を『季刊憲友』に投稿するなど、双方の交流が活発化していった。(41)一方で、こうした駐屯地見学は「沢山の戦車を一斉に洗うと下流に泥が流れて地元から公害だと叱られる」という自衛隊員の嘆きに直面し、自衛隊が「刃のついてない日本刀」だと実感する機会にも繋がった。(42)全憲連と警務隊の関係強化は、会員の自衛隊に対する高い関心へと結びつき、国防に対する危機

---

(37)「全憲連機関紙の発行」(前掲『憲友会四〇年のあゆみ』)、八三頁。

(38) 石倉軍二「警務隊と憲友会の連携――『季刊憲友』の取材について」(『季刊憲友』第七号、一九七九年)、一六～一七頁。

(39)「全憲連昭和五十二年度第一回理事会」(『憲友会報』第一六号、一九七七年)、五頁。

(40) 前掲「警務隊と憲友会の連携」。

(41) 熊本憲友会「陸上自衛隊西部方面警務隊本部訪問記」、「熊本憲友会と西部警親役員の懇親会」、石倉軍二「東憲会員の陸上自衛隊市ヶ谷駐屯地見学及び東方警親会との懇談会」(『季刊憲友』第九号、一九七九年)、二二～二三、四七頁。

(42) 北川新一「元憲兵、戦車に乗る　陸上自衛隊今津駐屯地見学記」(『季刊憲友』第一四号、一九八〇年)、三四～三五頁。

感を募らせる原因にもなっていたのである。

加えて『季刊憲友』が刊行された七〇年代末頃は、日米両国と中国との和解によって戦略環境上劣勢に立たされたソ連により威圧的な対外行動が展開され、日本周辺でソ連の脅威が増大した時期でもあった。(43) 過去の憲兵体験やシベリア抑留体験を背景として、ソ連に強い不信感を持つ会員は、『季刊憲友』で防衛意識の高揚や秘密保護法の制定、自衛隊の地位向上など防衛に関する様々な提言を実施していく。(44) そうした状況のなかで、全憲連では単に警務隊と交流を行うだけでなく、警親会と協力しながら警務隊の協力者になることが強く求められていった。(45) 七〇年代後半の全憲連では、「軍民の亀鑑」として活動した憲兵体験に基づき「国運進展に寄与」することで「憲兵の名誉回復」を目指す方向へ向かったが、警務隊と交流を深めるにつれて、彼らの協力者として警務隊が働きやすい環境を作るという具体的な目標が設定されていったのである。

こうした方向性は、社会の「憲兵批判」が展開するなかで「憲兵の名誉回復」と連動して組織の政治団体化へと繋がっていく。同時期の全憲連では、マスコミによる「憲兵誹謗」や朝ドラにおける「悪玉憲兵」の登場が問題となり、会員の中からは「現下混迷する社会世論の正しき中核」となることで憲兵の正しい姿を世に示し、汚名返上を成し遂げようという決意表明があらわれた。(46) その帰結として、八〇年六月の通常総会では、防衛意識の高揚や機密保護法の早期制定などに向けた運動を推進する決議文が採択され、全憲連の政治団体化が正式に決定する。全憲連は元憲兵の「親睦団体」から「政治団体」へと変化し、警務隊の後援組織的性格を強化していったのである。(47)

このように、防衛意識の高揚などを掲げて政治団体化した事例は、戦争体験者のみで構成さ

(43) 大嶽秀夫『日本の防衛と国内政治——デタントから軍拡へ』(三一書房、一九八三年)、二七〇〜七六頁。
(44) 石倉軍二「防衛努力の至らざるを憂う」(『季刊憲友』第二号、一九七八年)、三頁、笠井義亘「宮永スパイ事件は語る」(『季刊憲友』第一二号、一九七九年)、一五頁など。
(45) 前掲「警務隊と憲友会の連携」、小倉倉一「憲友会と警親会との交歓親睦に対する所見」(『季刊憲友』第八号、一九七九年)、五頁。
(46) 石倉軍二「憲兵誹謗の根源を探る」(『季刊憲友』第三号、一九七八年)、三五〜三七頁、笠井義亘「提言二題」(『季刊憲友』第六号、一九七八年)、二六頁。
(47) 「決議文」(『季刊憲友』第一三号、一九八〇年)、五〜六頁。

れる一般的な戦友会では珍しい現象である。二〇〇〇年代に自衛隊外郭団体になった偕行社でさえも陸自の支援や防衛に関する政策提言を目指したのは幹部自衛官ＯＢだった。[48] 全憲連では「軍民の亀鑑」として活動した憲兵体験に基づき「憲兵の名誉回復」を成し遂げようとする方向性と、将来の後継者獲得に向けて警務隊の協力者的側面を強化しようとする方向性がうまく合致して、独自の政治化が実現したといえる。こうした組織の政治化は、正会員獲得やマンネリ化打開など組織の維持強化において重要な役割を持つだけでなく、憲兵体験に基づき防衛に関する政策提言を実施するという点において、戦後日本社会で十分に意味づけられない憲兵体験の有効性を再認識し「社会的資産」として再評価する機会にも繋がっていた。[49]

また、全憲連の政治化は憲兵体験を持たない警務隊ＯＢに対して共通の目標を提供する役割も持っていた。[50] 幹部自衛官ＯＢを受け入れた偕行社では、九〇年代に「自虐史観」の打破といった目的ができることで戦後派世代との接続の可能性が芽生え、さらには両者共通の目標である政治団体化を選択することで「引き継ぎ」が実現したが、[51] 全憲連の場合は、八〇年代という早い段階から防衛意識の高揚や機密保護法の制定といった共通の目標を設定し、政治団体化することで、警務隊ＯＢと接続が可能な環境を構築していたのである。しかし、必ずしも組織の政治化が「引き継ぎ」においてうまく機能するとは限らなかった。その様子を八〇年代末以降の「引き継ぎ」をめぐる議論から見ていこう。

全憲連の「引き継ぎ」に向けた議論と社会のまなざし――「憲友の名誉回復」をめぐる攻防

全憲連は、会員倍増運動の実施や福利厚生局の設置、傷害保険制度の導入などにより組織の

(48) 前掲「旧軍関係者団体における「歴史修正主義」の台頭と「政治化」による戦後派世代の参加」、四一頁。

(49) 拙稿「戦後日本社会における全国憲友会連合会の意識動向――憲友会の政治化・右傾化をめぐって」（埼玉大学大学院人文社会科学研究科、二〇二二年三月提出修士論文）。

(50) 全憲連では、自衛隊の認知向上や警務隊の捜査活動の円滑化を目指して、防衛意識の高揚や諸法規の改正に向けた気運を醸成することは、全憲連と警親会に共通する目標として認識されている。「全憲連昭和六十三年度事業計画」（『季刊憲友』第四五号、一九八八年）、五～六頁。

(51) 前掲「旧軍関係者団体における「歴史修正主義」の台頭と「政治化」による戦後派世代の参加」、三九～四二頁。

維持強化に努めてきたが、八〇年代末頃になると会員の高齢化による退会が相次ぎ、会員数は減少の一途を辿った。そのなかで「引き継ぎ」に向けた議論が本格化していくが、そもそも「一代限り」で完結する戦友会が多いなかで、なぜ全憲連は「引き継ぎ」を検討したのだろうか。

そこには設立当初からの目標である「憲兵の名誉回復」が大きく関わっていた。全憲連では、数十年にわたって「歪曲」された「憲兵の真姿」を回復するには、百年もの年月を要すると考えられていた。(52) 全憲連の会員にとって「憲兵の名誉回復」は「生き残った者の責任」であり「不可能ごと」でありながらも、挑戦し続けることが重要だった。(53) そのような状況のなかで「憲友の悲願」を達成するためには、全憲連の活動を戦後派世代へ引き継ぎ、長い期間の努力を続けていく必要があったのである。(54)

全憲連の後継者には、会員の子ども世代へ引き継ぐ案もあったが、憲兵の実体を知らず、横の繋がりがない者によって継続された会では、将来の発展に不安が残るとされ、(55) 正式な後継者には、「軍秩維持」という共通の使命のもと「防衛警察」業務に携わった警親会が相応しいとされた。(56) そして、八八年の第三五回通常総会で「憲友会の後継者問題」が提議される。そこでは、一部の会員から「敗戦で消滅した軍隊に後継者は不要である」「自衛隊の警親会は後継者として適当ではない」といった反対意見が出たものの、賛成多数で警親会を後継者にすることが正式に決定した。(57) 全憲連はただちに「憲友会後継者問題特別委員会」を設置し、委員長の大西正重を中心に警親会との部内調整を続け、九〇年に全国警親会連合会（以下、全警親会）の入江啓二会長から「憲友会の後継者問題は大丈夫です。警親会で引き受けました」と内諾を得た。そして九一年に、双方の連絡協議会である「ＫＫ会」を設置し、「憲兵之碑」の「清掃奉仕」

(52) 森定尚「関東地区憲友会懇親会に臨み思うところ二題」（『東憲』第三四〇号、一九九七年）、一～二頁。
(53) 前掲「憲兵誹謗の根源を探る」、前掲「提言二題」。
(54) 「後継者問題」（前掲『憲友会四〇年のあゆみ』）、一六二～六三頁。
(55) 山原寅行「憲友会の将来を展望して」（『季刊憲友』第三五号、一九八六年）、三九頁。
(56) 前掲「関東地区憲友会懇親会に臨み思うところ二題」。
(57) 「全憲連昭和六十三年度の事業報告」（『季刊憲友』四八号、一九八九年）、六～七頁。

や靖国神社の奉納記念祭への出席など具体的な引き継ぎ事項について協議を実施した。(58)

全警親会が後継者を引き受けた理由としては、元憲兵との交流により、部隊の規律維持向上策など憲兵時代に獲得した事例・教訓を警務隊の実務に活用したいという思惑があった。警務隊幹部が役員を務める警親会は、退職者だけでなく現役の警務隊員が多く入会しており、そこでは憲兵隊と警務隊の違いは認識されつつも、実戦の経験者が誰一人いないという状況のなかで、憲兵体験は貴重なものと考えられたのである。(59) また、憲友会は「強烈な自衛隊の支持者で、国防、自衛隊、警務のことなど誠に傾聴すべき見解を持たれて」いると認識されていた。(60) そのため、警親会側も会則を改正して「全国警親会連合会」へ改編し、財務体質の改善を断行することで全憲連の要請を受け入れる体制を整えている。(61)

しかし、冒頭にも述べたとおり、全憲連から全警親会への「引き継ぎ」は実現せず、二〇〇〇年の通常総会をもって解散する。(62)「KK会」が設立されていたにも関わらず、「引き継ぎ」が実現しなかった背景には、現役自衛官が会員という警親会の特徴や戦後日本社会の憲兵観などが関わっていた。それでは全憲連が解散に至った経緯に迫っていこう。

まず全憲連では、将来問題が話し合われるなかで、九三年に全警親会と合同する案が浮上したが、実現できなかった。八〇年に政治団体化した全憲連や各地憲友会は、自主憲法やスパイ防止法等の制定に向けて各種運動に参加していたが、警親会は現役自衛官も会員に含まれていたため、政治運動は制限があった。偕行社は幹部自衛官ＯＢが後継者だったことから、会に迎入れて政治化することで組織の存続に漕ぎつけたが、全憲連の場合は現役自衛官を含む警親会が後継者だったため、組織が政治化している以上両者の合同は不可能だった。全憲連は後継者を輩出する警務隊を意識して、その協力者たるべく努めようとした結果、政治化したのだが、

---

(58)「後継者問題」（前掲『憲友会四〇年のあゆみ』）、一六三～七〇頁。

(59)「後継者問題」（前掲『憲友会四〇年のあゆみ』）、一六五～六六頁、「警親会の紹介」（『季刊憲友』第五七号、一九九一年）、二一～二三頁。

(60) 入江啓二「憲友会との親交について」（『季刊憲友』第六〇号、一九九二年）、一七頁。

(61)「後継者問題」（前掲『憲友会四〇年のあゆみ』）、一六六頁。

(62)「全憲連の休止・解散に対する意見の表明」（『季刊憲友』第八九号、一九九九年）、一〇～一四頁。

(63) 大西正重「懇談会の主旨」（『季刊憲友』第六五号、一九九三年）、一四～一七頁。

(64) 亀井の主張する「特別決議」とは全会員の参加により「後継者問題」に関する団体意思の確認を行うものだが、全憲連の会則で明

そうしたことが却って「引き継ぎ」を困難にしたのである。そのため、警親会のＯＢと協力関係を深め、将来問題を検討することが現実的と考えられた。[63]

ところが、九五年に警親会後継論者である森安精一会長が亡くなり、大西正重が組織運営の後景に退いて、会長が変わると大きく方向転換が図られることになる。新しく会長に就任した亀井隆義は、八八年の総会で反対論者の多かった神奈川憲友会の会長であり、九八年の『季刊憲友』巻頭言では「憲友会の後継者問題」を提議した第三五回通常総会における特別決議の未実施や「ＫＫ会」の協議中断などをあげ、警親会を後継者とすることへの反対意見を表明した。[64]これに対し東京憲友会は、『東憲』で当該総会の議決は正当な手続きによるものであり「ＫＫ会」の協議中断は憲友会四〇周年記念総会の準備に忙殺された内部事情によると反論した。そして「憲兵の名誉回復」と「英霊の奉慰顕彰」のためにも後継者は必要であると抗議の見解を表明し、『季刊憲友』へ自分たちの見解を掲載するよう求めた。[65]

ところが、東京憲友会の見解が『季刊憲友』に掲載されることはなかった。一方で、反対意見は盛んに取り上げられ、解散に向けて意見が統制されていった。その内容は、警務隊は憲兵ではなく「憲友会は憲友の集まり」以外の何ものでもない「一代限り」のものと反対するものである。加えて、全憲連と全警親会が接合することで「悪の権化」とされた「憲兵の悪名」を「今後大成して頂きたい」警務隊に背負わせることになり、「自衛隊は軍隊だった」「警務隊は憲兵隊だ」とマスコミの外圧に晒し、迷惑をかけると危惧するものであった。[66]全憲連の会員は、九〇年代に入ってもＮＨＫの憲兵描写に抗議文を送っており「テレビにどんな「鬼ども」が出てくるかと思うと気が晴れない」心境にあった。[67]会員にとって「憲兵の名誉回復」は百年を要すると考えるほど社会の憲兵観は是正されていなかったのである。さらに九三年には警察官が

文化されているわけではない。亀井隆義「特別総会を迎えるに当たり」(『季刊憲友』第八四号、一九九八年)、一〜二頁。

(65) 東京憲友会「季刊憲友第八四号の巻頭言に対する見解」(『東憲』第三四七号、一九九八年)、二〜四頁、大倉今朝男「後継者問題の提言経過」(『東憲』第三四八号、一九九八年)、二頁、東京憲友会役員一同「「季刊憲友」第八四号の巻頭言に対し重ねて見解を表明する」(『東憲』第三五〇号、一九九八年)、一〜三頁。

(66) 宮下光盛「憲友会展望」(『季刊憲友』第八二号、一九九七年)、一三〜一四頁、野口道之「憲友会展望」(『季刊憲友』第八三号、一九九八年)、二二頁、野口道之「季刊「憲友」巻頭言に思う」(『季刊憲友』第八五号、一九九八年)、二〇〜二四頁。

(67) 吉田博「続くたびれもうけ」(『季刊憲友』第五五号、一九九一年)、三〇頁。

東京憲友会へ右翼団体の調査として査察に訪れた経験があり、公安当局による憲友会の右翼団体視もこうした懸念を生み出す原因になったとも考えられる。[68] そのような状況のなかで、自衛隊を支持する会員のなかには、警務隊に大成してほしいがゆえ重荷を背負わせることを良しとしない者が存在したのである。

このように全憲連では、社会の憲兵に対するまなざしが組織の「引き継ぎ」を困難にしていた。彼らにとっては、憲兵を「悪玉」とみなす社会の憲兵観こそが「引き継ぎ」の必要性を訴える原動力でもあったのだが、それを乗り越えることはできなかった。元憲兵は戦後日本社会の批判的なまなざしのもとに置かれており、憲兵のイメージを変えることは容易ではなかったのである。偕行社の「引き継ぎ」において全憲連のような議論が起こらなかったことからも他の軍人と比較していかに憲兵のイメージが悪かったかが窺える。憲兵を「悪の権化」とする戦後日本社会の憲兵観が組織の「引き継ぎ」において大きな障害になったといえよう。

このような全憲連の方針は変わることなく「引き継ぎ」が実現しないまま、二〇〇〇年の通常総会をもって解散した。全憲連では、靖国神社境内に建立した「憲兵之碑」の将来にわたる保存管理が課題にあったが、各地憲友会から約三〇〇〇万円の奉賛金が集まり「憲兵碑永久護持基金」として靖国神社に奉納し、保存管理を委託している。[69] 全憲連解散後は、一部の各地憲友会が自主的な運営を続け、東京憲友会を始めとする関東地区の憲友会が「憲兵之碑」の清掃など全憲連の事業を受け継いだ。東京憲友会解散後は「憲兵之碑」の清掃や「永代神楽祭」の参拝などを東方警親会へ祭祀基金一〇〇万円で寄託しているが、[70] 表立った動きは見られず、憲兵の体験や記憶を何らかの形で伝え、残そうとした憲兵の戦友会は事実上消滅したといえるだろう。

---

(68) 高橋三郎「憲友会は右翼団体ではない」(『東憲』第二九六号、一九九四年)、四頁。

(69) 全国憲友会連合会『奉賛の記録――憲兵碑永久護持基金奉賛』(一九九三年)、七～一〇頁。

(70) 「平成一五年度事業報告」(『東憲』第四〇九号、二〇〇四年)、三頁。

おわりに

本稿は憲兵の体験や記憶の忘却をめぐる背景を検討すべく、元憲兵の戦友会である全憲連が消滅した歴史的過程と要因を明らかにしてきた。

全憲連は、憲兵の立場が「軍民の亀鑑」から「暴虐鬼畜憲兵」へと大きく変化するなかで、親睦団体として「憲兵之碑」の建立や『日本憲兵正史』の刊行に着手することで「憲兵の名誉回復」を目指した。そのなかで七〇年代末頃から会員の高齢化による将来問題が意識されるようになり、将来の後継者を輩出する警務隊と親交を深め、政治団体化することで警務隊の後援組織的性格を強化し、「憲兵の名誉回復」を目指す方向へと向かった。こうした全憲連の政治団体化は「憲兵の名誉回復」や組織の維持強化、憲兵体験の意味づけにおいて重要な役割を持つだけでなく、憲兵体験を持たない戦後派世代に対して共通の目標を提供し、警務隊ＯＢと接続が可能な環境を構築することにも繋がった。さらに、全憲連は八八年に警親会を正式な後継者とすることを決定し、双方の連絡協議会である「ＫＫ会」を設置、将来問題は無事解決するかのように思われた。

ところが「引き継ぎ」に向けて議論が進むなかで全憲連の政治化は、現役自衛官を含む警親会との合同において大きな障害となり、両者の合同は不可能とされた。全憲連は将来の後継者を輩出する警務隊を意識して、その協力者たるべく努めようとした結果、政治団体化したのだが、そうしたことが却って「引き継ぎ」を困難にしたのである。加えて、亀井隆義が会長に就任したことで反対論が盛んに取り上げられるようになり、解散に向けて意見が統制されていった。反対論のなかでとりわけ特徴的だったのは、「悪の権化」とされた「憲兵の悪名」を警務隊に背負わせることになり迷惑をかけると危惧するものである。こうした方向性は変わることなく全憲連は二〇〇〇年に解散、憲兵の体験や記憶を支えてきた戦友会は消滅する。全憲連は、憲兵がメディアで「悪玉」として描かれるなかで「憲兵の名誉回復」を実現すべく組織の「引き継ぎ」を目指したのだが、そうした状況を乗り越えることはできなかった。偕行社と比較して全憲連が存続できなかったのは、組織の政治団体化や会長の交代、憲兵のイメージの悪さが原因にあった。

このように全憲連の活動は、社会の憲兵に対する批判的なまなざしによって強く規定されていた。警親会への「引き継ぎ」が実現しなかったことからもいかに憲兵のイメージが悪かったかが窺える。彼らのなかには八〇年代になっても「戦後憲兵は鬼畜のように言われ」たがために「元憲兵の身分を隠す者」が存在したほどであった。[71] 最近でもアニメ映画『この世界の片隅に』（片渕須直監督、東京テアトル）において軍艦を写生した主人公を「間諜行為」として厳しく取締る憲兵が登場しており、憲兵といえば民衆の動向に目を光らせ「暴虐」を働く恐ろしい存在といったイメージが強いのではないだろうか。

実際、憲兵が恐怖の対象だったのは事実であり、その実態を解明することは重要である。当然、憲兵が国内外で行った残虐行為は断じて許されるものではない。しかし、「暴力的な憲兵」を強く記憶することは、憲兵の体験や記憶を支えてきた戦友会の消滅をもたらしたように、憲兵を「理解のしがたい他者」として位置づけ、彼らの体験や記憶の忘却をもたらすことにも繋がる。自分達が類似の状況に立たされた時、憲兵と同じような「暴虐」を働かないといいきれるか。今後は、普通の人間がなぜ「鬼」となり「暴虐」を働いたのか、そして戦後に「鬼」たちは自分達の「暴虐」といかに向き合ったのか／向き合えなかったのか、彼らの実感に立ちながら憲兵を分析することが必要だろう。[72] 全憲連の消滅は、今後の憲兵との向き合い方を示唆している。

---

(71) 石倉軍二「第三十三回全国憲友会総会並びに各地憲友会長会同開催状況」（『季刊憲友』第三七号、一九八六年）、二頁。

(72) 福間良明は「内側の住人の実感」を問うことの重要性を指摘している。『「聖戦」の残像 知とメディアの歴史社会学』（人文書院、二〇一五年）、二六〜二八、四一三〜二一頁。

攻囲される日本郷友連盟

公文書から国家の認識に迫る

白岩伸也
Shiraiwa Shinya

はじめに

日本郷友連盟（以下、郷友連）は、旧軍に関係する団体のなかで、最多の会員数を誇り、公益法人として政治や社会など、各方面に大きな影響を及ぼしてきた組織として知られる。郷友連については、一九五八（昭和三三）年に村上兵衛が、「愛国的、親軍国的、反革命的」な「イデオロギイ的圧力団体」と称し(1)、一九六五（昭和四〇）年には橋川文三が「マンモス愛国団体」(2)、青地晨が「反共と愛国」を核とする復古的な団体ととらえている(3)。そうした見方を踏襲するかたちで、一九八二（昭和五七）年に平田哲男は、「国防至上主義の実現を企図する問題的な団体」と指摘した(4)。国防思想の普及、日本教職員組合への圧力、改憲運動の推進など、活動の実績に鑑みれば、たしかに上記の評価は妥当なものとみられる。

だが不可解なのは、一九五六（昭和三一）年に発足した経緯を掘り下げると、すでにその時期から反社会的な勢力として警戒されていた様子が見え隠れすることである。つまり、活動の

（1）村上兵衛「旧軍人団体の行動とイデオロギー」（『中央公論』第七三巻第五号、中央公論新社、一九五八年）、一一二頁。
（2）橋川文三「マンモス愛国団体・郷友連」（『日本』第八巻第一号、講談社、一九六五年）。
（3）青地晨「日本の巨大組織〈九〉郷友連 戦前日本へ復帰の念願」（『朝日ジャーナル』第七巻第二〇号、朝日新聞社、一九六五年）。
（4）平田哲男「「桜星」の復権――郷友連のイデオロギーと行動」（歴史科学協議会編『歴史評論』第三八二

蓄積がないなかで、周囲からのまなざしによって、性格づけがなされていた可能性がある。だとすれば、郷友連の動向に関する実態のみならず、郷友連をめぐる認識を探る必要があり、その作業を通じて初めて郷友連の歴史的な性格に迫ることができるだろう。

検討・考察にあたり踏まえておかなければならないのは、「戦友会」と微妙な位置関係にあることだ。高橋三郎は、郷友連を「旧軍関係の団体」と称し、「政治性を嫌う戦友会あるいは戦友会会員は入会していない場合が多」く、「戦友会とは目的・性格がまったく異なったものである」と指摘する。そのように日本の「戦友会」と区分し、「欧米における帰還兵団体に対置される」ものととらえている。[5] ただし、「旧軍人団体」と断定することもできない。吉田裕は、郷友連が当初会員資格を、「本連盟の目的趣旨に賛同する旧兵役に服した者及びその他の者」としていたが、一九六二（昭和三七）年の定款改正によって、「本連盟の目的趣旨に賛同するもの」へ変更した点に注目する。そして、この会員資格の拡大が、「旧軍人の広範な組織化に失敗したこと」を意味すると評する。このように「旧軍人の中でも広がりをみせなかった」要因として、「過度な政治性、イデオロギー性」をあげる。[6]

「戦友会」とは異なり、「旧軍人団体」でもなかった、この独特な位置づけはいかなる背景のもとでなされたのか。「過度な政治性、イデオロギー性」は、どのようにして生成されたのか。郷友連が、周囲からどのような存在として位置づけられ、いかなる性格づけがなされたかを、当時の文脈にそくして検討しなければならない。とくに社団法人だったことに鑑みると、その所管官庁などの統治機構がどのような認識でとらえ、いかにして扱ったかをたどる必要がある。実際に関連の公文書を探ると、郷友連が国家的な諸アクターのまなざしによって包囲され、そのなかで組織的なアイデンティティを確立しようとする、いわば攻囲され、その対応に奔走す

号、一九八二年）、三七頁。

（5）高橋三郎「「戦記もの」の四〇年と戦友会ほか」（高橋三郎編著『共同研究・戦友会』田畑書店、一九八三年）、三〇四〜〇五頁。

（6）吉田裕『兵士たちの戦後史』（岩波書店、二〇一一年）、七一頁。

（7）戦友連発足経緯については、『日本郷友連盟十年史』（日本郷友連盟、一九六七年、第一章）、前掲『兵士たちの戦後史』、六五〜六九頁。

る団体の動向が垣間見える。

そこで本稿では、公益法人化をメルクマールとしながら、国家及び社会とのせめぎ合い・もたれ合いの過程を解明し、郷友連をめぐる戦後日本の構造的な特質について考察する。

発足前から攻囲された旧軍人団体

日本戦友団体連合会発足経緯――自生的な組織化

はじめに、『日本郷友連盟十年史』（日本郷友連盟、一九六七年、一～七頁）から、本稿と関係する時期に限定して、郷友連発足前後に関する年表を作成し、下に示す。

日本戦友団体連合会（以下、戦友連）発足経緯を概観すると、[7]サンフランシスコ講和条約後、全国に「ほうはい」として旧軍人団体が結成され、それらが拡大して都道府県の団体となった。組織化にあたっては、各地の旧在郷軍人会のネットワークが利用され、元将校のみならず、元下士官も中心的にかかわっていた。全国組織を求める声が「昭和二十八年初め頃」から高まるが、それをまとめる人物や機関がなかった。そこで、元陸軍大将の岡村寧次がこの運動にかかわり、総理大臣の吉田茂が一九五三（昭和二八）年一一月に新団体創設のために寄付している。

一二月には、各地の団体代表者に「全国的連絡機関の設置」が通知され、

表　日本郷友連盟発足前後の出来事

年月日	出来事
1954年5月21日	会員親睦、祖国再建、国土防衛を目的とする桜星倶楽部発足
1954年6月2日	桜星倶楽部とその他関係者の会談で全国結成の処置は桜星に一任
1954年11月28、29日	全国の戦友団体代表者が参集し、日本桜星会準備会発足
1955年6月6日	日本戦友団体連合会結成
1956年5月11、12日	日本戦友団体連合会第二回総会で日本郷友連盟と改称
1956年10月10日	内閣総理大臣より社団法人日本郷友連盟として許可、定款決定
1957年5月	青少年部を設置
1958年5月	婦人部を設置
1963年6月1日	全国旧在郷軍人会を合併

一九五四（昭和二九）年五月に「会員相互の親睦を図り、祖国再建と国土防衛に寄与することを目的とし」た、桜星倶楽部が結成された。その後一一月に日本桜星会準備会（以下、桜星会）に変わり、一九五五（昭和三〇）年六月には、「全国兵役関係者を主体とする諸団体との連絡をはかり、その活動の進展を援助し、相互の協力を推進し、もって祖国の再建と防衛・福祉の実現に資する」ことを目的とした、戦友連が結成された。

マスコミの言説――在郷軍人会復活の懸念

戦友連は、各地の旧軍人による自生的な活動を契機に、それらを統合しながら段階的に基礎を固めていった。そのように戦友連が理念や方針を定め、組織や人員を整える前から、じつは、新聞や雑誌などのマスコミは、その存在をいち早く取り上げ、国民のイメージ形成を水路づけている。

『東京新聞』は、桜星会発足前日の一九五四（昭和二九）年一一月二七日に、「〝全国戦友団体へ〟／在郷軍人会統一へ動く」という見出しで報じる。序盤では、「かつて〝郷軍三百万〟と誇称して国民生活にも相当の影響を与えたものだけに、高まる再軍備論などとからんで同会今後の運営は極めて注目される」と述べる。中盤においては、「反感があるといけないというので〝軍人〟を避け〝戦友〟の字を用いた」点などから、「世間の批判を意識してか特に政治的な思想や、在来の階級行動は現れていないようだ」と評する。だが終盤で、改憲によって自衛隊が軍に切り替わり、「全面的に日本在郷軍人会になること」などの「問題を残している」というう。(8)

一方、同年一二月八日、対称的な性格の団体として、全国旧在郷軍人会が発足していた。(9)

---

(8)「〝全国戦友団体へ〟／在郷軍人会統一へ動く」(『東京新聞』一九五四年一一月二七日)、第七面。

(9)『朝日年鑑』(一九五五年版、朝日新聞社、一九五五年)、三二二頁。

『警察公論』では、「旧陸海軍上級将校の桜星会」とは「反対の立場」で、「再軍備反対、原水爆兵器禁止をスローガンと」して結成され、「赤紙一枚で召集された兵卒、軍属、従軍看護婦などを主力」にしていると述べられた。(10)

だが他の雑誌の論調はこの評価と異なっていた。『週刊朝日』は、全国旧在郷軍人会の「趣旨」を「温健（ママ）着実」と評価しつつも、「スローガン」は「いっこうにアテにならない」と述べ、結成式の様子を綴る。注目されるのは、日本社会党の勝間田清一が、「世界平和の確立」のために「戦争を計画する者をにくむ」として、「軍備の危険」を説いた場面である。会場では、「さがれ、さがれっ」の声」があがり、「野次り倒された」という。そこから、「「再軍備反対」には断然反対の人で占められていることが、はっきりうかがわれた」と述べる。そして、「右翼に利用され、一部の政治勢力と結びついたり、保安長官から「鼓舞激励」されたりすることを、心配する人が多」く、「軍人が政治にクチバシを容れすぎた過去のみじめな経験は、国民の教訓として、いまなお強く残っている」と指摘する。(11)

また『サンデー毎日』は、「佐官将官級の旧在郷軍人会幹部」から組織された桜星会と対置して、全国旧在郷軍人会は、「主として下級軍人、軍属を対象とした広範な組織をねらってい て、階級が歴然としているのも面白い」と述べ、上記『週刊朝日』記事にない論点を示す。ただし、再軍備賛成派というとらえ方は同じで、結成式で辻政信の再軍備論に「共鳴の声がさかんだった」こと、高橋三吉が「徴兵制による再軍備がしかれなければならない」と発言したことをあげる。(12)

戦友連と異なる立場から「再軍備反対」を唱えた全国旧在郷軍人会でさえも、結局は再軍備を推進する旧在郷軍人会復活の文脈で把握されている。戦友連についても、桜星会の発足前日

---

(10)「時局メモ」(『警察公論』第一〇巻第二号、立花書房、一九五五年)、一三三頁。

(11)「ヨミガエル？在郷軍人会／十二月八日、日比谷の結成会場から」(『週刊朝日』第五九巻第五二号、朝日新聞社、一九五四年)、一八〜一九頁。

(12)「在郷軍人会生きかえる」(『サンデー毎日』第三三巻第五七号、毎日新聞社、一九五四年)、一八頁。

から、在郷軍人会としてクローズアップされている。戦友連が発足してからも、「「郷土と職場における民防衛準備を促進する」などまるで軍命令みたいな文句もみえる」と、かつての軍を想起させる語りで警戒され、[13]郷友連になった当初には、「昔の在郷軍人会の復活」と直接的に述べられたのである。[14]吉田が指摘するように、占領期の非軍事化・民主化政策を見直す「逆コース」の潮流は、たしかに旧軍人団体の結成を後押しする追い風を吹かせた。[15]だがそれと同時に、この時期に再軍備への警戒心がメディアで高まってため、「逆コース」は郷友連の向かい風にもなり、軍事的な組織への膨張を抑制したと考えられる。

公安警察の警戒——政治団体と右翼団体の可能性

こうした報道を、統治機構は注意深く見ていた。なかでも、内閣の重要政策に関する情報を収集、分析して、官房長官に報告する、インテリジェンス機関の内閣総理大臣官房調査室がメディアの動向をチェックしている。[16]情報元の大部分は、新聞や雑誌などで公開されたもので、調査室が一九五四年から出し始めた『新聞論調』では、「主要新聞の社説、寸評、寄稿、解説のほか注目すべき記事または特殊的記事の要点」が「摘記」されている。[17]同年には、収録範囲を雑誌と放送にまで広げ、全国旧在郷軍人会に関する前掲の新聞・雑誌記事にとどまらず、自由日本放送の内容も紹介している。

自由日本放送は、日本共産党の徳田球一などがレッドパージを機に中国で設置した「北京機関」による日本向けラジオ放送で、[18]「共産圏放送の一翼を担当して日本の国家情勢を巧みに且つ迅速に取上げ、対日宣伝謀略を活発に行ってきている」という。[19]直截な表現で、「在郷軍人会」を「右翼団体」と称し、それが「軍国主義復活のお先棒をかつごうとしている」と述べる。[20]

---

(13)「旧将星ずらり/〝戦友の会〟発足」(『朝日新聞』一九五五年六月六日夕刊)、第三面。
(14)「郷友連初総会」(『朝日新聞』一九五六年一一月二三日朝刊)、第一一面。
(15)前掲『兵士たちの戦後史』、第二章。
(16)内閣総理大臣官房調査室については、小谷賢『日本インテリジェンス史——旧日本軍から公安、内調、NSCまで』(中央公論新社、二〇二二年)、第二章。
(17)『新聞論調』、第二号。
(18)『日本共産党の八十年』(日本共産党中央委員会出版局、二〇〇三年)、一〇八頁。
(19)『新聞論調』第二一号、六九頁。
(20)『新聞論調』第四二号、四一～四二頁。

さらに、当時の政権が「旧在郷軍人会」を「巧みに利用し」、団体結成の背後に防衛庁やアメリカの「後押し」があったと指摘している。[21] 調査室は旧軍人団体の動静と同時に、それを報じる共産圏の動向にも目を向けていたのである。

ただし調査室は、一九五二年に発足したものの、中央情報機構としての機能を果たすことができず、「日本のインテリジェンス活動は警察主導で進む」ことになる。とりわけ公安警察は、旧軍人団体の監視に力を入れている。公安警察とは、「公共の安全と秩序を維持することを目的とし」た、「警備警察に関すること」を管轄する警察庁警備部のなかで、過激派や右翼団体によるテロなどの捜査や取り締まりを担う部門で、その性格がこの時期に大きく変容していた。すなわち、戦後改革で警察組織の地方分権化が図られたが、一九五四年制定のいわゆる新警察法によって中央集権化が推進され、「警備公安警察はさらに前進し活発化（特に積極化）」したのである。[22]

公安警察の動向はオープンになっていないが、戦友連との関係については、「警察庁資料 日本戦友団体連合会について」[23]と題された資料から、その一端をうかがうことができる。同資料に付されたメモ書きから、警備部が一九五六（昭和三一）年に作成したものと推定され、同年五月に開催された戦友連第二回総会の様子が克明に記されている。資料の作成経緯は不明だが、ここまで詳細な総会の議事録が会報などの刊行物に掲載されることはないため、部外秘資料の入手や関係者への聞き取りなど、内部調査にもとづくものと推測される。

警備部が警戒しているのは、「政治団体化」と「右翼」への接近である。警備部は、戦友連が「精神団体であつて政治結社でないことを表明し」、「一切の政治団体化を排除する態度をとつてきた」という。だが、「改憲運動を採り上げて強力な推進を決議するに至つたことは観念

(21)『新聞論調』第四五号、四九～五二頁。『新聞論調』第四七号、四六～四七頁。

(22) 広中俊雄『警備公安警察の研究』（岩波書店、一九七三年）、一六一頁。

(23) 警察庁警備部編「警察庁資料 日本戦友団体連合会について」一九五六年、（東京大学社会科学研究所図書室蔵）。「警察庁資料」と題された計一三冊に及ぶ資料群の一つである。手書きで総頁数は七八頁。目次の余白に、「発行推定 昭三一年」、「警察庁警備部編推定」とペン書きされている。東京大学社会学研究所図書室の司書から、同図書室では必ず鉛筆書きすること、管理簿にこの資料の値段が書かれていたことを確認している。そこからこの資料は寄贈ではなく購入したもので、購入先の古書店などがペン書きしたと推測される。

的啓蒙運動の域から大きく脱皮したものと判断に難くない処で」、「本運動の進展如何によつては政治団体的性格に転換する可能性が充分認められる」と述べる。[24]警備部は、「精神団体」≠「政治結社」という主張を受けとめつつ、「政治団体化」の「可能性」に注目している。

必ずしも断定しない、その微妙で慎重な性格づけは、「右翼」との関係を指摘する場面でも踏襲されている。「右翼団体との提携を容認したものと断ずることは早計にしても、既に右翼陣営との提携を実践している一部加盟団体の主張が大きく影響したことで、こうした情勢の中で戦友連裏面の実力者といわれる岩畔豪雄（総会において戦友連理事として正式承認を見た）らが今後の戦友連活動をどのような方向に進展させて行くかは注目されるものがある」[25]。戦友連＝「右翼」と認識していたのではなく、「右翼」と「提携」する団体の主張が「大きく影響したこと」を指摘したのである。

戦友連に対する認識は、公安警察にとどまらず、警察全体の常識として共有されていく。たとえば、「警察官の教養資料」として編纂された『警察学論集』では、警備部警備第二課警視による「右翼運動の動向」という論稿が掲載され、「主要」な「右翼団体」の一つに「日本桜星会準備会」が入っている。同会は、「政治的には中立を標榜」するが、「広く国民大衆に根を下し、それを政治勢力に高めて政界を刷新すると強調して」おり、「政治的、社会的要求を掲げ、全国組織によって運動を展開しようとしているのであつて、反革命勢力の結集という課題では画期的な前進である」とされる。[26]「右翼団体」に位置づけられているものの、「反共」、「反革命」の具体はみられない。

こうした「教養」は受験内容にも反映されていく。警察官採用試験対策雑誌である『法政思潮』に、「旧軍人団体を全国的に統一すべき中共連絡機関がつくられたが、左のうちでこの機

(24) 前掲「警察庁資料 日本戦友団体連合会について」、四四頁。

(25) 前掲「警察庁資料 日本戦友団体連合会について」、四五頁。

(26) 森田喜隆「右翼運動の動向」（警察大学校編『警察学論集』第八巻第一号、一九五五年）、二二一～二二三頁。

関の団体はいずれか」という、「警備」に関する選択問題が載っている。偕行会や水交会などが列挙されるなか、桜星会が正答とされる。「解説」では、「影響力は強くなりそうにも見られ、再軍備機運に乗つて右翼に走る虞れもあり特に注目すべきものがあろう」という。「解説」の冒頭で、「旧軍人を中心とした団体がぞくぞく結成されている」と述べられているが、「右翼」化への警戒心の矛先は、桜星会以外には向けられていない。[27] 他にも受験参考書『警察百科常識事典』における「主要右翼団体一覧表」に戦友連が掲載され、[28] 公安警備研究会編纂の『右翼全書』では、「右翼団体系統表」に、郷友連発足に至るまでの系譜が組み込まれている。[29] これらの資料にも偕行会や水交会に関する言及はない。[30]

講和条約後、旧軍人団体をめぐる機運の高まりと並行して、公安警察も権力を拡大し、「右翼」分子の取り締まりに注力する。その射程に戦友連を入れるものの、「政治団体化」の「可能性」と、「右翼」との間接的なつながりを示唆するにとどめていた。だが、「政治団体」かどうかを判別しにくいグレーゾーンの部分は、警察全体あるいは一般向けの刊行物では排除され、簡潔明瞭に「右翼団体」として位置づけられている。

庇護を企図した公益法人化

日本郷友連盟への改称――「単一団体」の発足と「会勢」の拡大

公安警察が調査した戦友連総会の議事録を再び追うと、公益法人化のための方策について積極的に議論されたことが確認される。事務局長の笠原幸雄は、つぎのように述べていた。[31]「法人化することによつて内外より信用を得るし旧陸海軍建造物の返還要求も可能である皆様の異

(27)「警備」(『法政思潮』第八巻第五号、警察新報社、一九五五年)、一〇四頁。
(28) 警察研究会編『警察百科常識事典』(警察時報社、一九五五年)、三四三頁。
(29) 公安警備研究会編『右翼全書』(近代警察社、一九五七年)、二六九頁。
(30) 偕行社や水交会が「右翼団体」とみなされることもあるが(荒原朴水『大右翼史』大日本国民党、一九六六年、八一〇~八一一頁)、警察関係の資料にそのような認識はみられない。
(31) 以下、戦友連総会については、前掲「警察庁資料 日本戦友団体連合会について」。

存のないところと思うが実はこの問題で諸機関と交渉中である。現在の会則では無理で会則を改正しなければならない。連合会は防衛庁と提携を保たなければならないので防衛庁の主張する意見も考えなければならない。この定款も若干の修正は覚悟しなければならないと思う」。

これに続いて稲葉理事も、「本会の基礎を確立して諸般の要求に応うべく」、法人化が必要と説く。その実現のための審議事項として、「一、戦友団体連合会と各地戦友団体との関係」、「二、会名に就いて」、「三、法人化する場合の定款に就いて」をあげる。一つ目については、「連合会」のまま法人にするなら「地方団体が全部法人化」しなければならず、それは困難という。そこで東京に「本部」を、地方に「支部」を置いた、「一つの会」の設立を提案する。ただし、「表面上の形態」は「本部支部」だが、「会の運営」などは「概ね従来の通り」としている。したがって、「連合会」の形態は事実上維持されたままで、「一つの会」としての組織化は不十分だったとみられる。たとえば時期はズレるが、一九六〇年代には会員一六〇万人に達したと称するが、会費納入者は四二万人、機関誌発行部数は四万五〇〇〇部で、「ある幹部の話」によれば、会員数は「諸般の情勢から推論した」ものだったという。[32]

二つ目の会名に関しては以下のように提案する。「戦友団体連合会の名称は、社団法人の性格上より見て適当でありません。依つて法人化の場合の会の名称を考慮しております。目下政府と内交渉中のものには、仮称として日本戦友連合会としておりますが、その他適当なる名称がありますれば、社団法人となつた時の名称として、総会に於て決定して戴き度いと存じます」。笠原の発言と関連する三点目については、「現会則」を「極力尊重する」と述べつつ、会の性格の変化による修正と、防衛庁所管による事業の変更の可能性を示している。

幹部による説明の後、「一同の意見を聴取」するなかで、群馬県代表が、会名は投票で決定

(32) 前掲「戦前日本へ復帰の念願」、三八頁。

したいと提案し、「郷友会」二五票、「戦友会」一一票で、「仮称日本郷友団体連合会と決定された」。だが東京都代表が、法人化申請の際に名称が変更されるので保留すべきと主張し、会名は事務局に一任することになった。「各団体提出議案」という議事に移ると、山口県代表が「会名の変更について」再び発言する。「名は体を現わす（ママ）と言うことが常識であるが日本戦友団体連合会は名は体を表はしていない。現在の名称と内容が一致しない。戦友を郷友と改めるべきだ。本会は将来青年層の時代による戦争に何等関係がない人達によつて運営されるもので郷土を守る意味においても郷友でなければならない。山口県においても会名を変更してからは会勢は着々と進展しつつある」。

稲葉があげた事項の一点目と二点目は関係しており、「名称も日本郷友連盟として単一団体として法人化することとし」たとされる(33)。また平田は、「「戦友」から「郷友」への改称は、一面で防衛庁所管下の社団法人となるために必要な手続きであった」という(34)。不分明な点はあるが、当初「反感」を避けるために採用された「戦友」は、「会勢」の持続的な拡大とそれに資する法人化のために改称したと考えられる。

定款の修正——在郷軍人会との断絶の強調

改称以外に、先述のように、防衛庁の「意見」を踏まえた定款の「修正」も議論されていた。防衛庁は、その目的規定について、「国防思想の普及」などは「当然」だが、「歴史伝統の継承助長は具体的でないから削除する意見であった」という。だが「歴史伝統の継承助長」は、郷友連が「大いに重視しており」、「強く要求し」た結果残された。また「遺族援護」については、「戦友連時代から重大関心を持っており」、「目的」への挿入を主張している。しかし、そのた

(33) 前掲『日本郷友連盟十年史』、一七頁。

(34) 前掲「「桜星」の復権」、二七頁。

めには厚生省との「共管」にしなければならず、その「許可」を得るには相当の期間を要するため、削除した。[35]

防衛庁の管轄になった影響は、厚生省の公益法人と比較すると、明確に確認できる。たとえば、財団法人の偕行社の目的規定では、「旧陸軍の勤務に関する戦争犠牲者の福祉を増進し、あわせて会員の互助親交を図る」とされている。[36] 郷友連は「福祉」領域を担うことができず、「互助親交」の役割も除かれたとみられる。

会員資格も修正され、原案の「本会は旧兵役関係者を主体とし、これと志を同うするもの」[37]は、実際の定款で、「本連盟の目的趣旨に賛同する旧兵役に服した者及びその他」となり、さらに一九六二（昭和三七）年の改正で、「本連盟の目的趣旨に賛同するもの」へ拡大された。「後継者を養成のため青少年部、婦人部の会員拡充に重点を指向している関係上」、上記の修正が必要だったという。[38] 兵役関係者に限定された旧在郷軍人会と異なる点である。

平田は、郷友連が「旧在郷軍人会とは根本的に違うということをキャンペーンとして、強くうち出していた」と指摘する。たとえば、官製の旧在郷軍人会が陸軍や行政から財政的支援を受けていたのに対して、「自然発生的に誕生した」郷友連は会費を主財源にしている。こうした性格と会員資格の拡大を根拠にして、「郷友連イコール在郷軍人会というのは根拠のない批判であると反批判」したという。[39]

前節で述べたように、郷友連は、発足前から旧在郷軍人会との連続性を疑われていたため、断絶面を強調した。また、「信用」の拡大と「会勢」の維持という企図が、公益法人化の動機となり、他団体に先駆けて認可されている。だが、全国組織としての制度化は不十分なまま進行し、当初のミッションの修正も余儀なくされたのである。郷友連の公益法人化は、攻囲への

---

(35) 前掲『日本郷友連盟十年史』、一七頁。

(36)「財団法人偕行社寄附行為」(『偕行』第九一号、偕行社、一九五九年)、一四頁。

(37) 前掲「「桜星」の復権」、二七頁。

(38) 前掲『日本郷友連盟十年史』、一九頁。

(39) 前掲「「桜星」の復権」、二七頁。

抵抗・対応として、国家からの庇護を求めたものだが、その手続きをどのように行うか、手を差し伸べる庇護者がどの所管官庁かによって、組織の方向性が変わったとみられる。

攻囲され続ける日本郷友連盟

防衛庁の管理——公益法人としての資格をめぐって

一方、防衛庁は郷友連をどう見ていたのか。国立公文書館には、防衛庁所管の公益法人に関する資料群があり、そこに郷友連関係のものがある。(40)

防衛庁官房総務課による一九五八（昭和三三）年八月二一日付の「部内資料」では、「唯一の許可法人」である郷友連に対する援助として「機関誌の購入」などがあげられ、計画中の物資斡旋事業についても検討されている。その事業については、同月二八日付の「郷友連の内部福祉活動に関する結論」と題した文書で、社団法人が福祉の増進及び親睦に関することを行うのは「制度上好ましくない」として、「新事業のウエイトが主たる公益事業の付帯事業にすぎないものであること」、「赤字経営にならないよう万全の注意をはらうこと」を「指導」している。九月一日には「赤字を出さないよう手堅く、小規ぼに行うこと、法的な問題については不特定の方がベターだが、この点はあまりやかましく言はない」旨を伝えた。

先述のように会費納入率は低く、「金のない郷友連」(41)とも称されるほど、経営状況は盤石ではなかったため、組織維持のための事業が提案されたと考えられる。それに対して防衛庁は、公益法人である以上、営利活動を行うことはできないとして、その適切な運用を指示した。また、一九五九（昭和三四）年五月付の「所謂外郭団体をめぐる問題について（未定稿）」には、郷

---

(40)「公益法人関係資料（昭和三三年〜昭和四一年）」平一七防衛〇〇一六五一〇〇、（国立公文書館蔵）。他にも三笠保存会や隊友会などの文書が所蔵されている。

(41) 前掲「戦前日本へ復帰の念願」、三九頁。

友連の「問題点」が以下のように書かれている。

イ　発展性

この団体は既に基礎も固まり、多数の会員を擁しているが、今後組織の面においても、その主義主張の普及の面においても、国民一般に浸透しがたいうらみがある。その原因は会員の大部分が旧軍人であり、旧軍の階級序列をそのまま会の組織にもちこんでハイラーキーを形成していること、及び主張が一般のセンスとややかけはなれていることに在るといえよう。

ロ　財源と事業

収入の大宗を寄附金に仰いでいること、これは不健全でもあるし、年間１００円の会費すら納めないような人々が社団の会員に数えられているところに組織体としての不安もある。事業のうち講演会、座談会の開催やパンフレットの配布（左翼対策を主にしたもの）を行つているが、その対象が多くの場合特定されており、一般向け―不特定多数人に対する呼びかけが十分でない。又機関誌についても特定サークルの同好誌の範囲を出ない。（なお、当庁としては機関誌等の買い上げによる援助措置を行つている）

「政治団体」、「右翼団体」といったレッテル貼りは行っていないが、組織、主張のあり方が「国民一般に浸透しがたい」ことを問題視する。すでに青年層と婦人層に拡大していたが、旧軍人のヘゲモニーと反社会的なイデオロギーを指摘している。そして、寄附金への依存と会費納入率についても批判する。

また「法人の許可」について、「一般的事項」に関する問題と、「特に当庁所管に関連する問題」をあげる。前者については、民法は、「主務官庁の許可を受けることによつて成立する」「許可主義」を採用し、「主務官庁の自由裁量に委ね」ているため、「設立の自由は大いに制限されている」という。だが同時に、「機関の態度如何では一つの危険性が生じ」、「公益の名に値しない事業を行つているものが多い」とされる。

後者に関しては、「庁の性格柄国防思想の普及に名を借りて申請があることが多い」一方で、「疑点を包蔵している」ものもあるという。具体的には、「国民一般に対するPRを具体的、技術的に研究していない」ため、「独りよがりの主張に終」わり、「何のために組織をつくり金を費うのか、理解に苦しむことがある」とされる。また、「資金の健全な裏付けに欠く、殆どの団体が関連産業界に寄生することのみに専心したがる」と指摘する。「社団ならば、会員からキチンと会費をとりそれによつて会を運営し事業を行い又社員総会を通じて会員の意思を事業の上に反映させねばならない筈」と述べる。

こうした問題を懸念する要因として、防衛庁は、法人のあり方が庁外から批判され、政治問題化されるリスクを意識していた。実際、かつて防衛庁の財団法人として存在した保安協会が、国会での「河野爆弾質問」で「政治的に止めをさされ」、「事実上消滅し」た過程が克明に記されている。その発言を議事録から確認すると、「爆弾質問」は、反吉田派で日本自由党の河野一郎が、一九五四年の予算委員会で防衛庁長官の木村篤太郎に行ったものであることがわかる。河野は、協会が保険の加入斡旋を通じて「リベート」を受け取り、保安庁の受注会社から寄付金をもらっていることを指摘し、そうした団体が「任意団体」ではなく「財団法人」であることの問題を突きつける。それに対して木村は、協会の弁護に一切まわらず、防衛庁が無関係であることを述べるに終始する。[42]

野党の追及——政治的なイシューへ

「河野爆弾質問」以降も断続的に国会の議題になっている。注目されるものとして、国有財産の払い下げに関するものと、自民党と「右翼団体」に関するものがあげられる。前者は、一九六〇（昭和三五）年五月一二日の決算委員会国有財産の増減及び現況に関する調査小委員会で議論された。偕行社、水交会、全国戦争犠牲者援護会、郷友連が共同で「財団法人市ケ谷会館」を建てるために、払い下げの申請を厚生省に行っていた。議会では、所管官庁が異なる郷友連の関与について、日本社会党議員から指摘が集中した。

同党の小川豊明が、「偕行会、水交会、それから日本郷友連盟というのは、どういうことをやっておる団体なんですか」と尋ねると、引揚援護局長の河野鎮雄は、「郷友連盟の方は、実は、私ども詳しく存じません」と述べ、偕行会と水交会について応答する。それを受けて小川は、郷友連について「調査すべき」と主張する。なぜならば、「福祉団体」である偕行会、水交会と異なり、郷友連は「政治団体」であり、それに「国有財産を払い下げる」べきではないと考えるからである。これに対して河野は、「政治団体と考えるかどうかというふうな点、私ども（も：引用者注）どういうふうに考えていいのか今直ちにお答えいたしかねるのでございます」と述べ、大蔵省管財局長心得の武樋寅三郎も、「郷友連盟がはたして政治団体であるかどうか、これは私も非常に疑問でございます」という。

続けて、同じく日本社会党の森本靖が、郷友連は、「昔の軍人の中の一部分の人が入っている組織にすぎない」ため、「昔の在郷軍人会とは全く趣を異にしている」と指摘する。「御遺

（42）「第十九回国会衆議院予算委員会議録」（第二六号、一九五四年三月一九日）、一二一～一六頁。

族の方はほとんど入っておる」日本遺族会と「同一視する」ことは「間違い」という。だからこそ、「国有の財産を払い下げるという形にはならない」と述べるのである。大蔵省の武樋は、防衛庁の所管ということで、明確な応答をしていない。[43] 郷友連は、「福祉団体」としての機能を有する厚生省所管団体と分けられ、「政治団体」としての性格を持つ非「旧軍人団体」という位置づけを与えられる。これはあくまで議論過程でみられたもので、払い下げも結局実現しなかったが、郷友連に対する認識の一端が確認される。

そうした性格のみならず、「右翼団体」としても目を付けられている。一九六一（昭和三六）年二月八日の地方行政委員会法務委員会連合審査会で、小説『風流無譚』に関して同月一日に起きた右翼テロ事件の「嶋中事件」をめぐって、その責任問題が法務委員会理事から指摘されている。そのなかで、日本社会党の猪俣浩三は、「自民党と右翼団体の関係」を問題視し、代表的な事例として郷友連との関係を指摘する。具体的には、法務大臣の植木庚子郎が郷友連の「相談役なり、顧問なり」を務めている点に注目し、「私は政治家はやっぱりこういう特殊の右翼団体には関係すべきじゃないと考えております。自民党というりっぱな政党があってそれに所属しているのですから、そんなおかしな政治結社に名前を出すということは、よほど考慮しなければならぬと思うのです」という。[44]

猪俣の追求が激しくなるほど、郷友連の逸脱性が強調され、単なる「右翼団体」ではなく「特殊の右翼団体」と称され、しまいには「おかしな政治結社」とまで言われる。これに対して植木は、「相談役ですか何かに希望せられまして承諾したような記憶がございます。しかしその後その団体との交渉はあまり深くはございません」と答弁する。この歯切れの悪い返しに対して、猪俣は、相談役の「事実があるのですか、ないのですか」と、再び問う。それに植木

（43）「第三十四回国会衆議院決算委員会国有財産の増減及び現況に関する調査小委員会議録」（第四号、一九六〇年五月一二日）、七～八頁。

（44）「第三十八回国会衆議院地方行政委員会法務委員会連合審査会議録」（第二号、一九六一年二月八日）、七頁。

は、「だから今申し上げましたように相談役だったかの依頼を受けて承諾したような記憶をしております。しかしはっきり覚えておらぬくらいの程度の問題でございます」という。[45] かろうじて「相談役」であることを認めるが、曖昧な部分を残す。

払い下げをめぐる議論は、六〇年安保闘争が激化した時期に行われ、「右翼団体」に関する指摘も、いまだ野党の勢いが強い段階になされた。日本社会党は、郷友連自体への批判というより、それを政争の具として自由民主党に攻勢をかけていく。それに関係省庁は真っ向から反論することはなく、「政治団体」、非「軍人団体」、「右翼団体」としての性格は何も否定しなかった。

おわりに

郷友連は、前身団体のときから、再軍備と親和的な旧在郷軍人会に位置づける言説空間に閉じ込められ、権力を増幅させていた公安警察のターゲットになることで、右翼団体、政治団体としての性格が与えられていく。郷友連は、その動向を意識しながら、組織保持の道を慎重に検討していく。そこで選んだのが公益法人化で、国家からの庇護を最短かつ最速で獲得し、制度的・財政的な基盤を効率的に確立しようとする。

だがそれによって、旧軍人団体としての性格は希薄化していく。「会勢」の持続的な拡大とそれに資する法人化のために、「戦友」から「郷友」へ改称された。また、防衛庁の所管に入ったことで、国防思想の普及という目的が前景化し、厚生省管轄の旧軍人団体に見られる引揚援護事業や会員の「互助親交」は除外されていく。郷友連は公益法人化を通じて国家からの

(45) 同上。

庇護を求めるが、その庇護者の違いが他団体との断絶を生んだ。

このように公益法人化はサポートとコントロールを同時に受けることを意味した。とはいえ防衛庁は、みずからの利益に資するような組織や運営のあり方を強要したわけではない。郷友連に対する庁外の世論、認識を意識しながら、公益法人に相応しくない問題点を指摘している。すでに郷友連は各方面からのまなざしに包囲されており、防衛庁もそれを把握していたと考えられる。とりわけ同庁は、公益法人の資格をめぐる野党からの批判を警戒していた。郷友連は国家からの信頼の獲得に全力を注ぐことで、国民や世論への配慮を置き去りにしていたため、防衛庁がその点の肩代わりをしていたといえよう。

ただし、五五年体制下の保革対立が激化するなかで、日本社会党が攻勢に転じるために利用され、関係省庁もそれに及び腰で対応するしかなかった。郷友連は政争の具にされ、他の旧軍人団体とは異なる、「政治団体」、非「軍人団体」、「右翼団体」として固定化される。国家はそれらと無関係であることを強調し、郷友連をどう遇するかについては、不問に付している。このような経緯もあり、非「政治団体」化された小規模な旧軍人団体が乱立し、旧軍人が旧軍人として振る舞う場はそれらに局限されたとみられる。

郷友連は、国家及び社会から攻囲されていたからこそ、公益法人化を通じて国家からの庇護に期待せざるをえず、それによってまた新たな統制を受けることになった。そのパラドキシカルな隘路から抜け出すことは困難になり、旧軍人団体としてのアイデンティティも、ポジショナリティも喪失していったのである。もちろんその原因は、郷友連の戦略的な失策に帰結しない。「政治団体」・「右翼団体」というシンプルなことばでしかとらえられない戦後日本それ自体にあり、問題圏は学術の領域にまで及ぶ。戦友会の研究が進展することで、それまでの旧軍人団体に対する単純なイメージに複雑なことばが与えられたけれども、郷友連は「戦友会とは目的・性格がまったく異なったもの」として排除されていく。「政治性を嫌う戦友会」の多様な「目的・性格」が解明されていくほど、一九五〇年代に形成された「政治団体」・「右翼団体」という郷友連の「目的・性格」は再強化・再生産されたのである。

未来出征軍人会

第二次世界大戦前夜におけるアメリカ在郷軍人会と大学生

望戸愛果
Moko Aika

はじめに

「未来出征軍人会（Veterans of Future Wars）」は、一九三六年三月、第一次世界大戦退役軍人への総額一九億ドルに上る公的支給金に反対する立場から設立された学生組織である。同会に参加した学生たちは退役軍人に扮してキャンパスや街を練り歩き、未来の戦争に参加することになる自分たちにも退役軍人支給金を今すぐ与えよと主張した。未来出征軍人会本部はプリンストン大学に置かれ、全米の各大学に置かれた支部の総数は五三四、会員総数は最大六万人という規模の大きさであった。しかしながら、同会は統一された行動指針を設定することができず、またすでに一九三六年一月に連邦議会にて法制化されていた退役軍人支給金を廃止させることもできなかった。未来出征軍人会は一九三六年九月には（すなわち、同年の秋学期が開始されたタイミングで）活動を停止することとなった。

本論では、未来出征軍人会に関する第一次世界大戦退役軍人の反応を史料に基づいて分析する。未来出征軍人会を論じたアメリカの先行研究は、同会の活動史に主な関心を寄せており、退役軍人側の視点——すなわち、第一次世界大戦退役軍人は「未来出征軍人会」をいかなる存在として捉えたのか——については十分な検討がされてきたとは言い難い。以下では、まず先行研究の整理を行い、そこにおける問題点を指摘する。

先行研究の整理と課題の設定

未来出征軍人会を主たるテーマとして論じた日本語の文献は管見の限り存在しない。一方、アメリカの先行研究は未来出征軍人会について二つの見方を提供している。第一の見方は同会を一九三〇年代アメリカにおけるユニークな学生運動として捉えるものであり、第二の見方は同会を第二次世界大戦直前の「政治風刺」として捉えるものである。

学生運動としての同会について論じた先行研究としては、ドナルド・ウィズンハントの二〇一一年の研究が最も詳しい。ウィズンハントの研究は、一次史料の分析に加えて、未来出征軍人会創設者たち（一九三六年当時プリ

ンストン大学に在学していた男子学生たち）へのインタビューも収録した貴重なものである。同会創設者の一人であるアーチボルド・ルイスは、インタビュー（一九七九年実施）のなかで以下のように語っている。

自称愛国組織が愛国心を食い物にしているように見えて、私たちは基本的にはそこに腹を立てていたのだと思います。根底にはそれがあったんです。……愛国心を語ることと、公金を漁ってばかりいることとは、互いにちぐはぐであると私たちには思えて……そうした態度全体に、私たちはイライラきていました。アメリカ在郷軍人会的態度（American Legion attitude）と、私はよくそう呼んでいたものですよ。[1]

未来出征軍人会創設者たちの証言に共通しているのは、自分たちが当時若者として「イライラきて」いたのはあくまで退役軍人支給金とそれを後押ししたアメリカ在郷軍人会（詳細は後述）であったという点である。未来出征軍人会創設者たちのほとんどは（プリンストン大学の他の男子学生たちと同様に）「将来を嘱望された特権階級の子どもたち」として大恐慌下の経済的苦境を免れた状態にあり、反戦運動や平和運動にも興味がなかった。それゆえ、彼らの活動動機の共通項は（経済的不満や反軍意識ではなく）「愛国心を食い物にしている」ように見える退役軍人組織への反感のみであったとウィズンハントは分析している。さらに、ウィズンハントによれば、アメリカ在郷軍人会全国本部は未来出征軍人会を明確に批判することを避けていたものの、未来出征軍人会の活動に反対する在郷軍人会会員の相当数は本部のスタンスに納得できず、学生に抗議文を送る、地元の大学に圧力をかける等、独自の行動をとっていたという。[2]

図1　ブロードウェイで行進する「未来出征軍人」たち
(Photo by George Rinhart/Corbis via Getty Images)

（1）Donald W. Whisenhunt, *Veterans of Future Wars: A Study in Student Activism* (Lexington Books, 2011), p.32.

（2）*Ibid*., p.34, p.93, p.124.

未来出征軍人会を退役軍人組織に反感を持つ若者たちが開始した学生運動と位置づけるウィズンハントに対して、クリス・ラスムッセンは二〇一六年の論文のなかで異なる見解を提示している。未来出征軍人会は学生運動というよりむしろ——同じ一九三〇年代に公開されたフランク・キャプラ監督の映画「スミス都へ行く」のような——「政治風刺」の一種であり、ウィズンハントはこの点を十分に分析していないとラスムッセンは批判する。ラスムッセンは、当初はプリンストン大学の男子学生たちによる「風刺」あるいは「ジョーク」として開始された未来出征軍人会が、『ニューヨーク・タイムズ』をはじめとする大手新聞メディアに取り上げられたことによって他大学の学生たちを惹きつけ、瞬く間に全米のキャンパスに広まっていった過程に注目する。学生たちの多くは退役軍人支給金を批判することができるからという理由ではなく、むしろ退役軍人や戦争を「笑いもの」にして楽しむことができるからという理由で同会に参加したのであり、「大規模で機転の利いた風刺の力」こそが未来出征軍人会の特徴であったと、ラスムッセンは指摘している。[3] さらにラスムッセンは、未来出征軍人会に寄せられた退役軍人側からの反発の要因についても触れている。ラスムッセンによれば、退役軍人たちは、学生たちの振る舞いが非愛国的に見えたために批判しただけでなく、「階級的憤慨」——「大学生、とりわけプリンストンのようなエリート機関の連中は、兵士が耐えた苦難など眼中にない」という憤り——も覚えたために非難したのである。[4]

本論の目的は、前記のような先行研究の成果を踏まえつつ、第一次世界大戦後に設立されたアメリカ最大の退役軍人組織である「アメリカ在郷軍人会」（American Legion、以下「在郷軍人会」と表記）に焦点を合わせ、未来出征軍人会に関する同会の反応の内容とその意味を再検討することにある。先行研究は未来出征軍人会の活動史に主な関心を寄せているため、全米に広まっ

（3）Chris Rasmussen, "'This Thing Has Ceased to Be a Joke': The Veterans of Future Wars and the Meanings of Political Satire in the 1930s," ***The Journal of American History*** 103 (June 2016), pp.84-106.

（4）*Ibid.*, p.98.

た学生たちの活動に対して在郷軍人会会員がいかに「反対」ないし「憤慨」したかを強調する嫌いがあるが、本論はこうした想定に異議を唱える。先行研究が見逃しているのは、未来出征軍人会の活動に共感・理解を示す在郷軍人会会員（あるいは、元在郷軍人会会員）も確かに存在していた事実である。

以上の問題意識を踏まえた上で、次節では、未来出征軍人会創設の契機となった退役軍人支給金と、その支給を後押しした在郷軍人会のかかわりを論じる。なお、在郷軍人会の設立過程およびその組織構造は拙著『「戦争体験」とジェンダー』にて詳述した。[5] ここでは、以下の二点を確認するにとどめたい。第一は、会員数の推移である。第一次世界大戦退役軍人の総数が約四〇〇〇万人であるのに対して、一九二〇年代における在郷軍人会の会員総数は七〇万人前後で推移しており、一九三〇年代には総会員数一〇〇万人を超える巨大組織となっていた（表1参照）。

第二の点は、在郷軍人会会員の社会階層についてである。ラスムッセンは退役軍人が大学生に対して抱いたと考えられる「階級的憤慨」について論じているが、在郷軍人会に関する限り、この分析は妥当とは言い難い。一九一九年に在郷軍人会を立ち上げた創設者たちは「二〇人委員会」と呼ばれるが、このうち少なくとも九人はプリンストン大学、ハーバード大学、イエール大学、コロンビア大学といったエリート大学出身者であり、未来出征軍人会創設者たちと同種の学歴を有する裕福な退役将校たちであった。[6] さらに、一般の在郷軍人会会員について言えば、一九三八年当時の職業分布は小売業者（二四％）

表1　在郷軍人会の会員数の変遷（1920-39年）

年	会員数	年	会員数
1920	843,013	1930	887,754
1921	795,799	1931	1,053,909
1922	745,203	1932	931,373
1923	643,837	1933	769,551
1924	638,501	1934	831,681
1925	609,407	1935	842,855
1926	688,412	1936	956,273
1927	719,852	1937	973,841
1928	760,502	1938	974,637
1929	794,219	1939	1,032,989

（出所）Richard Seelye Jones, *A History of the American Legion* (Indianapolis: Bobbs-Merrill Co., 1946), p.344より筆者作成.

（5）望戸愛果『「戦争体験」とジェンダー——アメリカ在郷軍人会の第一次世界大戦戦場巡礼を読み解く』（明石書店、二〇一七年）。

（6）「二〇人委員会」の社会階層については以下を参照されたい。前掲望戸、七一頁。

が最も多く、次いで熟練労働者（一三％）、公務員（一二％）とつづいていた。農業従事者は二％、非熟練労働者は四％に過ぎなかった。[7]すなわち、未来出征軍人会が創設された一九三〇年代後半における在郷軍人会は「明らかなミドル・クラスおよびアッパー・クラス集団」[8]と呼ぶべき退役軍人によって構成されていたのであり、この意味でも、先行研究の想定は再検討される必要があるだろう。

在郷軍人会と「調整補償」

一九三六年における退役軍人支給金は「ボーナス（bonus）」の通称で知られているが、正式名称は「調整補償（adjusted compensation）」である。補償の法的根拠となった「調整補償償還法」（一九三六年一月）、およびその前身である「世界大戦調整補償法」（一九二四年五月）の連邦議会における法制史の詳細については先行研究がすでに存在している。[9]本節では、主に在郷軍人会内部において「調整補償」がいかなるものとして説明されてきたかに焦点を合わせて論じる。

一九三六年にキャンパスで学生生活を送っていた未来出征軍人会創設者たちの目には、在郷軍人会は「公金を漁ってばかりいる」連中と映っていたが、そもそも在郷軍人会は一九二〇年代から三〇年代にかけて退役軍人支給金に関しては組織として慎重な姿勢をとった上でロビー活動を行ってきた。在郷軍人会を創設した中心人物であるセオドア・ローズヴェルト・ジュニア（第二六代大統領セオドア・ローズヴェルトの子息）自身が組織創設の年である一九一九年に「我々は政府から何かを強請り取ろうとするものではなく、何よりもまず政府に何がしかをつぎ込もうとするものたちである」（強調原文）と宣言して、組織として即座に支給要請を行う

（7）前掲望戸、九三頁。

（8）前掲望戸、九三頁。

（9）中村祥司「1920年代前半期アメリカの退役軍人福祉政策をめぐる構想と利害関係――1924年調整補償法の制定過程に関する予備的一考察」（『歴史と経済』六二巻一号、二〇一九年、一七～二八頁、「1930年代アメリカにおける第一次大戦退役軍人の戦後補償問題――1936年調整補償償還法の成立過程を中心に」（『歴史と経済』六五巻一号、二〇二二年）、一～一八頁。

ことを否定している。[10]

第一次世界大戦後の最初のアメリカ大統領選挙は一九二〇年に実施されたが、退役軍人支給金を選挙政綱に掲げる党はなかった。一九二一年に大統領に就任した共和党のウォレン・ハーディングは選挙キャンペーン中にはボーナス法案を成立させることをほのめかしていたものの、大統領就任後は立場を一変させ、自らの減税政策の妨げになるという理由で支給に反対した。[11]

こうした状況のなか、在郷軍人会が一九二〇年以降提唱していたのは、第一次世界大戦退役軍人に対して政府が「調整補償」を行うという案であった。「借りを返すことは、ボーナスを与えることではない（To Pay a Debt Is Not to Give a Bonus）」と題した一九二〇年三月二一日付けの公式機関誌記事のなかで、同会は（第一次世界大戦に従軍した兵卒の給料が一日につき約一ドルであったのに対して）銃後の戦時労働者たちは「過剰な利益」すなわち「賞与（ボーナス）」を得ており――記事では彼らは銀行口座に平均四〇〇ドルから五〇〇ドル貯め込んでいると指摘している――したがって国家は退役軍人に対してその差額を埋め合わせる義務がある、すなわち「調整補償」を実施して元兵士に「借りを返す」必要があると主張している。[12]

先述したように共和党ハーディング大統領は政府債務を増大させる退役軍人支給金に反対しており、一九二三年八月に彼が急死したことによって副大統領から大統領に就任したクーリッジ大統領もまた反対の立場をとったため、創設間もない在郷軍人会は――同会が求めるのは「ボーナス」ではなく、あくまで「調整補償」であると主張し続けながら――約四年に渡る長期のロビー活動を展開することになる。一九二四年二月には、ニューヨーク州選出の共和党下院議員であり、在郷軍人会創設者の一人でもあったハミルトン・フィッシュ・ジュニアが、退役軍人に現金を即時支給するのではなく、一九四五年に支給する法案を新たに議会に提出した。

（10）George Seay Wheat, ***The Story of the American Legion*** (New York: G.P. Putnam's Sons, 1919), p.160.

（11）Paul Dickson, Thomas B. Allen, ***The Bonus Army: An American Epic*** (New York: Walker & Co.,2004).

（12）***The American Legion Weekly***, March 12, 1920.

現金の受け取りに二〇年かかることが、クーリッジが発動させる拒否権を無化する手段になることを見込んでの法案提出であり、在郷軍人会もこの案を支持した。ワシントンDCの地元紙『イブニング・スター』は一九二四年二月二六日付けの記事で、フィッシュが提出した案は「二〇年ものの（引用者注：公費で賄われる）養老保険」のようなものであると報じている。[13]

フィッシュおよび在郷軍人会の見込み通り、一九二四年五月に「世界大戦調整補償法」は大統領の拒否権を覆して連邦議会で成立した。同法案によって、一九一七年四月五日から一九一九年七月一日までの間に従軍した各退役軍人は、国内服務一日につき一ドル、海外服務一日につき一ドル二五セントを補償金として——ただし、二〇年後に——受け取れることとなった。なお、ロビー活動に携わる在郷軍人会上層部が「調整補償」という名称に固執していたことはすでに述べたが、同時期における在郷軍人会機関誌上の会員募集記事——「今すぐ入会して、〝ボーナス〟をゲットしよう！（Join Up Now and Get Your "Bonus"!）」——が示すように、一般会員たちの間では「ボーナス」という通称が躊躇なく使用されていたことが窺える。[14]

一九三〇年代の世界恐慌下にあっても在郷軍人会はボーナスないし「調整補償」の即時支給に反対したが、その背景には前述したような二〇年代のロビー活動の経緯があった。世界恐慌下のアメリカ社会を特徴づけるエピソードとして日本国内でも繰り返し紹介されてきた一九三二年の「ボーナス・マーチ」（ボーナスの即時支給を訴える約一万五〇〇〇人の退役軍人たちがワシントンDCに行進・集結し、ダグラス・マッカーサーに武力で一掃された事件）[15]に関しても、在郷軍人会の一般会員レベルではこれに同調・同情する者もいたものの、当時の在郷軍人会全国司令官ヘンリー・スティーブンズ・ジュニアをはじめとする組織指導部は不況下での即時支給に反対する姿勢をとっていた。ただし、連邦議会におけるロビー活動に携わっていたのは主に在郷軍

（13）*The Evening Star*, February 26, 1924.

（14）*The American Legion Weekly*, May 9, 1924.

（15）「ボーナス・マーチ」ないし「ボーナス遠征軍」については以下を参照されたい。秋元英一『世界大恐慌——1929年に何がおこったか』（講談社、二〇〇九年）。

人会上層部の人間であり、一般会員のなかには同会の方針に反感を抱く者もいた。一九三二年の「ボーナス・マーチ」直後の年である、一九三三年における会員数の落ち込みがそれを物語っているといえるだろう（表1参照）。

即時支給を求める組織内外の退役軍人の声に押される形で、在郷軍人会は一九三六年一月にロビー活動を通じて「調整補償償還法」を成立させる。これはニューディール政策における救済措置の拡大と景気回復を背景とした世論の変化——一九三五年一二月には半数以上（五五％）のアメリカ人が第一次世界大戦退役軍人へのボーナス法案に賛成しているとの世論調査が出ていた——を受けてのことであった。当時の大統領フランクリン・ローズヴェルトは退役軍人の優遇に反対する立場から同法案を支持せず拒否権を発動させたが、この拒否権は議会に覆されることが織り込み済みの「弱々しい抵抗」（『ワシントン・ポスト』評）と呼ばれただけであった。[16]

同法は「調整補償」ないしボーナスを公債の形で交付し、これの即時償還を可能にする（ただし、三％の利子付きの金額を満額で受け取りたければ、当初の予定通り一九四五年まで待つこともできる）という内容であった。公債で交付することによって現金化を遅らせる退役軍人を少しでも増やしたいという政権側の思惑を反映した法案であったが、実際には一九三六年一〇月までに総額一九億ドルの公債のうち一三億ドルが償還されており、現金を優先する者が大半であったことが窺える。[17]

かつて「調整補償」の呼称に固執していた在郷軍人会上層部も、同法が成立する頃にはこれを「ボーナス」と呼んではばからなくなっていた。一九三六年五月には、連邦議会でロビイストを務める在郷軍人会役員ロバート・テイラー自身が「ボーナスで新しい我が家を購入する」方法を伝授する住宅購入指南記事を早くも機関誌上に執筆・掲載している。同記事によれば、

(16) Stephen R. Ortiz, *Beyond the Bonus March and GI Bill: How Veteran Politics Shaped the New Deal Era*, (New York: New York University Press), 2016, pp.166-169.

(17) *Ibid.*, p.174.

在郷軍人会会員のボーナス支給額の平均は六三七ドル七七セントであり、これを頭金としてローンを組めば「退役軍人は気づけば自分自身の家を買ったり建てたりすることができるようになっていることでしょう」[18]。ボーナスを手にした在郷軍人会会員向けの住まいとして、記事には「査定額一万三五〇ドル」のカリフォルニアの物件の写真が添えられている（図2参照）。

未来出征軍人会の創設

未来出征軍人会創設者の一人であるペン・T・キンボール二世は、『プリンストン大学卒業生通信』に寄せた三〇年後の回想文のなかで以下のように証言している。

> 彼ら〔引用者注：未来出征軍人会の創設者たち〕はワシントンDCにおける愚行について不平を言いました。フランクリン・ローズヴェルト大統領の拒否権を覆してボーナスを可決させるために、退役軍人ロビー団体の持てる力を全部、在郷軍人会が解き放ってしまったのです。彼らは在郷軍人会をこきおろしました（一九三六年には、アメリカの若者たちは在郷軍人会会員のことを、サイズの合わない軍服を着てパレードをしているか、さもなければ「軍事教練施設での戦い」についての長ったらしい話のやり取りをする煩い年次大会で騒ぎ立てている、バカな親爺どもだとみなしていました）。……彼らの感

図2　「住まいにお困りですか？」(*The American Legion Monthly*, May 1936)

情を表す言葉として、「憤慨」は強すぎるかもしれません。たぶん、少しイライラしていました。(19)

（強調引用者）

前記の回想は未来出征軍人会創設者たちが在郷軍人会に対して抱いた反感の具体的内容を知る上で重要な証言であると言える。学生たちは在郷軍人会会員の相当数が「軍事教練施設での戦い」──すなわち、国内軍事基地での服務(20)──しか経験しておらず、海外戦場での実戦経験がないという事実を明らかに知っていたのであり、そうであるからこそ国内服務一日につき一ドルが与えられる「ボーナス」、およびその支給を実現させた在郷軍人会を「こきおろした」のである。

その結果、一九三六年三月（ドイツによるフインラント進駐と同じ月）に創設されたのが、「未来出征軍人会」──在郷軍人会帽らしきものを身につけて退役軍人に扮し、未来の戦争に従軍する自分たちにも「ボーナス」を直ちに支給せよと主張する学生たちの一団であった。当時の写真から、彼らが掲げる以下のようなプラカードの文字がはっきりと読み取れる。(21)「次なる戦争だ（THE NEXT WAR）」「僕たちのボーナスをよこせ！（WE WANT OUR BONUS !）」（図1参照）。「一八歳から三六歳までの各男性市民に一〇〇〇ドルのボーナス」を用意すること、そして「次なる戦争では大勢が死んだり怪我をしたりするのだから、今すぐボーナスを支給する」ことが彼らの主な主張であった。彼らにはシンボルとなる特徴的な敬礼方法があった。ファシスト式敬礼の手のひらを裏返した姿──政府にボーナスをねだる姿──がそれである（図3参照）。

彼らの活動は大手メディアの支持を受け、瞬く間に全米のキャンパスに広まっていくことに

(18) John Thomas Taylor, "Got a Housing Problem?," *The American Legion Monthly*, May 1936, pp.20-21, 68-69.

(19) Penn T. Kimball II, "The Veterans of Future Wars: Princeton's Greatest Political Movement Started Just 30 Years Ago," *The Princeton Alumni Weekly*, April 19, 1966, p.12.

(20) この点については以下を参照。前掲望戸、四四〜四五頁。

(21) 図1はコロンビア大学とバーナード大学の学生たちを写した写真である。未来出征軍人会の組織拡大の過程については本節参照。なお、女子大学生は未来戦没兵遺族等を名乗って参加していた。紙幅の都合上、この点については別稿にて論じたい。

なる。本論では紙幅の都合上、未来出征軍人会の活動史の詳細に立ち入ることはしないが、同会が全米の大学に広がる組織拡大の過程については以下に確認しておきたい。

未来出征軍人会の全国司令官となったのは、プリンストン大学四年生のルイス・ジェファーソン・ゴーリン・ジュニアであった。キンボール二世の回想によれば、複数の創設者たちのなかから彼が司令官に選ばれたのは、ミドルネームがジェファーソン〔第三代アメリカ合衆国大統領と同じ名前〕であるという理由からであった。「ゴーリンは背伸びをして立っても五フィート六インチ〔引用者注：約一六七センチメートル〕で、キャンパスの大物(ビッグ・マン)になったことがそれまで一度もありませんでした。彼はスリークッションのビリヤードをやるときの観察眼の鋭さと、当時大流行していた〔引用者注：ボードゲームの〕モノポリーの手の巧さで知られていたのです」[(22)]。

また、先述したウィズンハントによるインタビュー調査によれば、未来出征軍人会の創設にあたって最も大きな役割を果たしたのはゴーリンではなく、彼と同じ四年生のロバート・バーンズであったというのが証言者の一致した見解であったという。バーンズはプリンストン大学在学中から全国紙『ニューヨーク・タイムズ』の特派員を務めていた学生であり、彼の父親もメディアにコネクションを持っていた。事実、未来出征軍人会がプリンストン大学内の運動に終わらず、全米各地の大学生が携わる大規模な形になったのは、バーンズが執筆した未来出征軍人会についての記事が『ニューヨーク・タイムズ』に掲載され、さらに同記事がAP通信にも取り上げられたためであった。バーンズ自身が一九七六年にウィズンハントに書簡で以下の

図3　未来出征軍人会式敬礼（出所）Lewis J. Gorin, Jr. Illustrated by Albert M. Barbieri, ***Patriotism Prepaid***, Philadelphia: J. B. Lippincott Company, 1936, p.98.

（22）Kimball II, "The Veterans of Future Wars," p.12.

ように語っている。「ＡＰ通信が（引用者注：自分が執筆した記事に）えらく興味を持って、私に二時間にも渡る電話をしてきたのです。私が答えるよりも、向こうから尋ねられることの方が多い電話でした」[23]。

創設者たちは未来出征軍人会会員の会費を二五セントと定め、これを資金としてプリンストン大学の入り口から通りを挟んだ場所にオフィスを借りて本部を設置した。ただし、プリンストンの本部とその他の大学の支部との直接的な関係は会費徴収（支部は会費の四分の一を本部に送り、本部はオフィスの運営や会員証の発行・郵送等を行う）のみであり、その他の点では関係を持っていなかった[24]。すなわち、全米各地の学生は未来出征軍人会の存在を（おそらくはバーンズの記事を通じて）知り、独自に支部を創設して自分たちの気に入った名前――単に「～大学支部」という名前、あるいは「未来従軍牧師支部（ボストン大学）」のような独自の風刺を利かせた名前――をつけ、その上でプリンストンの本部に支部創設の許可を求める手紙、あるいはすでに支部を創設したことを告げる事後報告の手紙を書き送っていたのである。支部組織のなかには、退役軍人のパレードを模したデモ行進をしたり、地元選出の連邦議会議員に自分たちにもボーナスを与えるよう求める請願書を書き送ったりといったボーナス風刺を行う支部（プリンストンの創設者たちの本来の意図に沿った支部）だけでなく、「未来無名戦士」を名乗って将来自分が埋められることになる墓を見せろと主張する、あるいは、キャンパス内で「未来傷痍軍人」に扮する（視力を失ったふりをして杖をつく、あるいは片脚を失ったふりをして松葉杖をつく）といった戦争風刺を行う支部も含まれていたため、その活動は様々であった。統一された行動をとる学生組織とは程遠い様相であるが、一方で創設者たちは、支部が会費を二五セント以上徴集すること（支部長が勝手に私腹を肥やすこと）がないように厳しく規制し、さらには未来出征軍人会を在学中に

（23）Whisenhunt, *Veterans of Future Wars*, p.5.

（24）*Ibid.*, p.25, p.39.

法人化している。創設者の一人アーチボルド・ルイスによれば、いくつかの支部が「ひどく反戦的で、なかにはおそろしく、とてつもなく左派的なものもあった」ため、巨大化した組織をプリンストン大学の学生が制御できなくなることを避ける狙いがあったという。[25] 創設者たちは、未来出征軍人会は非営利団体であり、本部の許可なしに同会を自称する非公認団体があれば告発するように支部に指示を出したが、この指示は「守られることもあれば、完全に無視されることもあった」[26]。

前記の経緯を踏まえた上で、次節では未来出征軍人会に対する在郷軍人会側の反応の詳細を検討する。

在郷軍人会と未来出征軍人会

プリンストン大学のアーカイブには、在郷軍人会から未来出征軍人会に関して寄せられた書簡が残されている。未来出征軍人会に反感を持つ在郷軍人会会員が抗議文を送っていたことは事実であり、このうち最も日付の早いものは、管見の限り在郷軍人会ツイン・シティ基地（インディアナ州イーストシカゴの地方支部）から『デイリー・プリンストニアン』（プリンストン大学の日刊学生新聞）の編集者宛てに送られた抗議文（一九三六年三月一九日付け）である。二日前（三月一七日）に『デイリー・プリンストニアン』に掲載された記事「次なる戦争の退役軍人用に、前払いボーナスを求む」（未来出征軍人会創設を告知する記事）を読んだというツイン・シティ基地の役員は、「退役軍人病院の患者」（すなわち、傷痍軍人）の存在を引き合いに出しながら以下のような怒りの言葉を連ねている。

(25) *Ibid.*, p.13.

(26) *Ibid.*, p.26.

世界大戦の後その結果として、何千何万という気高い若者たちがフランスに埋葬されるか、身体や精神に一生残る障害を負うかしたのだ。その世界大戦終結時に、決して一人前ではなかった君と君の見下げ果てた仲間たちが、近所の退役軍人病院の患者に混じって一日中過ごし、戦争の「栄光」を直に目の当たりにすることを強制されるならば、そうした強制は君たちのためになるかもしれない。

とにかく「ボーナス」という言葉を「未払い給与」という言葉に変えてみたならば、調整補償の問題はより正確に捉えられるのだ。(27)

（強調原文）

さらに、三月二四日付けの抗議文として、在郷軍人会カンカキー基地（イリノイ州の地方支部）の役員から、未来出征軍人会の全国司令官であるゴーリンに宛てた手紙がある。同抗議文もまた、身体や精神を病んだ傷痍軍人の「苦しみ」に触れながら世界大戦退役軍人への「侮辱」に強く憤る以下のような内容になっている。

私は一六年間に渡って我が在郷軍人会基地の役員を務めており、その間に、先の戦争に端を発する困難で痛ましい数多くの事例に接する機会があった。私は君たちをこの基地の近所にある退役軍人局の病院に連れて行きたい。一九一八年以降寝たきりになった退役軍人に会わせるために、ハインズ〔引用者注：イリノイ州の退役軍人病院の名称、以下ダンヴィルも同じ〕の施設に連れて行くのだ。人体に受け継がれた、ありとあらゆる障害に苦しむ人々。ダンヴィルの施設では、君たちは国家の非常時に国のために服務した結果、猿のように

(27) Americanism Officer to Editor, March 19, 1936, Crank Folder, Box 6, Correspondence Files, Veterans of Future Wars Collection.

艦をよじ登っている〔引用者注：精神を病んだ〕世界大戦退役軍人を目の当たりにするだろう。……それでもなお、こうしたありったけの苦しみがあるにもかかわらず、青二才のガキどもの一団は厚かましくも〔引用者注：退役軍人を〕風刺する組織を結成し、ボーナスを前払いしろと要求している。この無茶苦茶な振る舞い、諸君全員、恥を知れ。これは世界大戦退役軍人全員に対する全米規模での侮辱以外の何ものでもなく、誠実なアメリカの若者たちとは何のかかわりもないものなのだ。[28]

未来出征軍人会を創設した学生たちは実戦経験のない退役軍人（「軍事教練施設での戦い」しか経験していない在郷軍人会会員）へのボーナス支給に反感を抱いていたのであり、傷痍軍人援護を批判していたわけではないため、こうした抗議文は学生たちにとっては的外れなものと映ったことだろう。

一方で、未来出征軍人会への共感をしたためた手紙が残されていることも確認しておくべきだろう。ニューヨーク在住のヒュー・A・ペイン（イエール大学卒）は、一九二〇年代にフランスのアメリカ在郷軍人会支部で支部長を務めていた経験を持つ退役将校であるが、彼は八ページにも渡る長文の書簡（一九三六年三月三一日付け）を「未来出征軍人の長、ルイス・ジェファーソン・ゴーリン殿」宛てに書き送っている。先に挙げた抗議文と根本的に異なるのは、手紙の内容が（自分が見聞きした傷痍軍人の「苦しみ」ではなく）自分自身の戦争体験の「面白さ」を以下のように強調するものであるという点である。

一九一七年六月から一九一九年にかけて、私はフランスのアメリカ遠征軍に従軍してお

(28) Roy F. Dusenbury to Gorin, March 26, 1936, Crank Folder, Box 6, Correspondence Files, Veterans of Future Wars Collection.

り、私の軍務は最後の戦闘への参加（一九一八年一一月一日〜一一日）を含むものだった。……短い戦闘体験によって私が少しばかりの余計な危険を経験したからといって、そのことによって特別な考慮に値するなどと、私は主張していない。なぜなら、私はその興奮を楽しんだからだ。……

私の戦争体験は、そうした体験ができて嬉しい面白い冒険で、今現在ボーナス獲得中の他の無傷の退役軍人たちほぼ全員の体験と同じくらい、面白いものだった。……だから彼ら〔引用者注：無傷の退役軍人たち〕は、報酬に値する犠牲を払ったふりをする必要はない。……おそらく、平均的なボーナス獲得者たちは、軍務に起因する経済的な犠牲すら払っていない。彼らの多くは、民間人として生活していたときよりも、金銭面でましな給料を支払われていたのだ。

ベインは、自分が第一次世界大戦後に在郷軍人会に入会し、支部長を務めていたこと、しかし同会の愛国心が次第に連邦政府からの金銭獲得を目的とする「ただの口実」になってきていると見えたため「今では在郷軍人会とは関係を絶った」ことを明かした上で、ゴーリンたちの活動にやや皮肉めいた賛辞を以下のように送っている。

どしどしやりたまえ。君たちの組織をもっと拡大せよ。彼ら〔引用者注：無傷の退役軍人たち〕の偽善と、自分たちが金をせびっているのを覆い隠す偽りの愛国心を冷やかし続けるのだ。彼らに休む暇を与えてはいけない。手のひらを上にして無心する君たちの敬礼は極上の嫌みだよ。(29)

(29) Hugh A. Bayne to Gorin, March 31, 1936, Congratulations Folder, Box 6, Correspondence Files, Veterans of Future Wars Collection.

さらに注目すべきは、こうした賛辞の声は、現役の在郷軍人会会員からも寄せられていたという事実である。ニューヨーク在住の在郷軍人会会員チャールズ・E・ホワイトハウス〔プリンストン大学卒〕は一九三六年六月五日付けの『プリンストン卒業生通信』に「在郷軍人会会員より」と題した以下のような投書を寄せている。

オフィスに向かう途中、彼らの本『愛国心は前払いで』〔引用者注：未来出征軍人会の活動を宣伝するためにゴーリンがリピンコット社から出版した本〕を一冊買いました。いったいどういうことになっているのか、自分自身の目で確認するつもりだったのです。驚いたことに、その考え方は非愛国的でもなければ平和主義でもないとわかりました。他人の死や怪我を自分自身のポケットを膨らませる言い訳のために使っている、実戦を一度も経験していない無傷で健康な兵隊に対する、あるいは危険から逃れることができるほど幸運だったために傷を負わなかった健康な兵隊に対する、痛烈な風刺なのです。(30)

反ボーナスの立場から在郷軍人会との関係を絶ったベインとは異なり、ホワイトハウスは「私は退役軍人で、在郷軍人会会員で、ボーナスが手に入ったときにはそれを有効に使うつもりです」と記し、今後も在郷軍人会での活動を続けていく旨を表明している。さらに、ゴーリンらの主張を見事だと褒め称えながら、自分の投書を以下のような言葉で締めくくっている。

私自身のように性急な判断をしがちな人全員に、この運動〔引用者注：未来出征軍人会〕の重要性をもっと慎重に考慮するようお勧めします。次なる戦争において、ルイス・J・

(30) Charles E. Whitehouse, "From a Legionnaire," *The Princeton Alumni Weekly*, June 5, 1936, p. 769.

ゴーリン・ジュニア司令官の下で幸運にも任務に服する男たちは、同司令官の愛国心についても能力についても不平を言う理由がないでしょう。在郷軍人会執行部がその責務について〔引用者注：未来出征軍人会と〕同じくらい有能であると良いですね。(31)

すなわち、ゴーリンは「次なる戦争」において――「未来出征軍人」としてボーナスの前払いを要求した自身の主張に従って当然のように従軍し――愛国心や能力を発揮するであろうとやや皮肉交じりに指摘したものである。一九三六年の段階ですでに会員数九五万人を超える強大な退役軍人組織になっていた在郷軍人会の立ち位置を象徴する投書と言えるだろう。投書を記したホワイトハウス自身は実戦経験を持つ元航空将校であり、そうであるからこそ「実戦を一度も経験していない」退役軍人に対する若者の風刺を平然と受け流せたという面は否めない。一方で、一九三六年には、第一次世界大戦退役軍人の平均年齢は四二歳に達しており、「次なる戦争」で彼ら自身が最前線に立つ可能性は――実戦経験があろうと、なかろうと――多くの場合なくなっていたのである。

おわりに

一九三六年四月、マイアミで取材を行ったＡＰ通信は、当時の在郷軍人会全国司令官であったレイ・マーフィーが未来出征軍人会について以下のように発言したと伝えている。

「未来出征軍人会」という学生組織に対する在郷軍人会の態度について尋ねられたとき

(31) *Ibid.*, p.769.

マーフィーは微笑んだ。

「彼らには何の文句もない」と彼は言った。「男の子、特に男子学生にいたずらはつきものだ。しかしながら、彼らは役目を果たしている。自分たちでそれを理解していようと、なかろうとね。……もし彼らが真剣なら——ただの青二才の男子学生集団でないのなら——我々在郷軍人会の仲間に入ってもらいたいものだ」[32]。

組織としての在郷軍人会の見解は、この言葉に集約されていると言えるだろう。先行研究は未来出征軍人会に「憤慨」する在郷軍人会会員の姿を強調してきた。一方で、本論が明らかにしてきたように、組織としての在郷軍人会はむしろ（マーフィーの発言や、ホワイトハウスの皮肉交じりの賛辞にみられるように）「未来出征軍人会」を許容できる範囲の「風刺」ないし「いたずら」をする男子学生たち——そして実際に将来の戦争に赴く可能性がある若者たち——であると捉えていたのであり、この把握は正しいものであったと言える。第二次世界大戦中の一九四四年三月四日に、『ニューヨーク・タイムズ』は未来出征軍人会創設者たちのその後の姿を追った記事を掲載している。同記事によれば、「未来出征軍人会全国司令官」を務めたゴーリンは、今や野戦砲兵連隊の大尉として海外戦地に赴いており、他の未来出征軍人会創設者たちも——軍需産業企業で働くことになった一人と、大学在学中に自動車事故に遭い足が不自由になった一人を除いて——全員アメリカ軍に入隊・従軍することになったという[33]。「次なる戦争」における「未来出征軍人」の姿を予見した在郷軍人会会員の言葉は、現実のものとなったのである。

（32）*The St. Petersburg Times*, April 20, 1936.

（33）*The New York Times*, March 4, 1944.

自衛隊体験の使い道

自衛隊退職者が書いた書籍の分析から

Tsuda Takeaki
津田壮章

はじめに――戦後日本のミリタリー・カルチャーと自衛隊体験

戦後日本の民軍関係（civil-military relations）において、自衛隊に生きる人々はどのような体験をしてきたのだろうか。自衛隊への入隊は、戦後日本で体験可能なほぼ唯一の軍隊体験を意味する[1]。戦後日本における軍隊体験の母集団である自衛隊員は、近年の退職者数が年間一万人程度となっており[2]、自衛隊のミリタリー・カルチャーを体験した人の数も相当数にのぼっている。自衛隊生活を体験した人々が広く国民へ向けて書いた書籍がどのような出版動向であるかを分析することは、軍事への関心が高まりつつある現代日本社会における自衛隊体験の受容の程度や、自衛隊体験自体がどのような意味や価値をもつのかを示す重要な指標になるはずである。

ミリタリー・カルチャー研究会代表の吉田純は、ミリタリー・カルチャーを、「一、ポピュラー・カルチャー」、「二、メディア」、「三、教育」、「四、軍事組織それ自体の文化」の四つに分類している[3]。これまでも、自衛隊自体が、「一」＝アニメとのコラボ等、「二」＝映画やテ

（1）米軍の基地従業員や民間軍事会社等、広義の軍隊体験は自衛隊以外でも可能である。また、フランス外国人部隊やウクライナの義勇兵等の軍隊体験も少数であるが存在する。

（2）二〇二二年度における幹部・曹階級の定年退職者数は四八一五人、士階級の任期満了者数は二八八二人、中途退職者数は五七四二人となっており、合計で一万三四三九人が退職している。防衛省・自衛隊の人的基盤の強化に関する有識者検討会（二〇二三年二月二二日開催）「第1回 有識者検討会資料　自衛官の人

レビ番組への撮影協力等、「三」＝募集広報、音楽隊の吹奏楽部への指導、防災講演等で、マスコミや行政、学校と相互に利用し合う関係ではあった。本稿で対象とする自衛隊退職者の書籍群は、自衛隊体験としての「四」が、組織ではなく自衛隊退職者個人を主体として、「一」、「二」、「三」へ浸透する媒体として位置付けられる。こうした書籍群の存在は、自衛隊退職者が自らの言葉で文章化した自衛隊体験を販売し、各分野へと浸透させていく過程といえる。

これまで蓄積されてきた、アジア・太平洋戦争における戦争体験研究や自衛隊に関する憲法論、防衛政策研究に対し、自衛隊での体験は二〇〇〇年代に入るまで研究対象として等閑視されてきた。二〇〇〇年代以前に自衛隊体験を語る書籍が少なかったことや、国民の平和意識を背景とした自衛隊を研究対象とすることへの忌避感等が要因といえる。また、戦争体験者の多くが存命中には、実戦経験のない自衛隊体験は影の薄いものであった。しかし、戦争体験記録の出版数や多様性を鑑みるならば、戦後の軍隊体験である自衛隊体験というものを、当事者が書いた書籍から分析する必要があるのではないだろうか。

本稿では、自衛隊退職者が書いた書籍の出版動向を分析し、自衛隊退職者による自衛隊体験の描かれ方の変遷を明らかにする。これによって、自衛隊体験を発信可能な自衛隊退職者が、自衛隊と日本社会との接触面として果たしてきた役割を考察したい[4]。

本稿を執筆するにあたって、自衛隊退職者が著者の書籍を収集したところ、四九九冊が見つかった。複数の書籍を出版する者や共著本も多く、収集した書籍のうち個人名を記載している自衛隊退職者の著者数は一八七人であった。自衛隊退職者の書籍を出版年代ごとに内容で分類すると**表1**となる。二〇〇〇年代以降に増加傾向がみられ、二〇一〇年代以降は出版数が急増している。

事・給与制度の概要　人的基盤を取り巻く状況の変化」、七頁。

（3）吉田純編・ミリタリー・カルチャー研究会著『ミリタリー・カルチャー研究――データで読む現代日本の戦争観』（青弓社、二〇二〇年）、一〇頁。

（4）二〇二三年五月三一日までに出版された自衛隊退職者が著者である書籍を、国立国会図書館及び、Amazon、honto、日本の古本屋等のデータベースに記載の情報から収集した。シリーズものは一括で一件とし、販売部数や知名度、作品の完成度等は考慮していない。自費出版本や重版、増刷等の区分はしていないため、同じ一件であっても書籍によって社会的影響力が異なる。同一著者の類似本が多数出版されている場合は代表的なもの一件扱いとして省略している。電子書籍やWEB版のみのものは対象外とした。年代を遡るほど著者が自衛隊退職者である

表1　出版年代別の内容分類

年代／分類	防衛政策論	役に立つ	小説・マンガ	体験記	軍事論	旧軍	その他	人生論	合計
1950年代	1						1		2
1960年代	4			2	1	2			9
1970年代	19	1	3	3		3		1	30
1980年代	24	3	3	1	1	3			35
1990年代	14	1	2	6					23
2000年代	45	2	4	6	6	2	2	1	68
2010年代	108	37	27	15	19	8	4	2	220
2020年代	48	25	15	10	9	3	1	1	112
合　計	263	69	54	43	36	21	8	5	499

分類としての体験記は自らの自衛隊体験についての日記や回想録であり、その中には自衛隊内の犯罪や不正を告発する本もある。軍事論は軍事理論や軍事一般について書いたものであるため、防衛政策論と区分した。旧軍は、主に旧日本陸・海軍について書かれたものである。小説・マンガは形式により区分した。内訳は小説四八件、マンガ六件であり、原作小説がマンガ化された作品も一件あった。

出版年代別に内容を分類すると、主に戦後日本の防衛政策や自衛隊についての主張を書いた防衛政策論が全ての年代において最も多く出版されていることがわかる。中でも、元高級幹部自衛官や元内局幹部（以下、元高級幹部等とする）が防衛政策論を語る書籍は、戦後初期から自衛隊退職者の代表的な出版物である。これらの共通点として、自衛隊の中枢を体験した元高級幹部等だからこそ語れる当時の政策形成過程という認識や、国防に関する当事者としての持論が挙げられる。例えば、元東部方面総監の源川幸夫が書籍の趣旨として、

かを確認できない書籍が多く、そうした書籍は対象外としているため一定数の収集漏れがある。内容の分類は、本文もしくはあらすじから筆者が判断した。

「私が草創期から三十七年にわたって勤務した自衛隊の「軍人」としての立場から、率直に忌憚なく、もの言いたくても言えない自衛官諸君に代わって、制服を脱いだ自衛官として大胆にタブーに挑戦し、政治に対して発言しようと試みるもの」[5]と述べるような、自衛隊の代弁や政治への提言である。こうした防衛政策論の書籍においては、そこで必要とされる自衛隊体験が元高級幹部等としての防衛政策への関与体験と同義であった。

こうした書籍では、軍事専門家としての自衛官という自己認識が示される。元統合幕僚会議議長の栗栖弘臣が、「反自衛隊的な社会であるという現在の情勢から見ますと、軍事専門分野というものは認めたがらない。また、現実にこれを認めていないわけです。ということは、さらに軍事専門家を育てにくくしている」[6]と、制服組が軍事専門家になれない社会状況を示している。また、「在職中から、ミリタリー・プロフェッショナリズムというものはあるんだ、これをわれわれ制服も自信を持って確立していけ、また内局等に対してもこれを認めるようにということを主張してきた」[7]というように、軍事専門家としての地位を確立することで、自衛官の地位向上を求める動きといえる。

このような元高級幹部等による防衛政策論に関する書籍は、現在に至るまで最も多い分類として蓄積されてきた。一方で、自衛隊退職者が自身の体験を基に防衛政策論や政治的主張を語るという枠組みとは異なる書籍群も二〇〇〇年以降に増加しつつある。

これら収集した書籍に関して、次節では自衛隊退職者の書籍に、自衛隊体験が日本社会や国民生活の役に立つという主張がなされる傾向を発見したことで、これを「役に立つ系」という一つのジャンルとして位置付けた。続けて、著者の自衛隊体験そのものを物語として販売する書籍の分析をおこなう。その中で、自衛隊での日常生活を対象とする書籍に見られる政治的争

(5) 源川幸夫『国際的自衛隊論――PKOと集団安保をニラみ自衛隊改造の方向を示唆する』(双葉社、一九九一年)、三頁。

(6) 栗栖弘臣『私の防衛論』(高木書房、一九七八年)、一七〇頁。

(7) 栗栖前掲、二〇六頁。

点との切り離しが、かえって切り離せない政治性の明確化につながることを見出した。これらの書籍分析を踏まえ、自衛隊退職者が自衛隊体験にどのような意味を付与してきたのかを問う。

役に立つ自衛隊体験としての位置づけ

元高級幹部等が軍事専門家として防衛政策論や軍事論について語る書籍群とは別に、近年、自衛隊で培った技術や自衛隊体験自体を、日本社会や国民生活の役に立つものとして書籍化する傾向がみられる。大まかに分類すると、危機管理や防災に関するもの、ビジネスに関するもの、教育に関するもの、自衛隊で身につく技術に関するもの等である。本稿では、これらを「役に立つ系」として分類した。なぜ、このように分類したのかは、自衛隊の歴史と自衛官の社会的地位の変遷が関係している。

吉田茂が自衛隊を「日陰者」と呼んだことは有名であるが、発足初期の自衛隊について、「憲法違反の隠し兒の如く批評されてきた。これは時世の致すところとして已むを得ぬ次第であったかも知れぬが、誠に遺憾に堪えぬことである。その上に、舊軍人あたりからは、自分らを差し措いて何ができるかといったような氣持で見られ、出來損いの軍隊といったような蔭口もきかれるという狀態で、いわば右からも左からも、白い眼で見られていた」[8]と回想している。そうした中で、自衛隊は災害派遣や民生支援といった地域の役に立つ活動を国民の支持向上策として地道に続けてきた。吉田茂は、「國民が自衛隊を心から支持し、これに信頼するように仕向けるにはどうしたらよいかと考え、まず地方民の利益に沿うようにすることが肝要だと思った。たとえば、大水が出た、暴風が吹いた、大火事が起ったといったような際には、自衛

(8) 吉田茂『回想十年 第二巻』(新潮社、一九五七年)、一五五～五六頁。

隊が出動する。また、たとえば道路を作るとか、緊急に修理するとかの場合にも出動する」[9]と述べており、いかに国民の役に立つかが意識されていた。この方針は長年続けられており、一九九〇年代以降は阪神・淡路大震災を契機とする災害時の需要の増加や、PKOを中心とした海外派遣によって、自衛隊にしかできない役に立つ活動のアピールが全国的に認知されてきた。

冷戦期の自衛隊が役に立つのかという議論には、有事の際に軍隊として役に立つのかという問いも多い。例えば、『討論　自衛隊は役に立つのか』では、全ての争点が防衛政策論として語られており、災害派遣や隊員の成長、身につく技術等は記載されていない。元内閣国防会議事務局長の海原治は、「現実の部隊は、〝精強〟の形容詞にはそぐわないものであって、外敵と戦う実力を保有していない」[10]と述べ、元統合幕僚会議議長の竹田五郎は、「自衛隊を有効に機能させるような、また、来援の米軍が十分戦えるような国内体制ができているか？　と言えば、ほとんどできてはいない」[11]とするように、国防の役に立つのかという視点が中心であり、このままでは役に立たないとして、役に立つように問題点や改善点を提起する議論といえる。

組織としての自衛隊だけでなく、自衛官個人にとって自衛隊体験は役に立つのかという問題もある。一九六〇年代の自衛隊を取材した毎日新聞社の『素顔の自衛隊』では、九州での新隊員教育で隊員に厳しい訓練を辛抱する理由を取材し、「「生活が安定、貯金ができる」「技術が身につく」――現実的な答えが圧倒的に多い。「除隊後は店を開きたいので、それまでに元手として百万円ためたい」「家が貧しかったのが、息子が自衛隊でためて帰ってから、ぐっと分限者になったと言われてみたい」お国のため、民族のためなど、肩ひじはった動機は、サラサラなかった。自衛隊は割りのいい就職口――所得水準の低い九州では、まず、こう考えるのだ

(9) 吉田茂前掲、一五六頁。

(10) 海原治・竹田五郎・長谷川慶太郎『討論　自衛隊は役に立つのか』(ビジネス社、一九八一年)、一〇六～一〇七頁。

(11) 海原・竹田・長谷川前掲、一四四頁。

ろう」[12]と結論付けている。新入隊員の性質については、「進学中心の教育から疎外された若者が、ほとんどだ。中学、高校時代に、先生からあまりかまってもらえなかった子が多い。それが、教官や助教から四六時中めんどうをみてもらえる」と指摘し、「教師の愛情に飢えている子が多いのには、びっくりしますよ。ま、学校教育のシリぬぐいと、われわれは思ってます」[13]という教官の言葉を紹介している。

　こうした側面は自衛隊の内部文書からも検討されている。一九六〇年代に書かれた陸上自衛隊の内部文書『捜査事例集』を分析した一ノ瀬俊也は、「隊員の多くは運転免許目当てに入隊したが、一部の親たちは自衛隊に戦前の旧軍と同様、「人生道場」の役割を期待して息子を入隊させた。冷戦下の自衛隊も、そこに自らの社会的存在価値を見出していた節すらある」[14]と指摘する。この時代の自衛隊は、新入隊員にとっては資格取得も狙える割りのいい就職先であり、社会からは若者を矯正する施設とも扱われていた。

　このように、自衛隊体験が役に立つ対象は自衛隊体験をした個人にとどまり、自衛隊体験が日本社会や国民生活の役に立つという趣旨のものではなかった。こうした自衛隊の歴史的経緯を踏まえ、近年の自衛隊退職者がその体験を出版する際にいかに役に立つかを説明する現象に意味があると判断し、「役に立つ系」としてまとめた。

「役に立つ系」の年代別出版動向は**表1**の通りである。二〇〇〇年代まではほとんど存在しなかったが、二〇一〇年代以降に急増していることがわかる。「役に立つ系」の中でも防災に関する書籍の多くは、日頃の対策として自衛隊での教育や生活習慣に学ぶべきものを見出そうとする。防衛省・自衛隊が協力した『自衛隊防災BOOK』では、「ライフハックとは効率よく仕事を行い、生産性を上げ、人生の質を高めるための工夫や知恵のことです。自衛隊はそんな

(12) 毎日新聞社『素顔の自衛隊――日本の平和と安全』(毎日新聞社、一九六八年)、一七二頁。
(13) 毎日新聞社前掲、一七二～一七三頁。
(14) 一ノ瀬俊也「隊員犯罪にみる1960年代の陸上自衛隊」(『埼玉大学紀要 教養学部』第五八巻第一号、二〇二二年)、二三頁。

ライフハックをたくさん持っています」[15]として、一〇〇項目のライフハックが紹介されている。自衛隊退職後に自衛隊関連書籍を多数出版している元陸将補の二見龍は、「自衛隊では、日々の厳しい訓練を通じて、恐怖や危機への対処、また安全確保の仕方を徹底的に学びます。そのエッセンスは、日常生活やビジネスの現場で、厳しい場面に向き合う時に、あなたの力となってくれるでしょう」[16]として、自衛隊体験を踏まえた知識や技術が危機管理の役に立つとしている。

地方自治体の防災部局に再就職した自衛隊退職者の書籍もある。陸上自衛隊退職後に岩手県防災危機管理監として東日本大震災の対応をおこなった越野修三は、「自衛隊での戦術教育や訓練等で培ってきた能力やスキルが、この未曾有の災害時に自分でも気づかないうちに発揮されていました」[17]として、災害派遣の経験、指揮官・幕僚経験、教官経験、状況判断の思考過程、演習、図上訓練、教育訓練の企画、実施、評価、情報活動等の自衛隊での体験が役に立ったとしている。このように、自衛隊体験が防災に関わる組織や担当者の役に立つとする議論が中心となっている。

阪神・淡路大震災以降、自衛隊退職者が地方自治体に再就職する事例が増加しており、二〇二三年三月三一日時点で六四〇人[18]が地方自治体の防災部局に在職している。こうした防災実務への関与や災害派遣への国民の期待の高さ等から、自衛隊体験を踏まえて防災に関する書籍が出版される傾向が続いているといえる。長い間、防衛政策論以外では見向きもされてこなかった自衛隊での体験が一般向け、行政向けに評価されつつあるといえるが、これらは軍人としての体験への需要ではなく、あくまで防災に限ったものである。

自衛隊体験をビジネスと接続させる本も多くみられる[19]。例えば、防衛大学校卒業後に民間企

(15) マガジンハウス編、自衛隊・防衛省協力『自衛隊防災BOOK』(マガジンハウス、二〇一八年)、一五二頁。

(16) 二見龍、『自衛隊式セルフコントロール』(講談社ビーシー、二〇二二年)、五頁。

(17) 越野修三『有事のプロに学ぶ 自衛隊式 自治体の危機管理術 非常時に動ける組織をつくる』(ぎょうせい、二〇二〇年)、一七頁。

(18) 防衛省編「資料69 退職自衛官の地方公共団体防災関係部局における在職状況」(『令和5年版 日本の防衛――防衛白書 資料編』二〇二三年)、二三九頁。

(19) 濱潟好古『何があっても必ず結果を出す! 防衛大式最強の仕事』(あさ出版、二〇一七年)。久保光俊・松尾喬『自衛隊に学ぶ「最強の仕事術」実践ノウハウ』(三笠書房、二〇一七年)。

業へ就職した濱潟好古は、「日本一厳しい学校で叩き込まれた多くのノウハウを、ビジネスの現場に応用した」[20]とする。このように、自衛隊体験をビジネスに結びつける本には、自衛隊での教育内容がビジネスに役立つという考え方を広めようとする傾向があるといえる。ただし、防衛大学校出身者の多くは自衛隊に入るため、規模や影響力に限界がある。

自衛隊での教育内容を評価する書籍もある。[21]二〇二二年にフジテレビ系で全国放送された陸上自衛隊の新隊員教育を舞台とするテレビドラマ「テッパチ!」においても、問題児とされる人物が自衛隊の教育を経て成長する姿が描かれており、自衛隊での教育内容が注目されつつある。

元一等海佐で海上自衛隊退職後に公募の大阪府立高校校長として再就職した竹本三保は、自衛隊と校長時代の苦労話を書いた『国防と教育』内で、赴任校の教職員について、「私が自衛隊式のやり方で強引にやるかもしれないと恐れていたようです。市民の声も賛否両論だったと言いますから、自衛隊を知らない人にとっては武闘派のイメージしかなく、脅威だったのでしょう」[22]と回想している。とはいえ、日の丸の旗を校旗と共に校長室に掲げ、体育大会では校旗入場、掲揚時に挙手の敬礼をする等の体験[23]が記載されている。また、「本書では、私が体験した成功や失敗をもとに、実学としての、よりリアルなリーダー像を意識して書きました。今まさにリーダーの立場にあって思い悩んでいる人、これからリーダーとなるであろう人、将来はトップになって頑張りたいという若い人など一人でも多くの人に読んでいただき、閉鎖的な現代の教育界の変革はもとより、よき社会を構築する一助となればと考えています」[24]と説明されるように、組織の長としてのリーダーシップを語る部分も多く、自衛隊論や教育論と接合した自己啓発書ともいえる。

---

(20) 濱潟好古『防衛大で学んだ無敵のチームマネジメント』(日本実業出版社、二〇一七年)、三頁。

(21) 坂聖夫『人生で大切なことはすべて自衛隊が教えてくれた』(イースト・プレス、二〇〇四年)。松村五郎『自衛隊 最前線の現場に学ぶ最強のリーダーシップ』(WAVE出版、二〇一七年)。自衛隊外部から自衛隊教育を評価する本として、以下。荒木肇『自衛隊という学校――若者は何を学び、どう変わったか』(並木書房、一九九九年)。

(22) 竹本三保『国防と教育――自衛隊と教育現場のリーダーシップ』(PHP研究所、二〇二〇年)、一一五頁。

(23) 前掲竹本、六〇〜六一頁。

(24) 前掲竹本、三頁。

自らの自衛隊体験をビジネスや教育と結びつけるこうした傾向は、元高級幹部等の書籍にもみられる。元海将の高嶋博視は、自らの自衛隊体験を記した書籍のあとがきで以下のように語っている。

インド洋に展開していたときに、常に反芻していた先輩の言葉がある。指揮官の心得であり、指揮官が自らを戒める、とても重い言葉である。

1. 誰よりも耐え
2. 誰よりも忍び
3. 誰よりも努力し
4. 誰よりも心を砕き
5. 誰よりも求めない

私自身を含め、多くの指揮官や管理職が、実はこの教えの真逆を走っているのではないか。(中略)

小手先や口先の技術だけで、組織を率いることはできない。言葉を巧みに操って、取り敢えず今を乗り切ることはできても、本当の統率はできない。そういうやり方は、どこかで綻びが出てくるものだ。

語彙や表現力に乏しい一介の武弁の書ではあるが、制服生活40年の経験や知識が、皆様の会社経営や組織の運営にいささかでも寄与できれば、こんな嬉しいことはない。(25)

高嶋は、海外派遣や東日本大震災の活動内容を記しているが、その内容は防衛政策に関する

(25) 高嶋博視『指揮官の条件』(講談社現代新書、二〇一五年)、二一七～一九頁。

主張ではなく、元指揮官によるリーダー論である。そこには、指揮官としての体験を語ることが読者の会社経営の役に立つという内容がにじみ出ている。

このように、自らの自衛隊体験や防衛政策への関与を防衛政策論や政治的主張につなげて語るのではなく、防災や教育、会社経営等に結びつけ、広く国民の生活の役に立つとする書籍が目立つ。長年、元高級幹部等が自衛隊を題材に防衛政策論や軍事論を語る書籍が主流であったが、近年では、元高級幹部等が自衛隊を題材にリーダー論や社会へ役に立つとする体験を語るのである。そこでは国防が語られることもあるが、その国防がテーマとして後景化している。

戦後日本における自己啓発書の出版動向や内容の分析をおこなった牧野智和によると、国立国会図書館データベースで「人生訓」に分類される書籍の出版数が一九九〇年代から急増している[26]。ビジネス雑誌の分野では、『プレジデント』、『日経ビジネス　アソシエ』、『THE21』の三誌に掲載された「〇〇力」という用法での「力」という語が含まれる特集記事（一九九六〜二〇一〇年）の内容が分析されている。そこでは、特集記事に登場した人物の職業として「会社社長・会長・役員」と「会社員」の合計が全体の五三％にのぼり、「彼らはほぼ一様に、特定の能力を体現するような技法あるいは成功談の持ち主として記事に登場する」[27]と指摘している。近年、元高級幹部等によるリーダー論や「役に立つ系」の書籍が増加している背景として、こうした自己啓発書流行の影響を無視することはできず、元高級幹部等が「特定の能力を体現するような技法あるいは成功談の持ち主」として、自己啓発書やビジネス書の分野へ流入しているといえるだろう。

この他に、自衛隊で身につく技術を書籍化するものも増加している。専門的な技術として[28]、犯罪対策の技術を記したものや、射撃術、戦車戦術のような戦闘技術、メンタルヘルスに関す

(26) 牧野智和『自己啓発の時代——「自己」の文化社会学的探究』（勁草書房、二〇一二年）、三四頁。
(27) 前掲牧野、二二五頁。
(28) 二見龍『刃物犯罪対策術』（Independently published、二〇二二年）。荒木肇・陸上自衛隊小平学校『自衛隊警務隊逮捕術』（並木書房、二〇二二年）。かのよしのり『狙撃の科学——標的を正確に撃ち抜く技術に迫る』（SBクリエイティブ、二〇一三年）。あかぎひろゆき・かのよしのり『陸上自衛隊 戦車戦術マニュアル』（秀和システム、二〇二二年）。山下吏良『女子アナ・吏良の海上自衛隊メンタルヘルス奮闘記』（講談社、二〇一〇年）。

るものまである。自衛隊で身につく一般的な技術に関するものも多い。例えば、自衛隊での教育で必ず叩き込まれる片づけ術の他[29]、自衛隊内の料理に関するレシピ本がある[30]。

日々の訓練を踏まえた筋トレ、ダイエット本の分野では、自衛隊が協力した公式本の他[31]、YouTubeに投稿した自衛隊体操の動画をきっかけに、元自衛官のタレントとして自衛隊広報にも関わる人物の書籍もある。そこでは、「自衛官時代に覚えた、筋力トレーニングや体力作りの方法をみなさんと共有できたらいいなと思っています。また、この本や私の活動を通して、自衛隊やお世話になった部隊の人たちに恩返ししたい[32]」として、自衛隊体験が国民の役に立つと同時に、その体験を発信する事が自衛隊の役に立つことが示される。このように、自衛隊体験が実学として国民の日常生活の役に立つとする書籍は、自衛隊広報の一環にもなっている。更には、「本を作るにあたって、なんと陸上自衛隊の全面バックアップを受け、特別に駐屯地でも撮影したグラビアがあったり、私のロングインタビューや、4コマ漫画を描いたり[33]」と、自身のキャリア形成にも役に立つ体験であったことが示唆される。

これまでみてきた自衛隊退職者の書籍は、自衛隊体験を技術や理論として販売するものといえる。一方で、フィクション・ノンフィクションの差はあれ、体験そのものを物語として販売する自衛隊退職者も多い。

自衛隊体験を売るということ

自衛隊体験そのものを物語として販売する書籍は、ノンフィクションの体験記とフィクションとしての小説や漫画に分けられる。主な分類と代表的タイトルを**表2**としてまとめた。ただ

(29) 畠山大樹『自衛隊式片づけ術(生き残りたければ片づけろ!)』(飛鳥新社、二〇一九年)。

(30) 海上自衛隊編『海上自衛隊 最強レシピ集 艦めし 艦艇&部隊のおいしすぎる料理を紹介!』(KADOKAWA、二〇一八年)。

(31) 自衛隊体育学校監修『DVD付き たった5分で凄い効果! 自衛隊体操 公式ガイド 日本が誇る最強のエクササイズ初の公式ブック!』(講談社、二〇一九年)。マガジンハウス編、海上自衛隊協力『いつでもどこでも誰でもできる! みんなの海上自衛隊体操』(マガジンハウス、二〇二〇年)。

(32) かざり『YouTubeで超人気! 元女性自衛官かざりの即やせダイエット個人授業 自衛隊体操完全ガイド』(宝島社、二〇二一年)、三頁。

(33) かざり前掲書、二頁。

表2　自衛隊体験そのものを物語化した書籍の分類と代表的タイトル

	体験記	小説・漫画
自衛隊の活動や軍事面に焦点を当てた作品	『「地下鉄サリン事件」自衛隊戦記』 『イラク自衛隊「戦闘記」』 『陸曹が見たイラク派遣最前線』 『東日本大震災　自衛隊救援活動日誌』	『道北戦争1979』 『小隊 』 『ゲート』 『深山の桜』 『七四（ナナヨン）』 『オペレーション雷撃』 『機巧のテロリスト』
自衛隊での日常生活や個人の成長に焦点を当てた作品	『防衛事務次官 冷や汗日記』 『陸上自衛隊ますらお日記』 『空包戦記』 『陸上自衛隊普通科連隊の仕事――もののふ群像』	『草のつるぎ』 『歩兵の本領』 『右向け左!』 『ライジングサン』 『新人女性自衛官物語』 『護衛艦あおぎり艦長 早乙女碧』 『いざ志願! おひとりさま自衛隊』 『航空自衛隊 副官 怜於奈』

し、小説や漫画であったとしても、自らの体験を前提とした物語もあるため、完全に分類できるわけではないことは留意したい。

自衛隊の業務内容を中心とした体験記の中においても、その内容面で災害派遣や海外派遣等の大規模な活動を書籍化したもの(34)と、日常生活や業務内容を記すもの(35)に分けられる。小説や漫画においても同様の分類が可能であり、自衛隊を題材とした架空戦記やミステリー・サスペンス作品(36)が蓄積されてきている一方で、自らの自衛隊体験を踏まえて自衛隊での日常生活や日々の業務を描く作品(37)も多数みられるようになった。

自らの自衛隊体験を語る書籍には、自虐を交えて面白おかしく描くものが増えている。例えば、所属していた部隊や陸上自衛隊幹部候補生学校での生活を描いた『陸上自衛隊ますらお日記』では、「オフの姿にこそ、知られざる面白いエピソードが満載。彼らが生み出すエピソードは、一般社会には到底存在し

(34) 福山隆『「地下鉄サリン事件」自衛隊戦記』（光人社、二〇〇九年）。佐藤正久『イラク自衛隊「戦闘記」』（講談社、二〇〇七年）。伊藤学『陸曹が見たイラク派遣最前線』（並木書房、二〇二一年）。須藤彰『東日本大震災　自衛隊救援活動日誌――東北地方太平洋沖地震の現場から』（扶桑社、二〇一一年）。

(35) 黒江哲郎『防衛事務次官 冷や汗日記――失敗だらけの役人人生』（朝日新聞出版、二〇二二年）。ぱやぱやくん『陸上自衛隊ますらお日記』（KADOKAWA、二〇二二年）。福山隆『空包戦記――陸上自衛隊新米「歩兵」小隊長奮戦録』（潮書房光人新社、二〇一五年）。亀井浩太郎『陸上自衛隊普通科連隊の仕事――もののふ群像』（潮書房光人新社、二〇一三年）。

(36) 木元寛明『道北戦争1979――シビリアンコントロール機能せず』（潮書房光人新社、二〇二一年）。

ないような濃厚でユニークなものが多いのです。本書は、そうした陸上自衛隊の日常における与太話を集めて」(38)いるとしている。対抗演習と呼ばれる実戦形式の演習を取り上げた際も、勤続年数や階級とは必ずしも関係がない戦闘センスによる生存率の差から、「平時と有事では活躍する人種が違う」(39)と指摘し、指揮官が戦死判定となった場合の指揮権の継承に関して、戦死者が続出することで、「入隊数年の陸士長が小隊の指揮を執ったりすることもあります」(40)という事例が取り上げられる。しかし、これで本当に有事に対応できるのかという防衛政策論や自衛隊論にはつながらず、演習中の「与太話」に回収される。

こうした自衛隊生活の描き方は、自衛隊外部から自衛官の姿を書いた『裸の自衛隊』(41)からみられだす。自衛隊の広報誌『セキュリタリアン』を発行していた防衛弘済会から『自衛隊遊モア辞典』が一九九六年に出版されており、『裸の自衛隊』について、「駐屯地広報立ち合いの取材ぶんは全部捨て、夜、飲み屋に連れ込んだ取材対象の自衛官とゲロ吐くまで互いにいいたい放題。その結果をまとめて上梓。広報担当からブッ倒されそうになったとか（実話です！）。これが世間をはじめ、自衛官のあいだでもアッ！と驚く大好評。（中略）防衛庁幹部に広報のありかたの一変を決意させた本でもある」(42)と紹介されている。

これら二冊が自衛隊での日常生活を面白おかしく描く傾向の先駆けといえる。自衛隊生活をあえて「ネタ」にすることで広く知られる機会を作り、親しまれることを狙ったものであろう。正式な広報ではないが広報以上に広報になる可能性があるという矛盾した存在ともいえる。こうした描き方が踏襲されて一定の出版物となっていることは、自衛隊体験を広報に貢献する範囲内で「ネタ」とするジャンルがこの時期に形成され、自衛隊に興味を持たない人にもすそ野を広げていく傾向が現在もシェアを拡大し続けているといえるのではないだろうか。

砂川文次『小隊』（文藝春秋、二〇二一年）。柳内たくみ『ゲート――自衛隊 彼の地にて、斯く戦えり』（アルファポリス、二〇一〇年～）。神家正成『深山の桜』（宝島社、二〇一五年）。神家正成、『七四（ナナヨン）』（宝島社、二〇一六年）。山下裕貴『オペレーション雷撃』（文藝春秋、二〇二〇年）。数多久遠『機巧のテロリスト』（祥伝社、二〇二〇年）。

(37) 野呂邦暢『草のつるぎ』（文藝春秋、一九七四年）。浅田次郎『歩兵の本領』（講談社、二〇〇一年）。史村翔『右向け左！』（講談社、一九八九年～）。藤原さとし『ライジングサン』（双葉社、二〇一二年～）。シロハト桜『新人女性自衛官物語――陸上自衛隊に入隊した18歳の奮闘記』（潮書房光人新社、二〇一九年）。時武里帆『護衛艦あおぎり艦長 早乙女碧』（新潮社、二〇二二年）。岡田真理『いざ志願！ おひとりさま自衛隊』（文藝春秋、二〇一三

こうした書籍の増加は、一部の元高級幹部等が防衛政策論や軍事論といった限られた分野でおこなってきた自衛隊体験の書籍化が、急速に一般化している結果といえる。自衛隊体験を物語として販売する書籍の増加は、自衛隊体験が社会に認められてきた傾向を示すものであると同時に、その体験を受容する心理的ハードルを下げることにも繋がった。

こうした自衛隊体験の扱いは、戦争体験の私化・個人化との類似点が指摘できる。昭和館・遊就館・知覧特攻平和会館の展示内容を調査した牟田和恵は、これら三館について、「戦争を、私化・個人化し、情緒化し、そして矮小化するようなやり方を多用している。（中略）こうした手法で、いわば政治性を非常に希薄化したかたちで戦争の記憶に接する来館者たちは、戦争のリアリティや真実を学ぶことにはならないだろう」(43)と指摘している。語りの私化によって政治性を希薄化し、多くの対象に共感可能な物語を形成することは、自衛隊体験そのものを販売する書籍にも当てはまる。

長年、自衛隊の親しみやすさを重視し、国民の支持を求めてきた自衛隊(44)にとって、自衛隊体験が実学や面白おかしい「ネタ」として国民に消費されることは、自衛隊が国民に親しまれるようになった結果といえる。しかし、軍事組織としての自衛隊に理解を求める書籍に関しては、元高級幹部等による防衛政策論が主流(45)であることに変化はない。このため、自衛隊体験の分類が明確化され、これまで日本社会で価値を見出されてこなかった自衛隊での日常生活や個別部隊の技術等が評価されてきたといえよう。ただしそれは、軍事組織としての自衛隊体験が広く国民に求められているとはいい難く、自衛隊の文化のポピュラー・カルチャーへの浸透や、メディア・教育分野の需要に応じたものといえる。

年）。数多久遠『航空自衛隊 副官 怜於奈』（角川春樹事務所、二〇二〇年）。

（38）ぱやぱやくん『陸上自衛隊ますらお日記』（KADOKAWA、二〇二二年）、五頁。

（39）前掲ぱやぱやくん、八七頁。

（40）前掲ぱやぱやくん、八七頁。

（41）大泉実成ほか『裸の自衛隊』（JICC出版局、一九九一年）。

（42）防衛弘済会編『自衛隊遊モア辞典』（講談社、一九九六年）、二三三頁。

（43）牟田和恵「脱政治化される戦争――戦争の記憶をめぐるジェンダーの政治」（牟田和恵・平沢安政・石田慎一郎編『叢書コンフリクトの人文学3――競合するジャスティス ローカリティ・伝統・ジェンダー』大阪大学出版会、二〇一二年）、三九頁。

（44）自衛隊が国民の支持を求めてきた過程を調査した研究として、以下が挙げら

おわりに――政治から切り離す試みと切り離せない政治性

本稿では、自衛隊退職者が書いた書籍を年代別、内容別に分析し、その傾向と特徴を明らかにした。自衛隊という軍事組織の中枢に所属した元高級幹部等が防衛政策論や軍事論を語る書籍が常に存在し、二〇〇〇年代以降に出版数が増加していることは、軍事専門家としての需要が高まってきているといえる。一方で、内容面では自衛隊体験を語るものの、それを防衛政策論や軍事論につなげず、リーダー論や防災等を中心に、国民の役に立つ体験として語る書籍が増加している。自らの自衛隊体験が国民生活の役に立つものだとして個別の体験や技術を書籍化する傾向は、防衛政策論に限らない自衛隊体験の価値や意味を、当事者が見出そうとする試みなのではないだろうか。

自衛隊について書くという行為には、それ自体に政治的判断が伴ってきた。大きな枠組みでは、自衛隊を維持・強化するか、廃止・縮小するかという立場の差異を基点とするものである。自衛隊という対象を扱う以上、政治的争点に対する立場だけでなく、何を書き、何を書かないかという取捨選択も政治的判断の蓄積といえる。こうした自衛隊を書くこと自体の政治性をそぎ落とした書籍として、近年、自衛官個人の日常生活を描く作品が登場している。曹・士階級を含む広く自衛隊での日常生活については、戦後日本社会における非日常体験として自衛隊の外部から面白おかしく書かれる対象でもあったが、自衛隊退職者が自ら面白おかしく書くことで一定程度の質の担保や内容のコントロールが可能となり、広報にも接続する書籍が増加している。

『陸上自衛隊ますらお日記』で描かれた実戦形式の演習に関する「与太話」は、戦死者の発生

れる。アーロン・スキャブランド著、花田知恵訳『日本人と自衛隊――「戦わない軍隊」の歴史と戦後日本のかたち』（原書房、二〇二二年）。

(45) 近年のものとして、例えば、以下が挙げられる。岩田清文・武居智久・尾上定正・兼原信克『自衛隊最高幹部が語る台湾有事』（新潮社、二〇二二年）。折木良一『国を守る責任――自衛隊元最高幹部は語る』（PHP新書、二〇一五年）。

や指揮権の継承等を内容としている時点で、自衛隊の現状を憂い政治的提言をおこなう防衛政策論と地続きである。国際情勢や政治の動向次第では、防衛政策論や危機を煽る論調へと転化する可能性を有している。こうした政治的な話題を「与太話」として描くことは、そう描くという政治的判断がおこなわれた結果といえる。政治的争点に触れないことで政治性のそぎ落としが図られるが、物語の中で政治性をいくらそぎ落としたところで、軍事組織での日常生活や活動自体が政治的争点となり得ることに変わりはない。むしろ、政治性の切り離しを図ることで、切り離せない政治性が明確化される。

自衛隊退職者団体である公益社団法人隊友会を中心とした防衛省の外郭団体が毎年発行している「政策提言書」では、「「戦闘で殉職した隊員」すなわち「戦死者」の追悼の在り方を検討し、国としての基本方針を確定することを提言します。国は、「戦死者」に対して、国家レベルの英霊顕彰、追悼を行うことを強く要望します[46]」として、新たな戦死者が発生した際の方針制定を求めている。自衛官として戦死する可能性があった立場としては、新たな戦死者の発生が考慮されていない現状について問題視するのは当然といえ、「与太話」で終わるような内容ではないことが示される。

このように、防衛政策論と「役に立つ系」や小説・マンガでは、同じ自衛隊という対象を扱ったとしても主な読者層や扱い方の方向性が異なり、それを発信する側の役割が意識される。防衛政策論は国防という自衛隊の主たる任務の推進の役に立つ代弁行為といえるが、「役に立つ系」や「与太話」は広報として有用であり、これらは表裏一体の関係にある。こうした自衛隊退職者の書籍は増加傾向にあり、自衛隊の軍事的側面が強化されつつある現代日本において、現在進行形の軍隊体験記と呼べる書籍の出版動向を注視する必要があるだろう。

---

(46) 公益社団法人隊友会・公益財団法人偕行社・公益財団法人水交会・航空自衛隊退職者団体つばさ会『令和4年度政策提言書』(二〇二二年)、三八頁。

補章② 兵士の史料への招待

捨てる／拾うの位相から

白岩伸也

戦争体験の風化が叫ばれて久しいが、むしろ研究においては、時間的経過が、それを活性化させる。私たちの戦友会研究は、兵士の史料をめぐる二〇〇〇年代以降の変化が前提となっている。[1] 体験者の減少にともない、直接のインタビューが困難になる一方、文字資料が続々とあらわれたのである。[2]

では私たちは、どこで、どのような史料に邂逅してきたのか。吉田裕は、二〇一一（平成二三）年刊行の『兵士たちの戦後史』で、元兵士の戦後史をたどるための史料について、つぎのように述べた。「数年前から、靖国神社の図書館、「靖国偕行文庫」の所蔵文献の中に戦友会の会報などの資料が急速に増えつつあることに気づいた。戦友会の解散に伴って、関係者が会報などを靖国偕行文庫に寄贈していたのである。また、「しょうけい館――戦傷病者史料館――」や奈良県立図書情報館の「戦争体験文庫」にも多くの元兵士の戦争体験記が所蔵されているのを知った」。[3]

奈良県立図書情報館は二〇〇五（平成一七）年、しょうけい館は二〇〇六年に建てられ、[4] 地方のものを含めても、二〇〇〇年前後に兵士の史料を所蔵する資料館が続々と設立されたことが確認される。[5] 研究調査の上で重要なのは、史料の公開状況であり、データベースのインターネット公開や閲覧室の設置はもちろんのこと、オープンアクセスのデジタル化史料を提供している館もある。[6]

戦争体験者や遺族による史料の寄贈先と、それを利用する研究者や歴史家のためのインフラが、急速に整備されていったとみられる。上記のものは、中央省庁あるいは自治体の管理下にあるが、一九九九（平成一一）年開設の靖国偕行文庫は、宗教法人の靖国神社が所管する図書館である。その名が示す通り、元陸軍将校の戦友会である偕行社が深くかかわっており、戦死者の遺族などが寄贈し、神社が所蔵していた史料よりも、偕行社の資料収集委員会が集めてきた旧陸軍関連の史料の方が圧倒的に多い[7]。つまり、戦友会は、史料を提供するインフォーマントとしての側面のみならず、その保存と公開に資するアーカイブの機能をあわせ持つとみられる[8]。また、NPO法人わだつみのこえ記念館が二〇〇六（平成一八）年に開館したことも、看過することはできない。アクセス困難だった戦没学徒による遺稿の展示は、本書で那波が指摘するように、研究者や体験者のみならず、非体験者の歴史実践とその対話・交流を可能にする素地を形成した。

ただし、このような機関が、兵士の史料を網羅的に所有しているわけではない。なかでも会報については、「部隊史・誌とちがって現在閲覧できるものは非常に少な」く、「靖国偕行文庫でも、約一七〇種類で」、「全号揃ったものは少ない」とされる[9]。だが、これは史料の消失を意味しない。捨てられた史料を他の者が拾う可能性を残す。戦友会研究会は、その一部を所蔵しており[10]、角田は偕行社から『偕行』を購入し、津田は自衛隊の戦友会とも呼べる自衛隊退職者団体の隊友会から会報『隊友』等を寄贈されている。解散した戦友会から提供されるパターンもあり、実際に清水、白岩は本部解散した予科練雄飛会から会報を譲り受けた。また、ネット公開されたものもあり、偕行社の会報の多くは国立国会図書館デジタルコレクションで閲覧可能になり、海原会のウェブサイトには会報の最新号とここ数年のバックナンバーが掲載されている[11]。戦友会は二〇〇〇年代に解散のピークを迎えるが[12]、その潮流が史料のアクセシビリティを高めたところは小さくない。

このような記念誌や会報などの刊行物は、公的機関、研究者に寄贈される一方、日記やノートなどの私的な未刊行物は、そうならないことが多い。その意味で、堀川が子細に分析した「高橋資料」は、重要な位置を占める[13]。また、二〇一四（平成二六）年に発足した「近代日本の日記文化と自己表象」研究会が収集・整理している、福田秀一の日記資料コレクションにも、兵士の日記が収められている[14]。

戦友会という点に限定しても、白岩が検討した公文書にも関連の史料が存在するが、利用にあたっては、ここでも時間的経過が条件になる。周知のように、公文書は、保存期間が満了したら国立公文書館等に移管され、特定歴史公文書等に分類されるが、目録の整備が優先され、文書の開示については、利用者から請求された際に審査する方針を基本的にとっている。特定歴史公文書等は原則開示だが、一部は個人情報などを理由に不開示になる。ただしその際、「時の経過」を考慮しなければならず、国立公文書館等は開示までの年数の目安を提示している。[15]

＊

当然のことながら、史料は存在するだけでは史料にならない。だれかが捨て、だれかが拾うことを条件とする。そしていま、多くの史料が、戦争体験者の所有から離れている。それは、史料が生まれるチャンスであり、失われるピンチでもある。行方は、発見、保存、公開をめぐる制度と、そのあり方を決める私たちに委ねられている。たとえば、一九九九年にサービスを開始し、いまやインターネットオークション業界の最大手となった、Yahoo! オークションは、兵士の史料を商取引の対象にしている。それは、一時的保管という史料の受け皿としての役割を備えているともみられるが、その行方の追跡が難しく、適切な管理が保証されないため、史料保存に寄与できる範囲は限られている。[16]この状況に対して厚生労働省は、オークションへの出品の自主規制を要請し、持ち主や遺族の調査と遺品の返還を行っているが、規制の法的な根拠はなく、調査と返還の実態は不明である。[17]

捨てることは棄てることではない。話は遡るが、徳川綱吉による生類憐みの令には、「捨子」の規定があり、じつは江戸時代は犬だけでなく、「捨子」を共同体が保護・養育するシステムが存在していた。捨てることは、拾う者の存在を期待しながら、公に託すことを含んでいたのだ。だが明治期に入ると、政府は「捨子」ではなく「棄児」を法令に採用した。「棄」は、頭を下にして新生児をチリトリに入れるかたちを示し、のちに「物を捨てる」ことを表すようになったことばだという。もはやそこに拾うという契機はなく、共同体による制度は消え、「棄児」はあってはならない存在となった。[18]

史料が日々捨てられる中、戦争関係のものは近年加速度的に増加している。会うことが不可能になりつつあるなかで、兵士との距離を詰めるには、文字資料が重要になることは言うまでもない。私たちができることは、棄てないこと、拾うこと、その可能性を残すこと。戦争体験の風化を嘆くまえに、行えることは山ほどある。

注

（1）本章での兵士の史料とは、戦前から戦後までに兵士が執筆・編纂してきた史料を指す。そのため、役場の兵事係が作成した公文書である、兵事資料とは異なる。兵事資料を活用した研究として、小林啓治『総力戦体制の正体』（柏書房、二〇一六年）、木村美幸『日本海軍の志願兵と地域社会』（吉川弘文館、二〇二二年）が参考になる。

（2）こうした点から、本章では、文字資料に限定した史料に焦点づける。兵士の研究については、インタビュー、質問紙調査、参与観察など、方法が多様化しており、遺品などの実物資料も存在するが、だからこそ、史料調査の役割とその具体的な方法を示す意義があると考えられる。

（3）吉田裕『兵士たちの戦後史』（岩波書店、二〇一一年）、五頁。

（4）同様に中央省庁が関係しているものとして、昭和館が一九九九年、平和祈念展示資料館が二〇〇〇年に開館している。

（5）兵士に限定したものではないが、戦争関連の史料所蔵機関については、蘭信三・小倉康嗣・今野日出晴『なぜ戦争体験を継承するのか――ポスト体験時代の歴史実践』（みずき書林、二〇二一年）の「第2部 平和博物館の挑戦――展示・継承・ワークショップのグローバル化」、「平和博物館関係研究文献リスト（二〇〇九―二〇一九）」が参考になる。

（6）「昭和館デジタルアーカイブ」（https://search.showakan.go.jp/ 二〇二四年三月一四日最終）では、写真や映像などをネット上で閲覧することができる。また、図書・雑誌については、タイトルや出版社などの書誌情報にとどまらず、目次情報まで掲載されているため、その検索を行うことが可能である。二〇二二年の博物館法改正により、デジタル・アーカイブ化が博物館の事業に追加されたため、今後このような動きが広がると予想される。

（7）靖国偕行文庫の設立経緯については、角田燎『陸軍将校たちの戦後史――「陸軍の反省」から「歴史修正主義」への変容』（新曜社、二〇二四年、一二九、三一、二二一頁）。後藤が検討した元憲兵の戦友会に関する資料も所蔵されている。

（8）水交会は、ホームページに「水交書庫」のページを設け、そこで『水交』掲載記事のデータベースを公開している（https://suikoukai-jp.com/suikoukai/book-room/past-the-article/ 二〇二四年三月一四日最終）。

（9）戦友会研究会『戦友会研究ノート』（青弓社、二〇一二年）、一四一頁。

（10）前掲『戦友会研究ノート』、一四二頁。

（11）https://yokaren.jp/organ_paper/ 二〇二四年三月一四日最終。会報『予科練』は、海原会が管理する雄翔館で入手することができ、他の戦友会の会報が置いてある資料館も散見される。

（12）前掲『戦友会研究ノート』、二二六頁。

（13）「高橋資料」を引き継いだシベリア抑留者支援・記録センターは、二〇一一年に設立され、講演会・研修会・展覧会・追悼式典などの開催、元抑留者からの聞き取り、資料の整理作業、情報提供などを行っている（シベリア抑留者支援・記録センターウェブサイト、https://sdcpis.webnode.jp/ 二〇二四年三月一三日最終）。

（14）福田秀一の日記資料コレクションについては、手書きの日記帳の目録として、田中祐介・土屋宗一・阿曽歩「近代日本の日記帳――故福田秀一氏蒐集の日記資料コレクションより」（『アジア文化研究』第三九号、二〇一三年）、活字になった日記のデータベースとして、「データベース 近代日本の日記（β版）」（https://diaryculture.com/diary-database/ 二〇二四年三月一三日最終）がある。これ以前の一九九六年に「女性の日記から学ぶ会」が発足している。

（15）私が利用請求した文書のなかには、審査に一年以上の期間を要したものもある。さらに、請求は一回につき三点までのため、審査が終わるまで他の請求を行うことはできない。保坂裕興は、日本では、アーカイブズの利用を利用請求権として位置づけ、行政の運営と説明責任を目的とするが、それは、国際的に推進される、市民のアーカイブズ・アクセス権を最大限拡張し、民主主義の根幹を築く体制をとったとは言い難いと指摘する（保坂裕興「アーカイブズと歴史学」『岩波講座 日本歴史 第二一巻 史料論』岩波書店、二〇一五年、二〇〇頁）。

(16) 小野塚航一「ネットオークションと古文書」（歴史科学協議会編『深化する歴史学——史資料からよみとく新たな歴史像』大月書店、二〇二四年）。

(17) 「寄せ書きのある日章旗や千人針など戦没者の遺品をお持ちの方へ」（厚生労働省ウェブサイト、https://www.mhlw.go.jp/stf/seisakunitsuite/bunya/0000039987.html、二〇二四年三月二五日最終）。

(18) 沢山美果子『江戸の捨て子たち——その肖像』（吉川弘文館、二〇〇八年）。

第3部

残された言葉との対話

書かれたものをとおして戦争体験者とつながるには

堀川優奈
Horikawa Yuna

はじめに

シベリア抑留[1]というテーマとの出逢いは、一四歳のとき、『ミュージカル異国の丘』という劇団四季の舞台によってもたらされた。会場を出るときの私の頭では、劇中で歌われる「異国の丘」[2]のメロディーが強烈な印象を持って繰り返されていた。とにかくシベリア抑留というものについてよく知りたい、知らなければという考えに取り憑かれ、書店に行けば現代史コーナーに立ち寄らないことはなかった。

劇団四季の『異国の丘』は、劇団代表の浅利慶太さんが西木正明著『夢顔さんによろしく』[3]に想を得て創作し、二〇〇一年一〇月に初演された作品だ。その制作過程について、浅利さんを補佐して台本執筆にも携わった羽鳥三実広さんにお話をうかがう機会を得られた。[4]

羽鳥さんは台本執筆の資料として多数の文献を読んだそうで、公演プログラムにも参考文献一覧が掲載されている。[5]抑留体験者への聞き取りをほとんどしなかったのは「できなかった」

(1) 歴史的事実としてのシベリア抑留とは、ソ連軍によって捕らえられ武装解除された人々が、シベリアを主とするソ連支配地域の収容所に抑留され、労働に従事させられた体験のことである。抑留された人数は約六〇万人、死者の数は六万人を超えるとされる。

(2)「異国の丘」は実際にソ連の収容所で抑留者たちに歌われた曲として有名である。作詞は増田幸治、補作詞は佐伯孝夫、作曲は吉

という面もあるというが、それは否定的な意味だけではなく、文献を立体的で豊かな資料として捉えているのだと教えられた。羽鳥さんのような「芝居屋」は、二次元の文字を三次元的に立ち上げていく想像力を鍛えているのだということである。当事者がひとりもいなくなってしまう未来を避けられない私には、文字資料の可能性の豊かさに励まされるような思いがした。

　シベリア抑留という戦争体験は、「語りづらい体験」だとよく言われる。その一方で、二〇〇〇を超える体験記[6]が書かれてもいる。それは、非体験者の誰かに「話す」ことが憚られたために本として書き残そうとしたのだと見ることもできるし、ある種の話題については[7]、書くという行為によってもやはり「語りづらい」ものだろうと想像することもできる。

　そうして書かれた多くの体験記は私たちに、シベリア抑留という戦争体験を想像することを可能にしてくれる。だが雄弁なのは書物の形になったものだけではないだろう。本を書くためのプロセスを含む、戦後の生の痕跡が、シベリア抑留とは何であるかを教えてくれることもある。

　私が出逢ったのは、高橋大造というひとりのシベリア抑留体験者だ。といっても顔をあわせたことは一度もない。それでも高橋さんが遺した資料を通じて、資料の手ざわりに、その筆跡に、親しみを覚えるようになっている。面識のない相手のことを「知っている」と言ってしまうのは失礼だろうとも思う一方で、私はたしかにこの数年、その人生の一部分を見つめてきた。

　本章では高橋さんが遺した資料を紹介し、そこから立ち上がってくるひとりの抑留体験者の生に近づいてみたい。

田正、劇団四季版の編曲は三木たかし。作曲者の吉田正は抑留体験を持つ。

(3) 初版は一九九九年に文藝春秋より刊行された。二〇〇二年には「最後の貴公子・近衛文隆の生涯」という副題が付され、上下巻となって同社から文庫化された。二〇〇九年には集英社文庫から、同じく上下巻で刊行されている。

(4) 二〇二三年一〇月二五日にインタビューをさせていただいた。『異国の丘』の台本執筆者として、浅利さん、湯川裕光さん（作家）、羽鳥さん（元劇団員で現在は大阪音楽大学教授）の三人の名前がプログラムに連記されている。浅利さんは二〇一八年に他界したが、湯川さんには二〇二三年九月二〇日にインタビューを行うことができた。

(5) 羽鳥さんが持参してくださった初演版プログラムと、筆者の手元にある二〇〇九年と二〇一三年版

紙の山が「高橋資料」となるまで

一九九九年に他界した高橋大造さん[8]との出逢いは、二〇一五年、その膨大な資料を通じてだった。シベリア抑留者支援・記録センター（以下「抑留記録センター」と略記）が資料を保管していた港区の一室に、複数のダンボール箱に入った資料が届いたのである。

資料整理の試行錯誤

ご遺族から資料を預かり管理している「抑留記録センター」に週一回、代表世話人の有光健さんのほか筆者を含む数人のボランティアが集まり、一日あたり六時間程度、整理作業を行った。最初は高橋さん自身が整理したとみられるファイリング済みのものと、それ以外の紙の束とに分け、後者を高橋さんの活動ごとに分類した。活動ごと、というのはたとえば墓参、戦友会、手紙、といった具合である。ただしこの時点で高橋さんについて知っていたのは有光さんのみであり、ボランティアはその活動に関してほとんど無知であったため、分類作業は手探りであった。そもそも量が膨大であったことに加え、内容をじっくり読んで確認しないと分類できないものも多く、この手順に数週間を費やしたのではないかと思う。

箱に入っていた紙の束は、正確には覚えていないが、封筒などでまとめられていたものがあったように思う。分類するとき、プラスチック製のクリアポケットに入れた単位は、およそこのまとまりに従ったものだっただろう。

箱から取り出しながら、資料の保管状態が必ずしも良好ではなかったことを知った。劣化した輪ゴムやセロハンテープが付着した資料や、錆びついたクリップの色が移ってしまった資料

のプログラムでも確認した。

（6）二〇〇〇という数字の出所は不明だが、多くの体験記が存在することの表現として言及される数字である。シベリア抑留体験記の書誌一覧を収録したものとして、西来路秀彦編『シベリア抑留関係基本書誌』（日外アソシエーツ、二〇一六年）、富田武・長勢了治編『シベリア抑留関係資料集成』（みすず書房、二〇一七年）がある。

（7）たとえば本章後半で扱う「民主運動」と呼ばれる体験は、特に語りづらいものと言われる。

（8）一九二五年、宮城県生まれ。入隊は一九四五年一月で、二〇歳のときであった。ソ連からの帰国は一九四九年一一月で、故郷に戻るが翌月に上京し、その後は東京都在住。一九九八年九月に肺癌の診断を受け、翌九九年五月一八日に他界。シベリア抑留の体験記集『捕虜体験記』の編集を代表として行ったほか、歌人として

も少なくない。他方で、遺族の手で捨てられてしまったとしてもおかしくないようなもの、たとえば裏紙を使用したメモや名刺のコピーなどもダンボール箱に入っていた。このことは、管理が十全ではなかっただけで、廃棄せず保存しておこうという遺族の意志を感じさせる。もちろん、中身をよく点検せず「とりあえず」と全体をまとめて保存していただけという可能性もありうるのだが。

箱から資料を取り出して分類したこの手順について注意しておかなければならないのは、作業に参加した全員が共通した方針を持っていたわけではないことだ。資料の一部はここで捨てられてしまっているかもしれない。たとえば高橋さんが受け取った手紙について、中身だけ取り出して封筒を捨ててもよいと考えている作業者がいることが途中で判明した。

ここまでで、クリアポケットに入った資料の山が、分類の数だけできていることになる。それを紙製のＡ４ファイルに綴じていった。ここでできたファイルと、ファイリング済みの状態で「抑留記録センター」に届いたものとをあわせて、一一七冊になった[9]。

これらのファイルとは別に、ソ連／ロシアへの墓参の写真を収めたアルバムが数冊と、シンポジウムや高橋さんが行ったインタビューなどが録音されたカセットテープが七〇本ある[10]。これらにより「高橋資料」は構成されている。

ここまでの作業を行った場所は、大阪経済法科大学の東京麻布台セミナーハウス内、アジア太平洋研究センターの部屋であった。しかしこのセミナーハウスは二〇二〇年に閉鎖となり、シベリア抑留に関する一二〇〇点を超える資料は退去を余儀なくされた。

これらの資料は一括して引き受けられる移転先を確保できず、早稲田大学の研究室、多摩大学の研究室、千葉県の個人宅、「抑留記録センター」へと、分散して保管せざるを得なくなっ

も活動した（高橋八代江編『故高橋大造　遺歌集・抄』非売品、一九九九年）。

（9）これら一一七冊の資料については順次スキャンによるデータ化を進めている。二〇二三年一一月末時点で五一冊分のデータ化が完了しており、ＰＤＦファイルは一五五八点に及んでいる。データ化した資料はエクセルで目録を作成し、カテゴリー化を行っている。作業の途中ではあるが資料のおよその全体をイメージする助けとして示すなら、一五五八点のうち約半数が「記録する会」（注（12）参照）に関するものである。また資料の形態に関しては、現時点で新聞記事が最も多数で三割弱を占めており、他には手書き原稿、手紙、写真などが含まれる。

（10）七〇本の内七本は、二〇二三年一一月末時点で所在不明。

た。二〇二三年一一月末現在、「高橋資料」の大部分は早稲田大学の研究室に置かれているが、大学の研究室という特性上、自由に出入りして資料を活用することができないこと、その研究室の使用も期限つきであることなど、再び移転先を探さなければならない状況が続いている。

資料を扱う手つき

高橋さんは考えたことを文字として書くことに、あるこだわりをもっていたようだ。(11) 言い換えれば、筆者たちの資料整理の取り組みに加え、高橋さん自身がノートに記録をつける姿勢のうちに、すでに資料を「資料」たらしめるような手つきが存在していたのである。

資料整理を始めて間もないころ、大量の紙の記録に「几帳面な人だ」という印象を持った。それは何よりまず、複数のダンボール箱からあふれそうなほど膨大な資料が、破棄されずに保存されていたことから受けた印象であった。記録を紙として残すことへの強い思い入れや、執念といってもよいものまで感じられたのだ。まとまった資料があって研究に都合がよいという以上に、そのような資料を遺した個人の生き方に、私は関心を覚えた。

次々に資料を手に取っていくことで気づくのは、複数ページにわたる原稿にはページ番号が振られていること、新聞の切り抜きには紙名と日付が書きこまれていること、会議の日時を知らせるはがきを当日の会議資料とセットにしていることなど。他にもいくつも見つけることができるだろう。自身がそれらを使用する際の利便性のためだけでなく、まるで後世の研究者に「資料」として利用されることを意図していたかのようでもある。

このように、資料を「資料」たらしめる手つきは、高橋さんの性格の表れでもあろう。それに加えて、事実を正確に記録しようとすることへのこだわりという面もあったことが想像でき

(11) 高橋さんはその思考の軌跡を文字としてよく残してくれている。現時点でデータ化済みの一五五八点のうち、約一五%に当たる二四五点が高橋さんの手書き資料であり、残り一三一三点中二三一点には高橋さんによる書きこみがある。

る。

『捕虜体験記』の構成の工夫

たとえば、高橋さんたちの「記録する会[12]」が編集した体験記集『捕虜体験記』の構成に、「事実を正確に」という姿勢をうかがうことができる。

『捕虜体験記』のうち第二巻から第七巻までは収容所のあった地域別に構成されており、地域ごとの特色をある程度把握できるように編まれている。収容所のあった地域によって労働や気候などの条件が異なり、体験の質に地域的な傾向があったことが、この構成によってわかるようになっている。逆に言えば、地域的な網羅性のおかげで、シベリア抑留という体験に広がりがあることがわかるのである。

これが地域的な幅広さであるが、他には体験者の属性の幅広さが見てとれる。『捕虜体験記』に編者として参加したメンバーに限れば、二〇歳の一等兵として敗戦を迎えた高橋さんとおよそ似たような体験を有しているといえるかもしれない。というのは、年齢や軍隊の階級が抑留体験に少なくない影響を与えたことが知られているからだ。「記録する会」は新聞紙上で資料や手記の提供を呼びかけることで[13]、知人の範囲を超えた体験記を集めたようである。これはシベリア抑留を、立体的に描くための工夫であっただろう。

シベリア抑留の歴史学的な研究が行われるようになったのは一九九〇年代以降である。それはソ連の公文書が閲覧できるようになったペレストロイカがひとつの契機であり、それまでは抑留の実態を体系的に明らかにする取り組みはほとんどなかった。高橋さんたちの「記録する会」の活動は、地域的な幅広さと体験者の属性の幅広さとを織り込む工夫をしつつ、個人の体

(12) 正式名称は「ソ連における日本人捕虜の生活体験を記録する会」で、高橋さんが代表を務めた。一九七七年ごろに体験記出版活動の呼びかけが始まり、一九八二年に会が結成された。主な事業はシベリア抑留の体験記集『捕虜体験記』出版であり、全八巻を一九八四年から一九九八年にかけて編集・刊行した。

(13) 「風化させまいシベリア抑留　悲劇の体験、後世に　「資料、手記を下さい」記憶薄れぬうちに　「記録する会」呼びかける」（『読売新聞』一九八二年六月四日朝刊、二三頁）。

験を収集し組み上げることで、歴史的事実としての「シベリア抑留」の全体像に接近しようとする実践であったのだ。

「民主運動」体験をどのように意味づけたか

高橋さんの歴史実践として重要なもののひとつに、「民主運動」[14]についての考察がある。多様な側面を持つ抑留体験の中でも高橋さんは「民主運動」への関心がとりわけ強かったようだ。それは、資料全体における「民主運動」関連の話題の多さから得る印象でもあり、とりわけ思索の痕跡が濃く表れている高橋さんの手書き資料の、「民主運動」に費やされた熱量の高さというようなものからも感じられる。そこで本節では「民主運動」について高橋さんが書いた資料をひとつ取り上げ、これを読み解くことで、高橋さんが「民主運動」にどのような意味づけを与え、なぜそれに熱量を注いだのかを考えてみたい。

「民主運動」というのは、シベリア抑留の中でも論じるのが難しい体験のひとつではないだろうか。それは第一に、抑留者同士が収容所で争いあった「悲劇」としての側面を持つからであり、第二に、ソ連共産党が介入したイデオロギー性の強い体験を含むからであり、第三に、そもそもシベリア抑留研究が本格的に始まった一九九〇年以降のしばらくは、各収容所の食事や労働の実態、死者数などを明らかにすることに注力してきたため、「民主運動」にまで研究者の手が到達できていないからだといえるだろう。

先行研究が乏しい現状において、小林昭菜による公文書分析は重要な研究である。[15]小林が明らかにしたのは、「民主運動」が「官製の「民主化」」という側面を有すること、すなわちソ連

（14）「民主運動」は収容所で使われていた用語であり、学術書でもそのまま用いられているのだが、これを辞書的に説明することは難しい。たとえば富田武は「民主運動は、当初の素朴な反軍闘争からイデオロギー過剰の政治運動へと変質した」と述べている（富田武『シベリア抑留者たちの戦後——冷戦下の世論と運動一九四五—五六年』人文書院、二〇一三年、四四頁）。これが最も端的に「民主運動」を表したものといえるのではないか。すなわち大まかには「反軍闘争」と「政治運動」の二側面を持つ。ただし、収容所生活の時期によって「民主運動」と呼び表されるものが異なることが、この体験の複雑さの一要因でもある。「民主運動」体験は筆者の今後の研究課題である。

（15）小林昭菜『シベリア抑留——米ソ関係の中での変容』（岩波書店、二〇一八年）。

の「お膳立て」による運動であったことだ。そこで小林が批判の対象として位置づけているのは「民主運動」が兵士たちの間から自然発生的に起こったものとする主張であり、その論者として挙げているのが高橋さんたちの「記録する会」なのだ。

ソ連による運動の指導があったことは体験記の記述等からもよく知られたことであっただろうが、それを公文書によって論証した小林の指摘は重要だ。しかし高橋さん自身も、ソ連による指導や働きかけがあったことは収容所生活で認識していただろう。そのうえで「民主運動」を兵士たちによる自然発生的なものとしていることは、無視すべきでないのではないだろうか。

そこで、ソ連の介入があったことを知ったうえでなお「民主運動」の担い手が自分たち兵士であったとする、その意味づけが何に支えられていたかが疑問となる。つまり官製運動か自然発生かという小林の問題設定から離れて、高橋さんの「民主運動」論を考えてみたいのだ。

「民主運動」論の幹をなすもの

「高橋資料」は整理の過程にあり、体系的な解釈を提示することはまだできないが、「捕虜・抑留関係ノート・Ⅰ」(S74、図1)[16]という資料を用いて、前述の問いにひとまずの答えを与えてみたい。

まず見たいのが、「「1) どのように評価されてきたか　ハ) 保阪正康氏の場合／3) 民主運動をどのように見るか(その評価をめぐって)」」(S74-14-1、図2)の右側だ。矢印によって経過や因果が示されたこの図は、右上に「高橋試案」とあるように、高橋さんによる「民主運動」解釈の提示である。見出しにある「その評価をめぐって」[17]の「評価」というのは、この図の左およびこの前の見開きページ(S74-13)に整理された三冊の著者によるものだ。

(16) S74は、断定は難しいが一九九一年前後に書かれたものと推測できる、B5サイズの横掛ルーズリーフを綴じた一冊のファイルである。S74-1からS74-20-5まで、計三六点のPDFファイルとしてデータ化されている。S74-1が表紙・背表紙・裏表紙であり、中のルーズリーフは見開き一ページずつ、すなわちルーズリーフ二枚分のB4サイズを一つのPDFファイルにしている。挟み込み資料がある場合は、S74-14-1、S74-14-2、というように枝番号で整理した。

(17) 斎藤六郎『回想のシベリア――全抑協会長の手記』(斎藤六郎、一九八八年)。若槻泰雄『シベリア捕虜収容所――ソ連と日本人』(上下、サイマル出版会、一九七九年)。保阪正康『瀬島竜三――参謀の昭和史』(文芸春秋、一九八七年)。

この図の中央を縦に連なる部分（図中の①から⑧）が、高橋さんの考える「民主運動」の幹であり、上から下に向かって時間軸が進んでいくように読める。その幹の左右に書かれているのは、幹の各要素に関する事柄で、幹の時間軸と高さをあわせてあるようだ。

最初に幹の部分を上から順に、すなわち時間軸に沿って進みながら読み解いてみたい。

始まりは「天皇の命を絶対とする日本軍隊」（図中①）であり、これは戦中の軍隊についての描写だ。その次は「階級序列に従った軍隊組織に収容所では赤軍の管理と強制労働が加わる」（図中②）とある。これに右から加えられた「下級の者ほど重圧が二重、三重となる」（図中③）にある「下級」は、軍隊の「階級序列」における下位のことだ。シベリアの収容所へ移送された将兵たちは、多少の編成替えはあったもののおよそ軍隊の構成を維持したままで、抑留生活の初期を過ごした。高橋さんにとっては、軍隊と抑留生活の連続性と、軍隊の階級が下級兵士にもたらした負担とが、「民主運動」を構成する根幹にあったことがここまででわかる。

その次は「食事分配や作業割当ての公平」と「宮城遙拝や、5ヶ条の御誓文の廃止」が並び（図中④）、「階級章の撤廃」（図

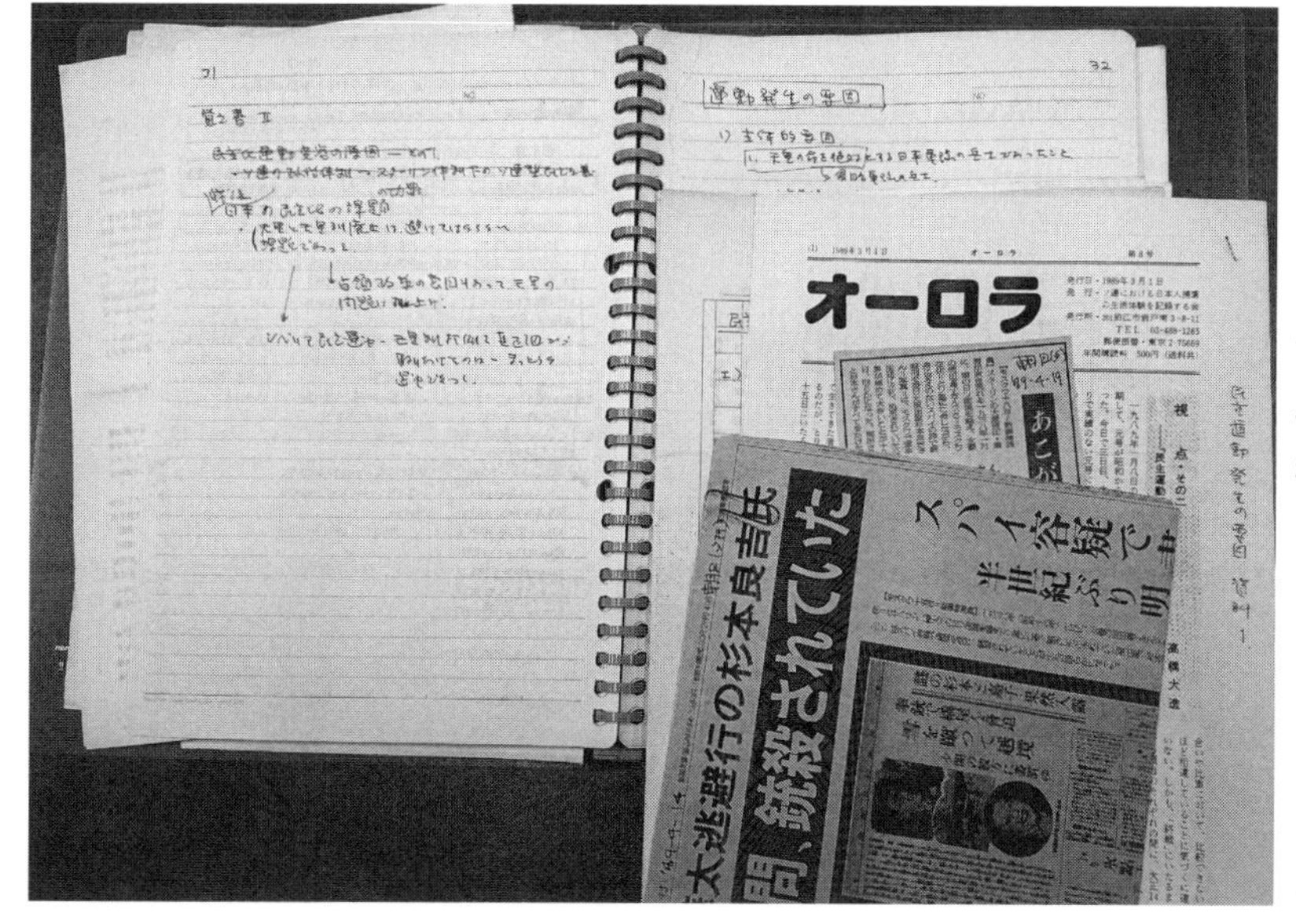

図1　S74の31・32ページ目と、その挟みこみ資料

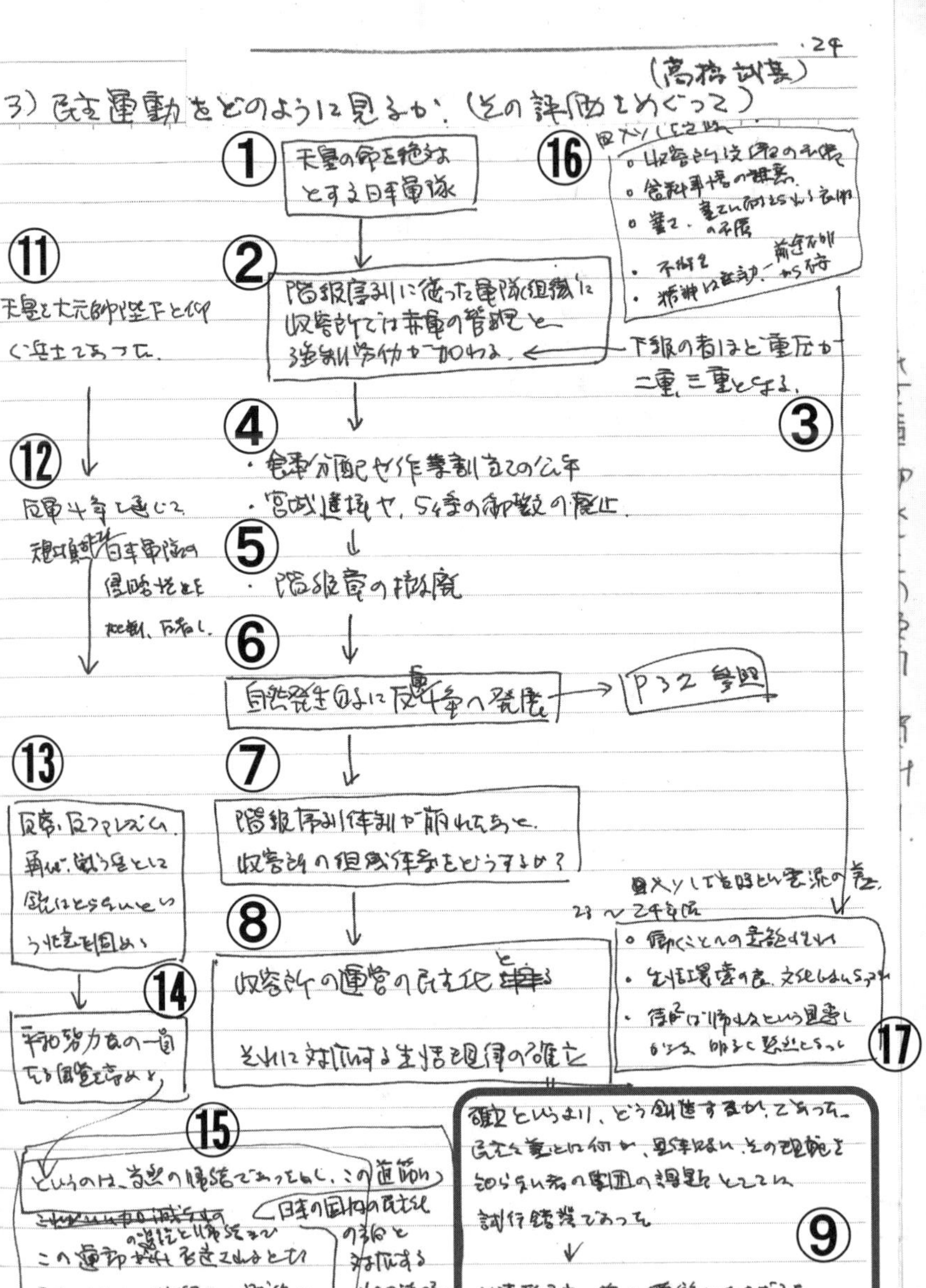

・24

（高橋 試案）

3）民主運動をどのように見るか。（その評価をめぐって）

① 天皇の命を絶対とする日本軍隊

② 階級序列に従った軍隊組織に収容所では赤軍の管理と強制労働が加わる。

③ 下級の者ほど重圧が二重、三重となる。

④ ・食事分配や作業割当ての公平
・営内連絡や、[illegible]の敬礼の廃止

⑤ ・階級章の撤廃

⑥ 自然発生的に反軍斗争へ発展 → P32 参照

⑦ 階級序列体制が崩れたあと、収容所の組織体系をどうするか？

⑧ 収容所の運営の民主化と、それに対応する生活規律の確立

⑨ 確立というより、どう創造するか、であった。民主主義とは何か、具体的な、その理論を知らない者の集団の課題としては試行錯誤であった。

↓

ソ連形民主主義の模倣にならざるを得なくなる。ここに批判発生の1つの要因がある。

⑪ 天皇と大元帥陛下と仰ぐ兵士であった。

⑫ 反軍斗争を通じて、[illegible]旧日本軍隊の侵略性をも批判、反省し、

⑬ 反帝、反ファシズム、再び、戦う兵とはならないという決意を固め、

⑭ 平和勢力の一員たる自覚を高めた、

⑮ というのは、当然の帰結であったし、この道筋は（日本の国内の民主化の方向と対応するものであった。）この運動の過程と帰結までが否定されるとしたら、われわれ抑留者の戦後の（部分）生き方が否定されることになる。

⑯ 日本人にとっては
・収容所生活の不慣れ
・食料事情の悪化
・寒さ、重労働に耐えられない体力の不足
・不衛生
・精神は前途不明から不安

⑰ 日本人にとって当時との実況の差、23〜24年頃
・働くことへの意欲が生まれ
・生活環境の変化、文化的な
・帰国は帰れるという見通しがたち、明るく意欲となって

23

NO.

ハ）保阪正康氏の場合

『瀬島龍三』―参謀の昭和史― より　P44―45

シベリア収容所で、ソ連が日本人収容者に課した過酷な労働と理不尽な対応は、すでにいくつもの書によってふれられている。「日本国軍隊ハ完全ニ武装ヲ解除セラレタル後各自ノ家庭ニ復帰シ平和的且生産的ノ生活ヲ営ム機会ヲ得シメラルベシ」というポツダム宣言第九条を無視し、「将兵を自国に連行し、戦争状態を終結しているのに使役に使ってはならない」というハーグ条約にも違反したソ連側の対応は、当然、責められるべきである。

こうした理不尽な収容所生活のなかで、日本人収容者の一部による民主化運動というソ連へのへつらい、そして日本人同士の密告や、思想対立にからんだリンチもひんぱんに起きている。民主化運動に熱中し、赤化工作のための「日本新聞」を発行し、独自に洗脳システムをつくりあげ、収容所内に対ソ迎合のヒエラルヒーを完成させたのは、日本人収容者の社会に見られる特徴であった。ドイツ、イタリアの捕虜たちも、これほど大がかりなシステムを自らの手でつくってはい

の虚と実

ない。

ソ連が日本の将兵を送り還しはじめたのは、昭和二十三年春からである。当初は、民主化運動に熱心だった、「スターリン万歳」と叫ぶような将兵が舞鶴に上陸してきた。日本帰還を「天皇島に上陸」などと憑かれたような目つきで高言する者が多かった。洗脳されたあげくの行動である。抑留将兵の帰国は、昭和二十四年末まで相次いだ。

ソ連にのこされたのは、主に諜報、情報機関の将校、それに反ソ行為があったとされる将校以上の抑留者、それに軍属や民間人でも諜報に関係したなど反ソ的行為があったとされた「戦犯」たちだった。「戦犯」とはいっても、むろん根拠はない。ソ連側が恣意的な判断で決めていったものだ。彼らはソ連側の人質として、のちには日ソ交渉のソ連の切り札のひとつにも利用され、昭和三十一年まで抑留されるという辛酸をなめている。

シベリア収容所でいかに辛苦を重ねたかの個人記録は、いまいくつも公刊されている。だがそのなかで、日本人抑留者がどのような人間模様をえがいたかは、ほとんど書かれていない。将官たちの著した回想録や回顧録の類も、自らのことは語っても、他人のことに関しての叙述は極端に少ない。人間存在の微妙な部分にふれることが多いからであろう。

⑩

左翼思想の信奉はもちろん、その根拠すら把握されてきたかは疑わしいといえる。戦争を果たした国へのアコガレ、が無い体は抹殺され、正常な情勢判断を見失った―"ストレート"な理論の展開と運動へはしっていった。

幼稚な

図2　S74―14―1「1）どのように評価されてきたか　ハ）保阪正康氏の場合／3）民主運動をどのように見るか（その評価をめぐって）」

中⑤）が続く。収容所においても軍隊の階級を維持して生活したために、多くの下級兵士が与えられたのは、より少ない食事とより負担の多い労働であった。皇居の方角を拝む「宮城遥拝」や『軍人勅諭』の五か条の暗唱は、戦中の軍隊でも日課として行われていた。階級による上下関係のみならず、軍隊的生活様式とでもいえるものが収容所生活にも継続していたのである。階級によってもたらされるそのような不公平が「公平」になり、軍隊的生活様式が廃止され、そののち階級章の着用が廃止されたというのがこの記述の意味だ。

階級章の廃止に続いて「自然発生的に反軍斗争（とうそう）へ発展」（図中⑥）したと高橋さんは考えたようだが、その詳細は「32ページ」にあるようだ。そのページ[18]がさすのは「「覚え書II」／「運動発生の要因」」（S74-18-1）という資料の右ページのことである。そこで高橋さんは、「民主運動」発生の要因を「主体的要因」と「客観的要因」とに分けている。

前者は具体的には、「侵略軍隊の兵士」であったこと、兵士の多くが「貧しい勤労庶民」であったこと、前二者のような捕虜集団の中にも「広い意味での民主主義運動への胎動があった」こと、の三点である。

後者の「客観的要因」には、抑留されたのが社会主義国であったこと、「反ファシズム戦争の勝利」という国際情勢、ソ連側による抑留者への「反ファシズム民主主義」教育、敗戦後日本で民主化の動きがあり収容所の運動がそれに呼応するものであったこと、の四点が挙げられている。

再び幹の解読に戻ると、次は「階級序列体制が崩れたあと、収容所の組織体系をどうするか？」（図中⑦）という問いがあり、その答えとして「収容所の運営の民主化とそれに対応する生活規律の確立」（図中⑧）がある。すなわち、軍隊の階級による秩序は下級兵士を苦しめていただけでなく、収容所生活を組織化して運営する機能をも持っていたため、階級による秩序が

(18) 上側の四分の一ほどしか見えないが、図1の右側、一番奥に写っているページである。

崩れたあとには他の何らかの秩序が必要とされた。それが「民主化」された収容所運営と、それに伴う生活規律だったという。

これらについて具体的に教えてくれる資料は「民主運動についてのメモ／「まえがきにかえて　民主運動の沿革」」（S74‐14‐2、図3）だ。

これは「S74」を構成するノートの一ページではなく、挟みこまれたメモ用紙である。そこには「収容所における平等と公正、自主管理体制を求め確立するための斗(たたか)いであった」ことと、「強制労働を自主自立的労働へ転換を目指す斗いであった」ことという、「民主運動」の特質のふたつが挙げられ、さらにそれらの「斗いを通じて人間的な回復をはかる」とある。「民主化」された収容所運営とは、単に軍隊の階級秩序が撤廃された状態を意味するのではなく、「自主管理」すなわちソ連側に支配されるのではなく抑留者たち自身の手で収容所生活を管理することを意味するのだ。

そしてそのような収容所運営に伴う「生活規律」もまた、単に宮城遙拝や『軍人勅諭』の暗唱が廃止された状態ではない。「生活規律」という語が示す範囲はより広いと思われるが、そこに含まれる一面として労働があり、「自主自立的」に労働することが「民主化」された状態にふさわしい生活規律として位置づけられている。

幹の時間軸はここまでであるが、そのさらに下、そしてノートの左ページにまで続く形で、「収容所の運営の民主化とそれに対応する生活規律の確立」といったときの「確立」のあり方が説明されている（図中⑨及び⑩）。それを要約すると、それは確立というより「創造」といえるもので、民主主義とは何かを知らないために試行錯誤が必要であったこと、そのためソ連形式の民主主義を模倣せざるを得なかったこと、それまでの「左翼思想」の吸収を「抑圧」され

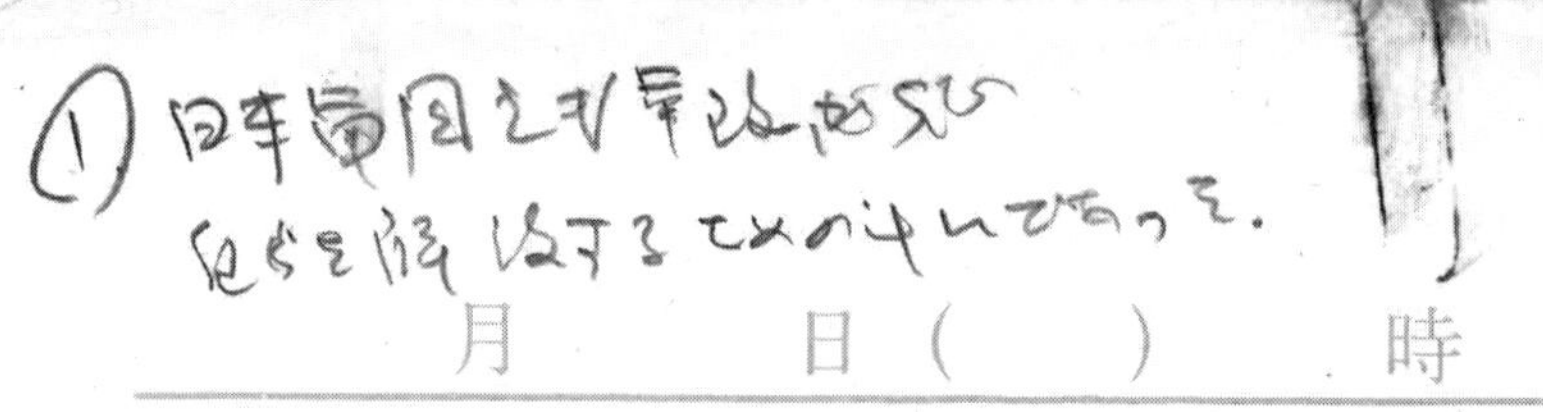
①日本帝国主義と軍政下の支配
体制を打破するための斗いであって。
月　日（　）時

② 収容所における平等と公正、自主管理体制を確立するための斗いであって
（求め）

③ 強制労働を自主的 労働へ転換を目指す斗い、であって

2,3の斗いを通じて、人間回復をはかる。

4 反ファシズム の立場を鮮明に確立するための斗いであった

5. 戦後日本の民主的改革のための運動に全く呼応する斗いとでもあった

有限会社 タチカワ印刷

図3　S74-14-2　民主運動についてのメモ／「まえがきにかえて　民主運動の沿革」

てきた状態からの急激な変化が「正常な状勢判断」を見失わせたこと、そのために「幼稚な共産主義理論の展開と運動」になってしまったこと、である。

「幼稚な」という自嘲するような表現は、同じく「S74-14-1」の左側に引用された保阪正康による「ソ連へのへつらい」という批判や、富田武による「「鉄条網の中の民主主義」に過ぎなかった[19]」という評価、そして高橋さん自身の「幼稚極まる革命ごっこにすぎなかったと嘲笑されるかも知れませんが」（S74-17「「民主運動の展開をいまたどってみて思われること。」」／「覚え書Ⅰ」）という言葉を連想させる。

だがこの「嘲笑されるかも知れませんが」に続く言葉にこそ、耳を傾けるべきだろう。

とにかく、マルクス・レーニン主義という革命理論にふれながら、日本の平和と民主主義のために、斗おうと、情熱をもやしたこと――などは、われわれの青春時代を象徴する体験として、取り消すことはできないと思っております。

（S74-17「「民主運動の展開をいまたどってみて思われること。」」／「覚え書Ⅰ」）

どうやらここに、高橋さんの生にとっての「民主運動」の核があるようだ。これをさらに考察するために、幹の左側へと視線を移したい。

「反軍斗争」と「民主運動」

まず注目したいのは、最初のふたつの記述がさし示すものの差異だ。ひとつめが「天皇を大元帥陛下と仰ぐ兵士であった」（**図中⑪**）、次が「反軍斗争を通じて天皇を頂点とする日本軍隊

---

(19) 前掲富田、三七頁。

の侵略性を批判、反省し」（図中⑫）である。幹の時間軸と対応させれば、前者は収容所でも軍隊組織が継続していた時期、後者は食事分配などの公平化から階級章の撤廃、「反軍斗争」が発生した時期といえる。

天皇を絶対と仰ぐことと、天皇を頂点とする軍隊を批判することとの間には、大きな差異がある。前者については当時の日本軍兵士の姿として説明不要だろうから、ここで検討すべきは後者だ。日本軍の侵略性への「批判」は、「反軍斗争を通じて」なされたとある。これはどういうことか。

「民主運動についてのメモ（10枚）」（S74－20－2）の四枚目には「民主化運動の特質」という見出しがつけられている。その内容は、まず「日本軍隊の階級順列支配体制のもとでの民主主義の成立はありえない。従って民主化の第一課題は収容所を○○○○即ち、軍隊の階級関係を廃止することによって」とあり、そこから矢印で示された先には「この第一の端緒が軍隊○○のうみ（ママ）や、収容所を○○上官たちの思想的タイハイと横暴に対［す］る反パツが熾烈な斗いとなって露出○○てきたところに反軍斗争の特質がある」と書かれている。(20)

読めない部分も多いが、判読可能な部分だけを拾ってもおよそ意味が取れる。その主旨は、収容所の民主化のためには軍隊の階級関係の廃止が必須であったことと、収容所における上官の退廃や横暴に対する反発が下級兵士の間に起こったことだ。

上級者から下級者への暴力は、収容所に限らず、戦中の軍隊でも日常的に見られたことはよく知られている。収容所においてなぜ「反軍斗争」が可能になったのか、高橋さんの考えを読み取れる箇所を同じく「S74－20－2」から、ここでは二点挙げておこう。

一点目は、「日本軍隊の階級章をつけた階級制度というのは、実質をともなわない全くの虚

(20) 本章で資料を引用する際、筆者が補った箇所は［ ］で括り、判読できていない箇所は対応する文字と同じ数の○で置き換えた。

構であった」、「天皇という絶対という支えがなければ、全くの砂上の楼閣でしかなかった」、さらにその下にあるのは『軍人勅諭』からの引用で「下級のものは、上官の命を承くること、実は直に朕が命を承くる義なりと心得よ」という箇所だ。

この『軍人勅諭』の文言の大前提は天皇の存在だ。しかし敗戦と捕虜生活とによって天皇「不在」の状況が生み出され、軍隊の階級制度の虚構性が明らかになった。

二点目は、「極限状態になったとき、知識とか、階級とか、身分とかにしがみついている人間はいかに脆く、無力であるか―生きるすべを見失ってしまう」（傍線原文）という箇所だ。飢え、酷寒、重労働の「三重苦」で知られるシベリアの収容所生活は、抑留者の一割が亡くなったという死と隣りあわせの環境で、まさに「極限状態」だった。前述のように天皇が不在であることとともに、収容所の「極限状態」そのものが、軍隊の階級に「しがみついている」上級者の脆さ、無力さを露呈したのである。

ここまで、軍隊の階級に対する反発と「反軍斗争」の発生についての高橋さんの解釈を説明してきた。「S74-14-1」の図に戻ると、次に記されているのは「反○、反ファシズム、再び戦う兵として銃はとらないという決意を固める」（図中⑬）、「平和勢力の一員たる自覚を高める」（図中⑭）、「というのは、当然の帰結であったし、この直前に日本の国内の民主化の方向と対応するものであった。この運動の○○と帰結まで否定されるとするなら、われわれ捕虜抑留者の戦後の出発が否定されることになる」（図中⑮）という一連の流れだ。

もうひとつ検討したいのは「平和勢力の一員」としての自覚を高めたのが「当然の帰結」であったということの意味である。ここには、幹の右側を見たうえで立ち戻ることにする。

生きることと「民主運動」

幹の右側は、大きくふたつの記述から構成されている。ひとつめは、

入ソした当初
・収容所設備の不備
・食糧事情の雑悪
・寒さ、寒さに耐えられる衣服の不備
・不衛生
・精神は無気力―前途不明から不安（**図中⑯**）

とあり、収容所生活が始まった当初の生活環境の劣悪さが綴られている。ふたつめは、

入ソした当初とは雲泥の差　［昭和］23～24年頃
・働く事への意欲も生れる
・生活環境の良、文化的になって○
・待てば帰れるという見通しがある　明るく○○となった（**図中⑰**）

とあり、これは幹の時間軸でいえば「収容所の運営の民主化とそれに対応する生活規律の確立」に対応している。

これは一見、理解がたやすいように思えるかもしれない。すなわち、収容所生活が始まった

当初は、生きるための最低限の環境もそろっていなかったが、階級に伴う不平等の是正などを経て「民主化」されたあとは状況が改善されたのだ、と。実際、最初の冬に最も多くの死者が出たことは指摘されており、[21]のちには娯楽に興じることができるほどには、様々な面で余裕が生まれたことは、いくつもの体験記に見ることができる。しかしここではもう一歩踏みこみ、この事実が高橋さんにとってどのような意味を持ちえたのかを考えたい。

その手がかりは「民主運動についてのメモ（10枚）」（S74-20-2）の六枚目にある。「生きるということ」という見出しの下に「人間生きるということは—闘いであることを、身をもって体験した」とあり、その下には前項で見た「極限状態になったとき」が続く。そしてもうひとつ「創造的な労働の場こそ、人間○○の原点であることを、身をもって体験した」と書かれている。この「生きるということ」は、「民主運動を通じて何を体験したか」を考察した四枚のうちの一枚である。

生きることが「闘い」であるというのは、それに続いて上級者が無力であったことが記されているから、「反軍斗争」に象徴される、生活改善のための努力そのものをさすのだろうか。ふたつめの労働に関する一文は、本項の冒頭に引用した「働くことへの意欲」などとつながるものだ。「民主運動」の過程で、「平塚運動」と呼ばれる労働強化が行われた。高橋さんはこれを、「ソ連の戦後復興」に「ソ連人なみに参加」したもので、結果的には「収容所における民主化運動の枠をはるかに逸脱した」取り組みであったことを、「民主運動」に向けられた批判を受け止める形で認めている（S74-16）。

だが「逸脱」した取り組みであったとしても、高橋さんがそこで体験した「創造的な労働」は「生きる」ことに直結していた。本項で検討してきた幹の右側の記述は、収容所で生きるた

(21) 全抑留期間の死亡者約六万人に対し、その八〇%は一九四五年から四六年にかけての冬の間の死者であったという（前掲富田、二七頁）。

めの環境が時間の経過によって変化したという単純な説明ではなく、「民主運動」がもたらした生の実感を示しているのである。

ここで、幹の左側の検討で残した問い、すなわち反戦の「決意」を持ち「平和勢力の一員」として自覚を高めたのは「当然の帰結」であったというのはどういう意味かという疑問に戻ろう。

もう一度「S74－20－2」を見ると、三枚目（図4）には次のようにある。ただし推敲を重ねた形跡が特に多い資料であり、ひとつづきに読むのが難しいので、語句の順序を入れ替え、適宜補った。

> われわれ兵士大衆は、反戦、平和、反ファシズム社会主義ソ連の擁護と強化のたたかいに積極的に参加することによって［参加することはすなわち］、侵略者としての作戦をなしたことへの［ケジメと］、われわれ兵士大衆にとっては日本軍国主義の兵士として戦争に参加した自らにたいする、戦後を生きるためのケジメそのものである。

ここでの「ソ連の擁護と強化」とは、「ソ連の戦後復興」のための労働に積極的に取り組むことである。また「たたかい」とは、もちろん兵士としての「戦い」ではなく、すでに資料を示した「生きるということは―闘いである」の意味と重なっているはずだ。

先に、収容所生活における労働によって生の実感を得たのだと書いたが、労働への意味づけはそれだけではなかった。高橋さんにとって「反戦、平和、反ファシズム」を掲げるソ連の強化にできる限りの協力をすることは、兵士として侵略戦争に参加してしまったことへの反省で

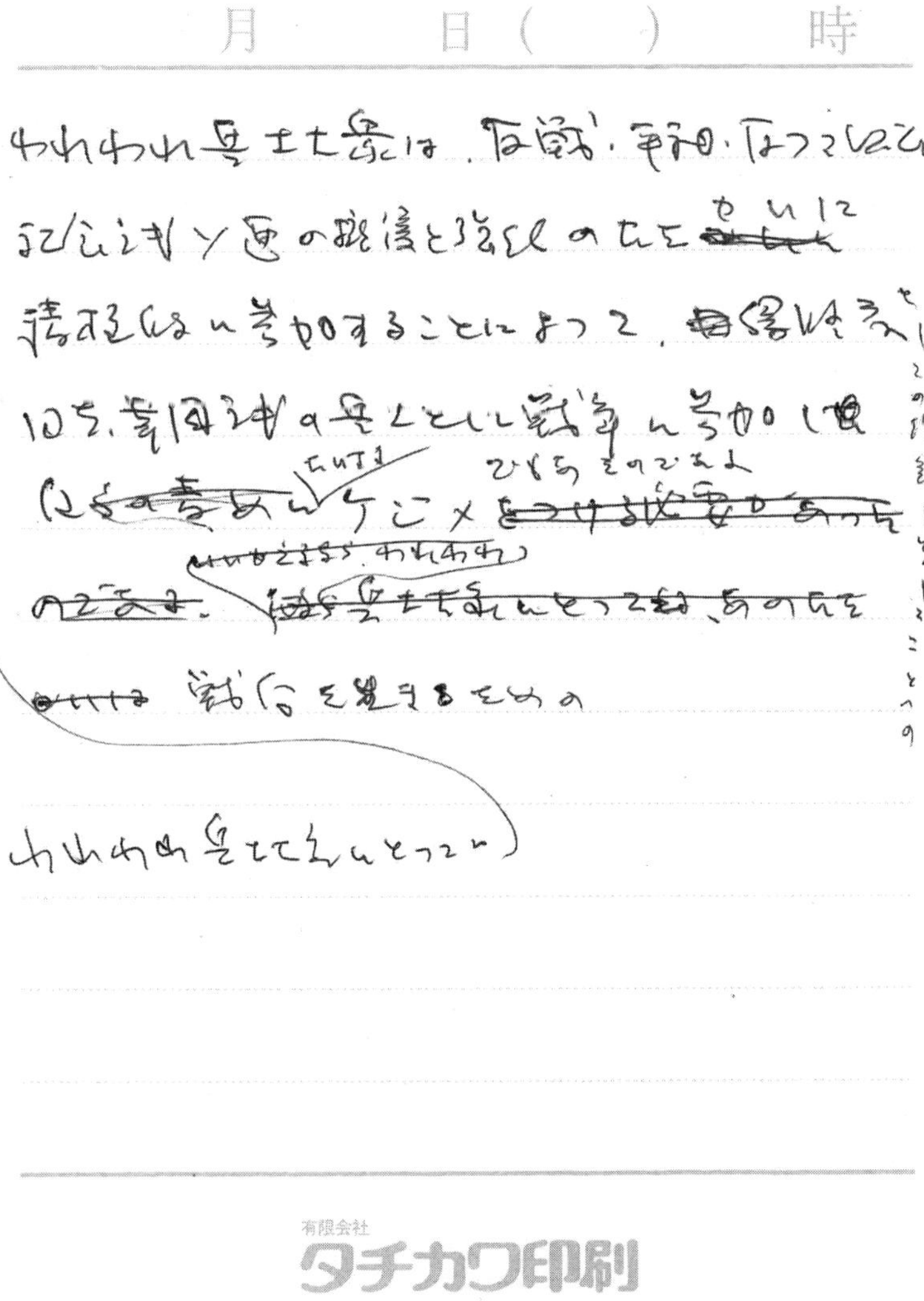

月　日（　）　時

有限会社
タチカワ印刷

図4　S74-20-2　民主運動についてのメモ（10枚）（3枚目）

あり、「闘い」すなわち生きることそのものなのであった。

おわりに

本章を閉じる前に白状しておきたいことがある。私は高橋さんの「民主運動」への探究心の強さを重視するあまり、収容所で死んだ「戦友」たちにも同じく心身のエネルギーを注ぎ続けていたことから目をそらしてしまっていた。

高橋さんの知人女性Nさんにインタビュー(22)をした際に語られた次の言葉は、そのことを私に気づかせ、深い反省を促すものだった。

> 一番求めてたのは、やっぱり亡くなった人の正確な名前、人数、もちろん出身地、住所、そしてそのお墓。自分たちは生きて戻って来られたけれども、日本に帰って来られなかった戦友がいっぱいいるって。それが名前も明らかにならないで、どこに埋められてるかも明らかにならないで、ご遺族に伝えることもできないで、それの何が平和だ、みたいな。「もう過去のものだ」って、そんなわけないだろって。

Nさんの別の言葉を振り返ると、高橋さんは自身の体験について多くを語らなかったという。『捕虜体験記』にも自身の体験記は掲載していない。だが抱えてきた痛みの大きさは、次のような文章にうかがうことができる。

---

(22) 二〇二三年九月五日にインタビューをさせていただいた。

昭和二〇年八月一五日にいたるまでの、天皇絶対治制下の戦争の二〇年間（歴史的には十五年戦争というのが正確なのかもしれないが、大正末生まれの私などにとっては、生まれた時からまるまる二〇年間、戦争であった）と、その後の四年間にわたる捕虜という異常な体験の軌跡が、生涯消すことのできない歴史の陰翳として、深く刻みこまれている[23]

高橋さんをはじめ、戦争に若い人生を踏みにじられたうえ、敗戦後の人生の再出発も、捕虜となり台無しにされてしまった人々にとっての「民主運動」とは、今度こそいい人生を手に入れるため、そして戦後の新しい社会をよいものにするため、軍隊の秩序と闘い、思想と理論の勉強に励み、兵士として戦争に参加してしまったことを反省するものであった。しかし帰国した日本では、収容所で学んだ社会主義や革命の理論は通用しなかった。だからこそ、収容所での自分たちの闘いに意味づけを求める必要があったのではないだろうか。

本章で描いてきたのは、高橋さんの「民主運動」追究の積み重ねの一端と、高橋さんの人生に刻まれた「陰翳」である。ここで明らかにできたのはほんの一部分であり、「高橋資料」は多くの課題と可能性を残している。

しかし今回取り上げた「S74」ひとつをとってみても、戦争を生き抜いた人間について豊かに語りかけてくれる資料であることがわかるだろう。高橋大造というひとりの人間と、たしかにつながることができたということを、多少でも示すことができたのではないだろうか。

すでに述べたとおり「高橋資料」は、間もなく保管場所を移さなければならないが、その移転先はまだ見つかっていない。しかし、失われていい個人の生の記録など、ありはしない。

---

(23) 高橋大造「視点・その二――『民主運動篇』の編集に当たって」（『オーロラ』第八号、ソ連における日本人捕虜の生活体験を記録する会、一九八九年）、一～二頁。

陸軍士官学校からエリートビジネスマンへ

ある六十期生の「陸士経験」と戦後

Tsukada Shuichi
塚田修一

はじめに

大正一五年（一九二六年）生まれのある人物の話から始めたい。その人物の名は江分利満。小説『江分利満氏の優雅な生活』の主人公である。実業家である父親はいわゆる軍需成金であり、会社を倒産させても、「戦争の気配」に乗じてまた成功を手にしてしまうような人物であった。そして江分利満自身も、戦争に振り回された青春時代を送る。進学した中学では、数学が出来ないうえに体操と軍事教練の成績が極端に悪く、落ちこぼれであった。昭和一九年に大学に進むものの、兵隊に行くまでに何かしたいと考え、中退して父親の旋盤工場で働く。昭和二〇年七月に入営するが、翌月終戦となる。

大正一五年生まれは、数え年が昭和の年号と一致する。大東亜戦争は昭和一六年一二月にはじまって二〇年八月に終る。江分利の数えの一六歳から二〇歳までで、心理学上の思春期である。江分利はいつも子供ごころに国の重みを感じていた。一方、戦争と徴兵制度のない世界に恋いこがれた。それは極楽浄土だ。江分利は、うちは金持だから戦争が終ればどんなにいいだろうかと空想した。しかし江分利家に金がだぶついたのは戦争のおかげであることを知らなかった。[(1)]

江分利満は山口瞳による創作であるが、そこには作者の山口自身が少なからず投影されている。山口もまた、江分利満同様に一九二六年に生まれ、私立中学を経て旧制第一早稲田高等学院に進むが中退し、一九四五年七月に応召するものの、終戦を迎える。戦後は、壽屋（現サントリー）の宣伝部で活躍する（なお江分利満は東西電機の宣伝部に勤めているという設定である）。とはいえ、本章の主人公は江分利満でも山口瞳でもない。江分利・山口の一年後に生まれ、やはり戦争と切り離せない青年期を過ごした後、学習院大学を経て朝日麦酒（現アサヒビール）でビジネスマンとして活躍することになる中條高徳が本章の主人公である。

ほぼ同じ年に生まれ、戦後は同じような業界（飲料メーカー）で働くことになる山口（江分利）と中條に共通しているのは、戦争によって青春時代が規定されていることである。しかし、この二人を決定的に分つのは学歴である。

大学を中退し、「どこへ行っても学歴と基礎学力にひけ目を感じ」ていた江分利満からみて「秀才連中」と映ったのが、たとえば海軍兵学校や陸軍士官学校から戦後、大学へ入った者たちである。

［昭和］二九年に中学の同期会があった。こういう会合はソラゾラしいものだ。みんな心

（1）山口瞳『江分利満氏の優雅な生活』（ちくま文庫、二〇〇九［一九六三］年）、二三〇頁。

の張りを失っていた。商売の取引の話ばかりしていた。まともに学校を出たのは一人しかいなかった。それも兵隊のがれに医科大学へ入って、そのまま医者になってしまったのだという。秀才連中は理科系から戦後文科系へ移ったり、海兵や陸士から大学へ戻ったりしていた。(2)

本章の主人公である中條こそ、陸軍士官学校出身（陸士六十期生）であり、戦後、旧制高校から大学へ進んだ経歴の持ち主であった。本章では、陸士出身で、戦後はエリートビジネスマンとなったこの中條のライフヒストリーに焦点を当て、その「陸士経験」の有り様を考察してみたい。

陸士出身者と戦友会の戦後

戦後ビジネスエリートとなった陸士出身者たち

片瀬一男は、義務教育修了時に職業軍人を志望していた者は、戦後の一九七五年時点においては総じて大企業や地方の官公庁の管理職を中心とした社会の中上層を占めていたことを指摘している。(3)「彼らの壮年期は高度経済成長期にあたり、管理職や事務職といったホワイトカラー層として、日本社会の経済成長の推進において中枢的な役割を果たしたことが推測される」。(4)

また片瀬は、軍隊がある意味で「学校」であったことを論じている。すなわち、理科系の学生たちは大学で学んだ技術を、当時、もっとも設備や物資が豊富だった軍隊で実践することによって鍛え、戦後の経済成長期を迎えた。(5) 一方、文科系の学徒出陣者が軍隊から学んだことは

(2) 前掲山口、二二一頁。
(3) 片瀬一男「経済人の軍隊経験――教育機関としての軍隊」（橋本健二編『戦後日本社会の誕生』弘文堂、二〇一五年）、片瀬一男『若者の戦後史：軍国少年からロスジェネまで』（ミネルヴァ書房、二〇一五年）。
(4) 片瀬一男『若者の戦後史：軍国少年からロスジェネまで』、七三頁。
(5) 片瀬一男「経済人の軍隊経験――教育機関としての軍隊」、一九七頁。

二つのタイプに分類できる。一つは、戦争体験から経営における合理的戦略の重要性を学んだ者、もう一つは主計官や法務官として経営・法律の実務を文字通り実地で身につけた者である。彼らは、軍隊という学校において身につけた知識や技能を利用して戦後復興や高度成長を成し遂げるとともに、経済人としての地位を獲得した経済エリートとなっていくのである。(6)

では、その中でも特に陸軍士官学校出身者たちは、戦後どのような人生を歩んだのであろうか。一九八〇年の『週刊読売』は、四回にわたって各界で活躍する陸士出身者を特集している。(7)同様に、一九九五年のビジネス雑誌でも、陸士出身の会社役員がまとめられている。(8)

上述の記事から分かることは、戦後の各界における陸士（および海兵）出身者たちのエリート性である。(9)特に『週刊読売』において二回に分けて特集されている実業界では、多数の陸士出身者が活躍している。渡邉勉は、職業軍人たちの戦後における職業について分析し、ホワイトカラーとブルカラーが同等程度存在したことや、職が不安定な者も存在したことを指摘している。(10)しかし、その中でも陸士出身者は概して恵まれた戦後を送ったと言えるだろう。

陸士出身の元職業軍人で、戦後自らの軍隊経験をビジネスに応用し、ビジネスマンして活躍した人物としてよく知られているのが、瀬島龍三である。陸軍幼年学校を経て、陸軍士官学校四十四期を次席、陸軍大学校を首席で卒業し、関東軍参謀として終戦を迎えた瀬島は、シベリア抑留から帰国したのち、伊藤忠商事に入社し、ビジネスマンとしての頭角を現す。

瀬島は、陸軍大学校で学んだ演習の方法を伊藤忠社内で応用している。この陸大の演習は、「一年から三年までの全校生を赤軍と青軍に真っ二つに分ける。両軍にはそれぞれ軍司令官、参謀長以下の面々が学生の中から任命される。両軍は互いの作戦を極秘にしつつ、図上で戦いを展開する」というものであった。この方法を応用して、業務本部の全員を四つの「会社」に

---

(6) 片瀬一男「経済人の軍隊経験——教育機関としての軍隊」、一九九～二〇〇頁。

(7)「徹底調査 陸士出身各界いま活躍中の1、000人全氏名」（『週刊読売』一九八〇年三月二三日、三二～四三頁）、「徹底調査 官界編 陸士出身いま活躍中の750人全氏名」（『週刊読売』一九八〇年五月一八日、一四六～五七頁）、「徹底調査 会社編① 陸士出身いま活躍中の800人全氏名」（『週刊読売』一九八〇年六月二九日、一三四～四五頁）、「徹底調査 会社編② 陸士出身いま活躍中の800人現職」（『週刊読売』一九八〇年七月六日、一五四～六六頁）。

(8)「資料 陸軍士官学校出身会社役員」（『LA INTERNATIONAL』一九九五年九月号）、六九～七二頁。

(9) 筆者が入手した陸士六十期生の「同期生医療

分け、「一九七〇年代の伊藤忠の経営戦略はいかに進めるべきか」を研究させた。それによって出てきたレポートの出来は非常に良く、その中のひとつである「外資に対する戦略」は現実の経営に生かされたという。(11)

本章の主人公である中條も、陸軍士官学校出身で、多分に漏れず、戦後はエリートビジネスマンとして活躍することになる。そしてそこには陸士での経験および陸士の戦友会の存在が強く作用している。

陸士の戦友会

ここで、戦後社会における陸士出身者の戦友会について概観しておこう。吉田裕によれば、サンフランシスコ講和条約の発効と「逆コース」の状況の中、旧軍人団体の結成が相次いだ。戦前からあった、陸軍士官学校出身の将校の親睦・修養団体である「偕行社」は、占領期にGHQの指令により解散が命じられていたが、講和条約発効後の一九五二年八月に「偕行会」として発足し、一九五七年一二月には「財団法人偕行社」となる。(12)

しかしながら、この偕行社のメンバー間のつながりは、さほど強固なものとは言えない。偕行社の内部には、かつての戦争に対する評価や会の目的をどこに置くかという点についてかなりの多様性があった。(13) また、偕行社の戦後社会の中の軌跡を詳細に検討した角田燎は、会の「政治性」をめぐってメンバーの世代間抗争があったことを明らかにしている。(14)

ただし、後に論じるように、本章の主人公である中條高徳（陸士六十期生）が特にコミットしていた陸士の戦友会はこの偕行社とは異なり、また会との関わり方も特殊であった。

従事者名簿」（昭和五五年一二月）には、六十期生だけで二五九名もの医療関係者が記載されている。

（10）渡邉勉「職業軍人の退役後の職業経験」（『関西学院大学社会学部紀要』第一二七号、二〇一七年）。

（11）「むかし参謀そしていま副社長 瀬島龍三が初めて明かす伊藤忠戦略」（『経済界』一九七二年一一月）、四八～五五頁。

（12）吉田裕『兵士たちの戦後史——戦後日本社会を支えた人びと』（岩波現代文庫、二〇二〇年）、七四頁。

（13）木村卓滋「軍人たちの戦後——旧軍人集団と戦後日本」（『岩波講座 アジア・太平洋戦争5 戦場の諸相』岩波書店、二〇〇六年）。

（14）角田燎「陸軍将校戦友会の戦後史——元エリート軍人の世代間闘争と「責任意識」の変容」（立命館大学大学院社会学研究科博士論文、二〇二三年）。

中條高徳のライフヒストリー

「ありふれた進路」としての陸軍士官学校

本章の主人公である中條高徳のライフヒストリーを辿っていこう。(15)

中條は一九二七年に長野県千曲市に生まれる。「勉強ができて健康な男子は陸軍士官学校か海軍兵学校に進むのが当然というような雰囲気があふれていた。世の父親たちは戦争の手柄を語り、毎年三月一〇日には日露戦争に参加した人たちが学校に来て、命懸けで戦ったことで今日の日本があると語り、子供たちもそれを聞いて拳を握る。そんな状況だから、学業優秀な子供は東大か京大に進むのが普通だったが、末っ子だった私にはお国のために尽くす道を親は勧めた。特に母は熱心だった。泳げなかった私は、陸士に入学して立派な軍人になるという熱い志に燃えていた」(16)。

実際、満洲事変以降に陸士の志願者は激増し、都市部一流校の中学生たちが一高合格に準じる学力をもってして陸士を目指す状況であった。進学先としての陸士の威信が最も高まったのが一九四〇年頃である(17)。また、河野仁が一九八五年に行った旧陸海軍将校・生徒約二〇〇〇名を対象に実施した質問紙調査によれば、陸軍士官学校の受験動機として、五十八期から六十一期において、最も高いポイント(七五・〇%)を示しているのが、「国家有用の人材になる」という項目であった(18)。そんな中で、中條も「お国のために尽くす」べく、陸士を進学先に選んだ一人であった。中條は六十期生として陸軍士官学校に入学する。

その陸士における教育について、中條は次のように語っている。「公に身を捧げる使命感。国民にその心が失われたとき、その国家が危うくなることは歴史が教えているとおりである。

(15) なお、中條については、内田英之による評伝がある(内田英之『事の成るは成る日に成るにあらず アサヒビールの奇跡――小説・中條高徳』(産業新潮社、一九九八年)。

(16) 『経済界』(二〇一〇年六月八日)、六一頁。

(17) 武石典史「進学先としての陸軍士官学校――明治・大正・昭和期の入学難易度と志向地域差」(『史學雑誌』第一一四編第一二号、二〇〇五年)。

(18) 河野仁「大正・昭和期の軍事エリートの形成過程――陸海軍将校の軍キャリア選択と軍学校適応に関する実証分析」(筒井清忠編『「近代日本」の歴史社会学――心性と構造』木鐸社、一九九〇年)、一〇四頁。

おじいちゃん〔中條のこと〕が陸士で教えられたものは、詰まるところ、国家という公に尽くす使命感、公に身を捧げる心構えだったのだ[19]。

広田照幸が陸軍士官学校のカリキュラムの特徴の一つとして指摘しているのは、功名心等の私的欲求の否定である。だがそれでいて、国家への貢献に向かう限りにおいては、立身出世といった生徒の個人的な野心は肯定されていた[20]。上記の中條の「国家という公に尽くす使命感、公に身を捧げる心構え」は、そのような陸士教育を内面化したものであろう。

以上のように、中條のキャリア選択および陸士経験は、当時の社会状況を反映したものであり、言ってみれば「ありふれたもの」であった。その意味で青年時代の中條は、普通の人（EveryMan）なのだ。

エリートビジネスマンとしての戦後

中條たち陸士六十期生の一部は、一九四五年に長野県北軽井沢に移動することになる。「私の故郷に近い長野県松代に大本営を移し、本土決戦に備えることになったが、その尖兵に充てられたのがわれわれ陸士の生徒だった」[21]。中條はそこで同期生たちと共に終戦を迎えることになる。

終戦後の一九四六年三月、中條は旧制松本高校（現信州大学）を受験し合格するが、GHQによる「軍関係一割制限」の追放令により、入学することが出来なかった。結局、中條は一年後に入学を認められる。松本高校では自由な校風の中で青春を謳歌する。

高校在学中に安倍能成の薫陶を受けた中條は、安倍の強い勧めで高校卒業後は学習院大学に入学する。「もっとも、両親はこの私の進路に対し、大反対だった。私が松本高校に進んだ時

(19) 中條高徳『孫娘からの質問状 おじいちゃん戦争のことを教えて』（小学館文庫、二〇〇二年）、六九頁。

(20) 広田照幸『陸軍将校の教育社会史（上）』（ちくま学芸文庫、二〇二一年）。

(21) 『経済界』（二〇一〇年六月八日）、六二頁。

点で、両親は東大や京大などの国立大学に進み、当時の高等文官試験、今でいう国家公務員Ⅰ種試験を突破し、高級官僚の道を進むと考えていたようだ。事実、松本高校の仲間は大半が国立大学に進み、私立大学に行くのは例外中の例外だった」[22]。この選択には、陸士に進んだ際──先に「ありふれたもの」と評した──の「反省」があったという。「陸士で学んだことは今でも私の血となり肉となっている。だが、進路の選択は、世間の空気に染まり、先生や両親の勧めを無批判に受け入れたもので、自分の考えで選んだものではなかった。だからこれからは、周りの意見には耳を傾けるが、最終的な結論は自分で下す生き方をしようと思っていた。そこで私は合格通知をもらうと、迷うことなく学習院大学に進んだ」[23]。

学習院大学では三年時の専門課程に編入ということになり、卒業後は朝日麦酒（現アサヒビール）に入社する。「私がアサヒビールを選んだ理由は単純だった。戦後間もないとき、皇居前広場にも赤旗が翻り、この国は共産化するのではと思ったことがあった。たとえそうなったとしても、食料に関係する会社であれば安泰だと思ったからだ。」「その頃のアサヒビールは業界二位で、ビールのシェアは三三％だったが、飲料水部門には三ツ矢サイダーという絶対的な強みを持つ商品があった。これなら景気がどうなろうと会社は安泰だろうという読みもあった。」[24]

だが、中條が入社後のアサヒビールは苦境を強いられる。中條の記述を引用しよう。「かつての同志だったサッポロもジリジリとシェアを落とす一方、二五％台でスタートしたキリンは破竹の勢いで市場を拡大し、五〇％に迫ろうかという大躍進を遂げていた。アサヒはつるべ落としのようにシェアを下げ、限界シェアの一〇％を割り込む状況になっていった。六三年にアサヒの販売網を借りてビール事業を始めたサントリーは、八〇年代に入る頃にはシェアを一〇％近くまで伸ばし、アサヒはキリンとサントリーの両者から挟撃される形となった。まさ

---

(22)『経済界』(二〇一〇年六月八日)、六四頁。

(23)『経済界』(二〇一〇年六月八日)、六四頁。

(24)『経済界』(二〇一〇年六月八日)、六五頁。

にサントリーには「軒先を貸して母屋を取られる」という結果になってしまったのだ」[25]。

当時の日本のビールは、熟成させた「ラガービール」が主流であった。それに対し、中條は次のような提案をする。「六三年秋の全国支店長会議に提出する〝涙の建白書〟とも言える「提案書」を私は作成した。その内容は平たく言えば、「ビールは生が正しい。だから生ビールに軸足を移し、それを反攻の足がかりにしよう」というもの」[26]。当時の社長であった山本爲三郎の理解と後押しもあり、生ビール「スタイニー」を世に送り出す。売れ行きも好調であったが、それも長くは続かなかった。「ようやく「生」が通年のビールとして消費者に認知され始めた矢先、アサヒの「生」路線の最大の理解者であり、経営の舵を「生」に向けて大きく切ってくれた山本社長が、六六年二月四日、不帰の客となった。あまりにも突然の死だった。山本社長という絶対的な存在が亡くなった途端に、「スタイニー」から「生」の文字が消えてしまった」[27]。

一九八〇年に常務取締役営業本部長となった中條は、前年に九・六％にまで落ちてしまっていたシェアを復活させるべく奮闘する。そして一九八七年、当時のビールにはなかった「辛口・ドライ」という概念を持ち込んだ「スーパードライ」を大ヒットさせる。それによって、アサヒビールは「奇跡の復活」を遂げるのである。

言論活動と陸士経験の前景化

「スーパードライ」によって、アサヒビールの復活を成し遂げた中條は、一九九〇年代からその経験をビジネス雑誌や経営書で発信していく。それはたとえば孫子の『兵法』に準え、以下のように語られる。「われわれが実行した作戦でとくに強調したいのは、兵法に学んだことの

(25)『経済界』(二〇一〇年七月六日)、六五頁。

(26)『経済界』(二〇一〇年七月六日)、六六頁。

(27)『経済界』(二〇一〇年七月六日)、六七頁。

尊さである。経済の状態が依然として不透明で、各企業とも苦悶するなかで、戦略的にものを見なさい、事を進めなさい、という声をよく耳にする。そんなとき、兵法に学び、兵法にのっとって企画し、判断すれば、現在の状況がよく見え、判断の誤りも少なくなる。つまりは成功への近道であるといっても過言ではない」[28]。

興味深いのは、こうしてアサヒビールの復活劇を語る際に、陸士経験を織り交ぜた語りが登場してくることである。

一時は会社の存亡を危ぶまれるところまでシェアが低下したアサヒビールは、全社員の必死の頑張りで復活することができた。「スーパードライ」という画期的な新商品が躍進に一役買ったのだが、その裏には、「生ビール」路線だけがガリバー・キリンに唯一勝つことができる道と思い定め、一致団結して事に当たったからだった。営業本部長として旗振り役を務めた私だったが、その戦略の大本には、常に陸軍士官学校で体得した人間学があったのだ[29]。

私たちは常日頃から高い精神性を身につけようと、己に厳しくあり続けました。自己を犠牲にしてでも、全体の利益を考える――。「人の上に立つ者とは、こうあるべき」という、いわばリーダー学を、この陸士で徹底的に教育されたのです。この経験は、後年、アサヒビールに入社し、会社の「生まれ変わり作戦」の陣頭指揮を任された時、大いに役に立ちました。本来、人間一人一人は自己中心的でわがままな存在です。しかし同時に、適切な教育と訓練、愛情のある躾により、考えられないほどの向上を見せる存在でもありま

---

(28) 中條高徳『小が大に勝つ兵法の実践』(かんき出版、一九九四年)、二二七頁。

(29)『経済界』(二〇一〇年八月三日)、六六頁。

す。そうなるように人を導くためのヒントが、青年時代に学んだ陸士の教えに隠されていたのです。(30)

アサヒビールの第一線を退いた後の中條は、日本国際青年文化協会会長、日本会議代表委員等を歴任し、『おじいちゃん戦争のことを教えて』(一九九八年)、『おじいちゃん日本のことを教えて』(二〇〇一年)、『だから日本人よ、靖国へ行こう』(二〇〇六年)、『陸軍士官学校の人間学』(二〇一〇年)など、自らの陸士経験を前面に押し出した保守的な言論活動を展開していく。二〇一四年に八七歳で没する。

このように、戦後の中條のライフストーリーは、一九八〇年代までのアサヒビールにおけるビジネスマンとしての奮闘・活躍と、一九九〇年代以降の特に陸士経験を前面に押し出した言論活動とに大別出来る。

ここから、二つの問いを立てて考察していきたい。一つ目は、戦後の中條にとって陸士経験はいかなるものであったのかということである。二つ目は、中條の一九九〇年代以降の陸士経験の前景化はいかなる条件によるものなのかということである。

「陸士六十期生」という呪縛

つながりの弱さと語るべき陸士経験の不在

中條にとっての陸士経験の有り様を理解するための手掛かりとなるのが、中條の陸士の出身期である。

(30) 中條高徳『陸軍士官学校の人間学』(講談社+α新書、二〇一〇年)、三〇頁。

河野仁が明らかにしている通り、陸士のどの期であるかによって、陸士を受験した動機や、軍教育への適応状況において違いが生じている。(31) 中でも、五十九期から六十一期の世代が、それ以前の世代と比べて最も大きくポイントを下げているのが、上下親近、すなわち「先輩・後輩間の連帯感・親近感を感じた」という項目である。五十三期から五十八期の世代においては八五・〇%であったが、五十九期から六十一期の世代においては五九・〇%である。また、同期感化、すなわち「同期生から教官や先輩以上の感化を受けた」という項目についても、五十三期から五十八期の世代においては六二・七%であったが、五十九期から六十一期の世代においては四七・五%となっている。(32)

すなわち、六十期の中條を含む五十九期から六十一期は、他の期に比べて、陸士における縦のつながり（上下近親）の弱さと、横のつながり（同期感化）の弱さを特徴として持っていたということである。(33)

加えて、在学中に終戦を迎えた六十期生は戦場体験を有していない。また、当然ながら同期生には戦死者も（ほとんど）居ない。陸士60期生会が編んだ『戦没者追悼記』には、靖国神社に合祀されている六十期生の戦没者が記載されているが、その数は僅か一五名である。(34) すなわち、中條ら六十期生は、語るべき／意味づけるべき「陸士経験」を有していないのである。

陸士の団結の比較

この六十期生の特徴は、他の期生と比較することで明確になる。五十八期生の同期会を調査した大江洋代は、五十八期生特有の性格として、身近だった先輩が実際に戦死、特に特攻死していくことを目の当たりにする中で、将校としての意識を固めていったことを指摘している。(35)

---

(31) 河野仁「大正・昭和期の軍事エリートの形成過程——陸海軍将校の軍キャリア選択と軍学校適応に関する実証分析」（筒井清忠編『「近代日本」の歴史社会学——心性と構造』木鐸社、一九九〇年）。

(32) 前掲河野、一一七頁

(33) 陸士六十期生で、戦後に陸上自衛隊の幕僚長となった渡部敬太郎は、六十期生について次のように書いている。「陸士五十九期、六十期は、他の期にはみられない特色をもっていた。その第一は、同期生の数が陸士の歴史の中で最も多かったことである。六十期一期のみで四千人という厖大な数である。これは同期生のなじみを僅かに所属中隊周辺に限定し、「同期生」というフンイキも「団結」という結果もみなかった。第二は、教育年限の縮小である。予科士官学校入校は十九年三月で、卒業は、航空士官学校へ行く者は二十年四月に、陸軍士官学校

また、「戦局の悪化の下の日常生活は、自分がその伝統を断絶させてはならないという意識を、以前の期に比して強く作り出していった」[36]。それが他の期よりも強い感のある誇り・連帯を形成したという。

また、多くの戦死者を出した五十五期生、五十六期生と比較してみよう。五十五期生を調査した週刊誌記事は、次のように報じている。「[五十五期]卒業生二千三百七十四人のうち、約千人が戦死あるいは死亡した。士官となって、内地勤務に終始した同期生は一%に過ぎず、ほとんど全員が前線将校として参戦したわけで、五十六期生とともに、最も戦死者を出したクラスである。なお、約三百人の消息はわからないという[37]。」

別の週刊誌記事では、五十六期生の戦後の団結の強さの理由を以下のように明快に説明している。「戦後、すでに三十年、この異常ともいえる団結は、どこから生まれてきたのか。事務局長の青木は、仲間の〝死〟だという。二千八百四十七人のうち、千二百二十人が死んだ。戦後、米軍の監視の目を逃れて、細々と同期生の消息を尋ね歩いた。こんなに同期生が死んでいるとわかるまで十年かかった。そしてがく然とした。さらに、千ページを超える追悼文集『礎』を作るまで九年かけた。ちょうど東京オリンピックの年だった[38]。」

六十期生の陸士経験の特徴は、陸士の同期生会、すなわち戦友会にも表れる。伊藤公雄が指摘するように、そもそも戦友会とは「死んだ戦友に対する負債を支払う場」である。「死んだ仲間に対する一種のうしろめたさ、「負債感」を、今なお持ち続けている。戦友会は、そうした死んだ戦友に対する負債を集団として「支払う」場である」[39]。しかし、死んだ仲間を（ほとんど）持たない六十期生の戦友会は、戦友会としての存在意義を喪失していることになる。実際、六十期生会が編んだ『陸軍士官学校第六十期生史』には、詳細な陸軍士官学校関連事項（沿革、

（地上）へ行く者は同年七月であった。（中略）勿論陸士の教育期間は年々短縮されてはきたが、一年四ヶ月というのは、平常時の半分にも満たないものである。このため教育内容は、本来の陸士教育とはかなり姿の違った著しく幅のせまい即成的なものとなってきた。第三は、教育内容の実戦形である。これは教育年限の短縮と配色濃い当時の戦局を反映して当然の結果であった。そして、これらの教育の幅のせまさは、その他の特色ともからみあって、軍国調に育てあげられた私達の思考を固定化し、爾後長くその脱皮に悩む要因となったのである。」（渡部敬太郎「陸士六十期の戦友へ」、『文藝春秋』一九六二年二月特別号、一一三〜一一四頁）。

（34）陸士第60期生会戦没者追悼記編集委員会『戦没者追悼記』二〇〇五年。

（35）大江洋代「陸軍士官学校の学校文化」（『軍事史学』第五七巻第二号、二〇二一

生徒心得の転載等）の記述に過剰なほど多くの分量が割かれている。そうしてページを充実させざるをえない、ということである。また、同書には、戦後初期において、同期会の運営に苦慮する様子も記述されている。(40)

このように中條の「陸士経験」は、六十期生であるがゆえの脆弱さを抱えていた、とひとまずは推測することが出来る。しかしながら中條の「陸士経験」は、彼にある恩恵をもたらすことになる。それを明らかにするために、中條と陸士の「戦友会」について更に考察を進めていこう。

「財界クラブ」としての戦友会

学校戦友会の特徴

伊藤公雄は、戦友会を学校戦友会と部隊戦友会に分類し、その特徴を比較している。それによれば、学校戦友会の特徴は、過去の話題よりも現在の話題をより志向することであるという。「その理由の一つに、士官学校、兵学校出身者の「エリート」性、ということがあげられるだろう。そのことは、学校戦友会の個々の成員が、現在、多く社会的にめぐまれた地位についているであろう、ということからの分析を可能にさせる。彼らは、過去の仲間たちに対して、現在の自己を語ることによって、自己の現在へのある充足感を得ることも可能なのである」。(41)

陸士の同期生会も、この学校戦友会としての特徴を有していると考えられる。では、中條にとっての戦友会とはいかなる場であったのか。

年）、八五頁。

(36) 前掲大江、八六頁。

(37)「全調査陸士『55期』のいま」（『週刊読売』一九七五年五月一四日号）、一三七頁。

(38)「近畿 陸士56期生会にみる鉄の団結」（『サンデー毎日』一九七四年八月一八日）。二七～三〇頁。

(39) 伊藤公雄「戦中派世代と戦友会」（高橋三郎編著『新装版 共同研究 戦友会』インパクト出版、二〇〇五年）、一四九頁。

(40)「翌28年には、第二、第三回の同期生会を開くと共に、会報第一号を発行、年会費二〇〇円の徴収を開始したが、納入者は30名で会報を発送し終った時の会計は九千円の赤字という惨めなものであった」（六十期生会期史編纂特別委員会編『陸軍士官学校第六十期生史』一九七八年）、四八七頁。

(41) 前掲伊藤、一五四頁。

中條と二つの戦友会

興味深いのは、中條が、陸士六十期生の同期生会といった横のつながりを有する戦友会よりは、出身期を跨いだ縦のつながりを特徴とする戦友会にコミットしていることである。中條がコミットしていた戦友会の一つが「三一会」である。中條の説明を引用しよう。

私は、昭和十八年に陸軍士官学校に入学し、本科の歩兵科在学中に終戦を迎えた。いわゆる陸士の「六十期」というわけである。そんな関係から、仕事を離れて親しくつき合っている友人には、陸士時代の仲間が多く、今でもいろいろな会合を通じて、お互いに友情を温め合っている。そんな集まりの一つが、「三一会」だ。この会は、五年前に六十期生と六十一期生が中心となって作ったもので、陸士の先輩で、終戦の時には大本営の参謀だった瀬島龍三さん（伊藤忠商事会長）、小林一男さん（武蔵社長）を講師に、お二人から話をうかがうという、いわば勉強会である。メンバーは藤田近男くん（キユーピー社長）、行徳克己君（共栄火災海上常務）、井上貞起君（山崎製パン常務）飯塚久和君（山之内製薬取締役）、坂巻正芳君（ジャパン・プランニング社長）など約三十人。話のテーマも、「統帥とは何ぞや」とか、「参謀はどうあるべきか」といったものが多く、われわれのように企業の経営に携わり、仕事の面でリーダーシップを要求されている立場の者にとっては、いい勉強になっている。(42)

中條がコミットしていたもう一つの戦友会が、一九七五年に設立されていた「同台経済懇話会」である。代表幹事は、当時伊藤忠商事の副社長であった瀬島龍三であった。この会の名

---

(42)『財界』(一九八〇年九月九日)、六七頁。

称は、陸軍士官学校予科が「振武台」、本科が「相武台」、航空士官学校が「修武台」と、いずれも「台」をつけた命名がなされていたことに因むもので、会員資格は、陸士出身者のうち、証券取引所一、二部の上場会社、または資本金一億円以上の会社の経営者及び管理者、資本金一億円未満の会社の経営者などであった。その設立の趣旨を、当時の同会事務局長であった野地二見（日本工業新聞常務、陸士五十九期）は次のように説明している。「従来、同期生の横のつながりはあったんですが、それを縦のつながりまで拡め、お互いに修養研鑽を積もうということです。更には、戦後の再建の中で繁栄だけを残し、魂を残さなかったことを深く反省し、日本の心を若い層に伝えることで社会に貢献しようと考えています」[43]。

中條は、平成三年度と四年度は同会の副代表を、平成一三年度は筆頭副代表幹事を務めている[44]。中條がコミットしていたこれら二つの戦友会は、いずれも伊藤の指摘した学校戦友会をベースにしつつ、（ある程度）成功した財界人のみをメンバーとするメンバーシップの強さと、縦のつながりを特徴とした戦友会であった。言うなれば、陸士出身者の「財界クラブ」――実業界の交流の場――としての戦友会である。これら「財界クラブ」としての戦友会は、中條に少なからぬ影響を及ぼしていたようである。中條は上述の「三一会」について次のように語っている。「実はこれらの教えの多くは、陸軍士官学校の大先輩である瀬島龍三氏と小林一男氏を囲む「三一会」という会合の勉強会で得たものである。私たち士官学校を出た者が両氏を人生の師と仰ぎ、勉強しようとスタートさせたものだ」[45]。

ここまで見てきたように、中條の「陸士経験」は、六十期生ゆえの脆弱さを抱えていた。だが、その陸士経験を有していたがゆえに中條は「財界クラブ」としての戦友会にコミットでき、そこから隠然と恩恵を受けていたのである。

（43）「むかし将校、いま重役　経済界で指揮をとる陸士卒の人生観」（『週刊サンケイ』一九七五年八月二八日）、四八頁。

（44）同台経済懇話会30年のあゆみ編集委員会『同台経済懇話会30年のあゆみ』（同台経済懇話会、二〇〇四年）、二五～二六頁。

（45）『経済界』（二〇一〇年八月三日）、六八頁。

自己物語の回路とその条件

「ビジネスで役に立った陸士経験」

次いで考察したいのが、一九九〇年代以降の中條の言論活動に見られる陸士経験の前景化についてである。

それを理解するために重要な書籍が、ノンフィクション作家の木村勝美による『指揮の要諦』である。陸士出身の財界人へのインタビューを収めた同書を、著者の木村は次のように総括している。「日米開戦前に入校したひとたちは、陸士教育のなかから「情勢判断力の必要性」、「瞬時の決断」を学び取り、敗色濃厚となった時代の彼らは、「我慢、辛抱、堪忍の精神をきたえられた」と語っている。このように彼らが学び取った事柄は異なるが、「企業経営の要諦に通じる」という点では完全に一致している。陸軍士官学校の教育には、現代に生かされてしかるべきものがたくさんあると思う。その教育は進歩的で、実に合理的であったと考えるからである」[46]。

すなわち、陸士出身の財界人たちが、実業界で成功を収めた今、「ビジネスで役に立った陸士経験」という物語の型で、自らの陸士経験を意味づけることができるようになったということである。実業界で要職に就いている錚々たるメンバーのそうした語りは、説得力を持ったことであろう。

そしてほぼ同時期に六十期生同士の実業界での交流が行われてきたことも興味深い。たとえば、一九八八年の雑誌記事は、陸士六十期生の財界人である藤田近男（キューピー社長）、本山英世（キリンビール社長）、福井高行（カルピス食品工業社長）、今村一輔（小野田セメント社長）、岡本

(46) 木村勝美『指揮の要諦――陸士出身財界人たちの太平洋戦争』（光人社、一九九五年）、二八〇頁。

進（鐘紡社長）、玉置正和（千代田化工建設社長）による、「翡翠会」について伝えている。[47] 彼らが実業界で確固たる地位を獲得することにより、脆弱であったはずの六十期生の横のつながりが形成されているのである。

一九九〇年代以降の中條の言論活動は、こうした文脈において理解することができる。

ビジネス雑誌が可能にする物語の回路

さらに考察したいのは、こうした自己物語を可能にした一九九〇年代以降の社会的条件である。

それはすでに一九八〇年代から準備されていた。ここで着目したいのがビジネス雑誌である。一九八〇年代のビジネス雑誌『プレジデント』に特徴的にみられるのが、「歴史」の利用であった。[48] それは、豊臣秀吉や西郷隆盛といった歴史上の人物の資質に焦点をあて、そこから現代における会社経営のためのリーダーシップを学ぼうというスタイルのものであった。[49] そうした歴史上の人物として誌面に登場してきたのが、山本五十六や児玉源太郎、山下奉文といった旧日本陸海軍の将校である。たとえば、特集で陸海軍の将校を扱ったものとして、「山本五十六リーダーかくあるべし」（一九八四年一月号）、「日本陸軍の名リーダー」（一九八五年一二月号）、「連合艦隊司令長官――「指揮官」はいかにあるべきか」（一九八六年五月号）などがある。さらに、「強い組織 戦史に学ぶ「精鋭」の育て方」（一九八二年五月号）、「「ガダルカナル」の教訓」（一九八六年二月号）、「「ミッドウェーの教訓」」（一九八五年二月）などのように、先の戦争の「戦史」から組織経営のあり方の教訓を引き出そうとする記事もあった。

これらが、先述の九〇年代的な物語の型に繋がっていく。すなわち、ビジネス雑誌的な陸海

(47)『will』一九八八年一月）、二〇～二一頁。

(48) 牧野智和『自己啓発の時代』（勁草書房、二〇一二年）、谷原吏『〈サラリーマン〉のメディア史』（慶應義塾大学出版会、二〇二二年）。

(49) 前掲谷原、一七五頁。

軍将校の称揚が、「ビジネスで役に立った陸士経験」という物語の回路を準備したのである。

おわりに

一人の陸士出身のエリートビジネスマンのライフストーリーを考察してきた。中條は「ありふれた進路」として、陸士に進んだ。その意味では、青年時代の中條は普通の人（EveryMan）であった。しかし、中條の戦後の人生を非凡たらしめたものがあるとすれば、それこそが、普通の人であるがゆえに選んだ陸士での経験であった。

――陸士出身という履歴の有無は、確かに中條高徳と江分利満を決定的に分つものであった。そしてそれは二人の人生に更なる逕庭をもたらした。江分利は次のように語る。「社宅に住んで、暖房具を買い柱時計を買い、卓袱台を買い急須を買い、蝿帳や帚なんかも買って、三五歳になって一通りの電気器具もそろったときに、江分利が「やっとここまできた」と感じたのは、ちょっと他の人には分かりにくいかもしれない。オーバーな言い方をすれば、江分利は遂に「戦争」と「戦争屋」とから手を切ったように感じたのである」[50]。つまり江分利は、戦後サラリーマンとして自活できるようになって、やっと自らの青春時代を規定してきた「戦争」から自由になれたのである。

だが中條が「戦争」と手を切った感覚を抱くことは遂に無かったのだろう。その戦後の人生は、陸士経験という「戦争」に規定され続けていたのだから。

---

(50) 山口瞳『江分利満氏の優雅な生活』（ちくま文庫、二〇〇九年）、一三六頁。

歴史への謙虚さ

非体験者による歴史実践の可能性

清水　亮
Shimizu Ryo

私は、すべてにおいて、自問自答しながら過ごしています
自分に自信がないからでしょうけど、予科練の案内をした後は、特に「一人反省会」をよくしています。
私は、時代の流れにとらわれることなく、自分の目でみたもの、聞いたものを通して、伝えていけたらなと思っています。[1]

生き延びる戦友会

本章は、元兵士たちの減少後も非体験者の会員を迎え入れて「生き延びる戦友会」[2]における一個人の歴史実践に着目し、その可能性を指し示すコンセプトとして「歴史への謙虚さ」を提案する。保苅実は、「僕たちは、歴史というものを、歴史学者によって発見されたり生産されたりするものだと思い込みすぎていないでしょうか」と問いかけ、「歴史実践」を、歴史書や

---

(1) 二〇二三年三月四日のインタビューの後に行方滋子さんからいただいたメール（同六日送信）より。

(2) 清水亮『「予科練」戦友会の社会学——戦争の記憶のかたち』（新曜社、二〇二二年）、二一四頁。

歴史の授業に限らず、名所旧跡の訪問や同窓会出席なども含め、「日常的実践のなかで、身体的、精神的、霊的、場所的、物的、道具的に過去とかかわる＝結びつく行為」と幅広く捉えた。戦友会も「アカデミックな歴史学とは異なるルール」によって過去に接近する歴史実践の場であり、体験者でも研究者でもない人々も、歴史を探究する各々の方法をもっている（「なんでもあり」ではない）。本章は、そのような「歴史学者以外のいろんな人たちが、歴史家として僕らに話しかけてくる言葉に真摯に耳を傾けてみる」試みだ。(3)

まずは事例とする戦友会を概観しよう。海軍飛行予科練習生（予科練）関係の戦友会で唯一存続している組織が海原会である。予科練之碑が建つ雄翔園における毎年の予科練戦没者慰霊祭実施と、予科練記念館（雄翔館）に収蔵された遺書・遺品の管理を主な目的とする。(4)

役員は、予科練出身の「同窓」から、元自衛官等にほぼシフトしている。特に、予科練之碑と雄翔館が所在する茨城県阿見町の土浦駐屯地および阿見町と土浦市にまたがる霞ヶ浦駐屯地に勤務経験があり、阿見町・土浦市や東京都内に住む元陸上自衛官が中心となっている。二〇二一年には東京大森に長年所在した事務所を閉鎖し、阿見町の土浦駐屯地の雄翔館から徒歩圏内に事務所を移した。同じく元自衛官が引き継いだ水交会や偕行社と比べた場合、海原会の生き延び方の特徴は、〝ローカル化〟であるといえよう。

海原会の会員は、「同窓」はみな九〇代半ば以上の年齢となり、「遺族会員」そして「一般会員」が活動の中心的担い手となっている。一九七八年の財団法人創設時は約八〇〇〇人といわれる会員数（うち同窓六〇〇〇人、遺族二〇〇〇人）は、二〇二〇年時点で七〇〇人以下になり、(5)二〇二三年一一月一八日時点で三七二名（同窓会員一七二名、遺族会員六八名、一般会員一三二名）(6)にまで減少している。一般会員は、先述した地元の元陸上自衛官を除けば、属性や居住地は多様

（3）保苅実『ラディカル・オーラル・ヒストリー ── オーストラリア先住民アボリジニの歴史実践』（御茶の水書房、二〇〇四年）、二〇～二一、二五頁。

（4）前身は、予科練之碑建立（一九六六年）の翌年の慰霊祭において発足した「予科練之碑保存顕彰会」であり、一九七八年に財団法人化する際に「海原会」となり、二〇一〇年に公益財団法人化された。

（5）「【語り継ぐ 戦後75年】③物言わぬ証言者予科練生の遺品を収集」『NEWSつくば』二〇二〇年八月一五日（https://newstsukuba.jp/25810/15/08/）。

（6）事務局長に問い合わせ集計いただいた数値。

（7）遠藤美幸「「戦友会」の変容と世代交代 ── 戦場体験の継承をめぐる葛藤と可能性」（『日本オーラル・ヒストリー研究』一四号、二〇一八年）。角田燎「戦後派世代による「特攻」

である。主に年一度の慰霊祭と、隔月発行の会誌「予科練」（図1）が、各々の歴史実践を行う会員たちをつないでいる。水交会や偕行社とは異なり、自衛隊支援や政治化の色合いは相対的に薄い。特攻隊慰霊顕彰会や勇会のように、(7) 政治的主張を前面に出して活動する非体験者が台頭する様子もない。三〇代以下の入会者もみられるが、各地域で予科練関係者への聞き取りや資料収集をする者や、芸術表現に関心がある者など、概して予科練に関する知識やつながりを得たい動機が主であるようだ。現在の戦友会が、情報や記録が集積する場として活用されている点は特筆しておきたい。

言説から歴史実践へ

個人の具体的な記述に進む前に、フィールドワークの際から筆者の念頭にあった、ポスト体験時代の歴史実践に関する議論を検討し、解釈枠組みを明示したい。それは、特攻隊員の遺書の受容の分析を通して、従来の「記憶の継承」とは異なる「遺志の継承」のモードを見出した井上義和の議論である。(8)

井上の定義によると、従来から行われてきた「記憶の継承」は、特攻に関して「真実はどうであったか」を問い、「〔遺書に書かれた〕建前の後ろに隠された本音こそが真実として発掘・保存される」ような、継承の枠組みである。(9) これに対して、ポスト体験時代には「遺志」すなわち、遺書の字面に現れた「死者が生前にあとに託した志であり、命と引き換えのメッセージ」に読み手は直接的に反応する。「遺志の継承」は、「心に秘めた本当の気持ちではなく、宛先のメッセージに価値が置かれ」(10)、強い感情の発露を非体験者にもたらす。

の慰霊顕彰事業――歴史認識の脱文脈化と「精神」の称揚」（『立命館大学人文科学研究所紀要』一二七号、二〇二一年）。

（8）初出は、井上義和「記憶の継承から遺志の継承へ――知覧巡礼の活入れ効果に着目して」（福間良明・山口誠編『「知覧」の誕生――特攻の記憶はいかに創られてきたのか』柏書房、二〇一五年）。のちに対話的議論も加筆したうえで、単著『未来の戦死に向き合うためのノート』（創元社、二〇一九年）にまとめられる。

（9）前掲井上、二〇一五年、三八七～八八頁。井上の「記憶」は、ほぼ特攻隊員個々人の内面的心理、すなわち個人的記憶を指しており、集合的記憶や歴史知識の構築性を強調してきた、戦争記憶研究全体に照らして特殊な定義である（むしろ「体験」や「精神構造」に近い）。

（10）同右、三八九頁。

井上は、「本音」ではなく「メッセージ」に着目する「遺志の継承」を、特攻隊員の遺書を介した「活入れ」の分析から導く。「活入れ」とは、「特攻隊員の物語に触れることで自分の生き方を見つめ直し、ある種の前向きな意識状態に持っていく」受容のあり方だ。二〇〇〇年代以降に、スポーツ合宿、社員研修、自己啓発イベントなどのかたちで、「活入れ」効果は「言説化され、意図的ないし方法的な社会化の場として位置づけられる」ようになった。[11]

ただ、先回りしていえば、本論がフォーカスする個人は、「遺志の継承」か「記憶の継承」か、いずれかには分類できない。後述するように、一方で、「遺書」に飽きたらず、遺族訪問などを通して「真実」「本音」の理解に強くこだわる点で、「記憶の継承」ともいえる。他方で、戦没者から「メッセージ」を受け取って「自分の生き方を見つめ直している」面もあり「遺志の継承」にも分類できる。

一個人の「歴史実践」のなかに両者が混在することは不思議ではない。井上の研究は、「活入れ」に関して収集した「言説」の分析であり、「実践」の分析ではないからだ。そのため、井上が言説を分析した「遺志の継承」者個々人の歴史実践を追跡すれば、「記憶の継承」にも踏み込んでいる可能性はある。だとすれば、戦争体験継承に関するオーラル・ヒストリー調査を重ねてきた蘭信三が提案したように、「「記憶の継承」と「遺志の継承」を二項対立的に区別するのではなく、両者を地続きとして、いわば地と図がくるくると入れ替わって区別しにくい、だまし絵のようなものとして扱」うことでみえてくるものがある。[12] 歴史実践の探究は、「感情」に突き動かされる「遺志の継承」と、「真実」を追究する「記憶の継承」とが同一主体内に共存し、相互に牽制し触発し合う可能性を模索する試みにもなる。

図1 「月刊予科練」表裏表紙 二〇〇九年までは月刊だった。毎号掲載される裏表紙の葬祭業者（元予科練習生の遺族が経営）の広告が高齢化を物語る。

(11) 同右、三六一～六二頁。

(12) 蘭信三「「特攻による活入れ」という衝撃」(『戦争社会学研究』第1巻、二〇一七年)、六一頁。

遺書よりも遺族訪問

行方滋子（なめかたしげこ）さんは、海原会の一般会員だ[13]（図2）。歴史実践は、予科練出身者や遺族の訪問・聞き取り、関連資料の蒐集、慰霊祭の司会など多岐にわたる。職業は、防衛事務官である。自衛官ではないが、現役公務員の自衛隊員であるため、海原会では、「理事」や「評議員」ではなく、「アドバイザー」や「参与」の肩書で役員を務めている。予科練に関心を持ったきっかけは、二〇〇九年に土浦海軍航空隊跡地に立つ土浦駐屯地の広報援護班へ配属となり、雄翔館の案内に携わったことだ[14]。海原会と自衛隊という二つの組織に属し活動しているのである。

活動を一つ一つみていこう。同窓・遺族訪問のきっかけは、二〇一一年に角田和男（一九一八年生まれ・乙種五期）の著書『修羅の翼』[15]を読み、自身の出身地であり現住地でもある霞ヶ浦沿岸に近い住所が書かれていたことから、会いたいと思ったという。手紙を書き、二〇一二年五月に姉と訪問し三時間以上にわたって話をきいた[16]。海原会には、二〇〇九～二〇一三年の広報援護班時代に、「こっそりとっていうか、自分で入ります、入りたいですって言って入った」ため、事務局長も存在を認知していなかったという。

海原会での活動の本格化は二〇一四年頃からのようだ。二〇一四年五月の慰霊祭では、「アドバイザー」の肩書で、遺族（戦死者の弟）の山岸修次の詩の朗読をしている[17]。先述した角田和男をとりあげた「第一回予科練訪問記」も、二〇一四年九月一日発行の『予科練』に掲載され計五回の連載が始まる。

以後は、海原会を通じてコンタクトをとった遺族訪問に精力的に取り組んでいく。もともと海原会は、遺族が戦死者について問い合わせた場合に、情報を提供する機能を担っていた。こ

（13）以下の記述は、特に断りがなければ、二〇一八年六月三〇日に海原会本部事務所（大森）で、実施したインタビューより。

（14）武器学校着任は二〇〇七年だが、当初は別の課の配属で、広報援護班には二〇一三年まで配属された。その後四年間は、霞ヶ浦駐屯地や茨城の地方協力本部に配属され、二〇一八年から武器学校広報援護班に戻った。二〇二〇年四月に部内異動により広報援護班を出たが、現在も武器学校で勤務している。なお生年は一九七二年で、祖父は陸軍に入り生き残ったが三歳の時に亡くなっている。

（15）角田和男『修羅の翼――零戦特攻隊員の真情』（光人社NF文庫、二〇〇八年。初版は今日の話題社より一九八九年）。

（16）『予科練』（平成二六年九・一〇月号）。

（17）『予科練』（平成二六年七・八月号）。

の機能がやがて、一般会員が予科練出身者や遺族にコンタクトする際にも用いられるようになった。いわば、戦友会が人と人とを仲介してつなぐネットワーキング機能である。

行方さんは、雄翔館に展示されている遺書というモノに飽き足らず、遺族という人間との対面へ踏み出していく。なぜか。行方さんは「〔本当の気持ちは〕遺書から読み取れないじゃない。これ本心なのかな、でも違うのかなとか。遺書からじゃなくて、真実が知りたい」と強く訴える。たしかに軍隊内での遺書の大半は、検閲により自由に書けるわけではなかったことは人口に膾炙している。とはいえ、先述した「活入れ」のように遺書の「メッセージ」に触れることにとどまらず、「本心」「真実」を探求しようとする行動力は特筆すべきであろう。「亡くなっちゃった方たちと直接関わってた方たちだし、そのご遺族にしか分からない気持ちってやっぱりある。生きてれば聞けるけど、亡くなっちゃってるから。どういうふうに生きてきたのか、彼らがどういう思いだったのか、そういうもの聞けるのは遺族だけなんですよ」。たしかに軍隊内ではない、家庭での日常的な姿のエピソードは、近親者の語りからこそ浮かび上がる。

遺族の証言から浮かび上がるのは、戦死者の他のありえた人生の可能性である。たとえば、予科練戦没者・奥誠は、遺族の証言から、本当は教師になりたかったことが明らかになった[18]。奥は成績が良く、教師になる夢をもち兵庫師範学校に進学したが、三年次に家庭の事情により夢絶たれ予科練を志願した。甲種九期として入隊したのは一九四一年一〇月のこと。「私は、奥飛曹長が教師への夢を諦め、戦争の渦中へ進んで行く様子を想像し、とてもやるせない気持ちになり息が詰まりそうになりました」と行方は記す。インタビューで行方さんは、「同窓だと、やっぱり〔予科練に〕憧れてって人が多いけど、そうじゃない人もいるんだなと思っ

図2　行方滋子さん
右ポスターは後述する所蔵資料展のポスター
写真出典は、公益財団法人海原会公式HP「お知らせ」欄「二〇一八年四月二四日　海原会参与　行方滋子氏特別展示会が開催中です。」（本人ならびに同会事務局より許諾済）

て。聞かなきゃ分からないことがいっぱい。聞かなきゃ分からない、見なきゃ分からない」と、多くの人から直接語りを聴く大切さを強調する。

とはいえ、行方さんは、歴史を探究する困難に自覚的である。たとえ生き残りであっても体験記などの本は、「後付けの知識」が加わっていたり、「実際はちょっと違うんだろうな」と思える部分があるという。実際に、話を聞くことも大事だが、「ちょっと美化しちゃってるところもあるかな」と感じる部分もある。文書ではなくオーラルな語りを無条件に信頼しているわけではない。「真実を正しく伝えるのは本当に難しい」旨をインタビューで繰り返し口にしている。

戦没者の人生を書くこと

二〇一四年から『予科練』誌に訪問記を書くようになり、行方さんの歴史実践は、個人的なものから読者をもつパブリックなものになる。[19] 投稿原稿をまとめた小冊子『勿忘草――貴方たちを忘れない』（二〇一八年頃）の「あとがき」によれば、事務局長が「せっかく、当時の話を聞いたのだから、記事にしてみたら」という「何気ないひと言」がきっかけで記事を投稿し始めたという。「子供のころから作文や感想文が大の苦手だった」が、「記憶は消えるが、記録は残る」と考え書き始めた。

ここでは数多くの文章から、三枝直（まこと）の記事二点をとりあげよう。最初の記事は、二〇一四年一〇月三日に笛吹市の三枝直少尉の遺族を訪ねた際のエピソードを書いた「予科練生訪問記第五回　翼なき特攻」[20] である。少尉の兄正徳さん（元海軍少尉・元県立高校校長）に会った際に「緊

（18）行方滋子「二十四万分の一の物語～教師を夢見た予科練生～」（『予科練』平成二九年五・六月号）。二〇一七年一月に奥誠の弟と甥を名古屋に訪問。

（19）詳細は不明だが、投稿当初の原稿は、勤務先の霞ヶ浦駐屯地の上司が読んで、「赤ペンを入れて」文章面の添削やコメントをつけ、それに応じて行方さんが書き直したという。「予科練を知らない人にとってはわからないことが多い」と痛感したという（二〇二三年三月四日に海原会本部事務所（阿見）でのインタビューより）。なお『勿忘草』所収時には掲載原稿から大幅に加筆されているものも多い。

（20）『予科練』（平成二七年五・六月号）、五～七頁。

張してしまい、恥ずかしながら、うまくご挨拶することができませんでした」など、自身の率直な姿も書き込まれた文体だ。

記事のストーリーは、当時流行していた『永遠の0』[21]が、特攻は「自ら志願」か「強制志願」かという問いを投げかけているとし、謎を提示して読者を引き付ける工夫をしている。[22]そのうえで、行方さんは、（おそらく遺書の文言から）三枝は自ら志願ではないかと仮説的に考えていたものの、「遺書を見ても本心が書かれているとはかぎらず、心の内を知ることはできません」と留保し、「その答えを出すため、彼の生い立ちを辿る」と書いている。ちなみに、遺書は「軍人の生涯は之死の修養にて候へば期に臨み殊更に遺すべき言も候わず」と始まるような定型的な作文である。

直は一九二六年生まれの次男で、甲府中学から予科練志願した。遺族（長男）の正徳さん曰く、成績はトップクラスだったが、戦局に間に合わないと両親を説得して志願した。痩せていたので、下着に鉛玉を縫い込んで検査を受けたという。一九四三年一二月に一三期甲種で予科練に入隊したものの、憧れの操縦員には選ばれず、偵察員になった。一九四四年八月に「一人で操縦する」「新型兵器」への志願票が配られる。やはり偵察ではなくて、自分の手で操縦桿を握りたいと志願したそうだ、と語る正徳さんは「寂しい目をして」いた、と行方さんは書く。

正徳さんがまとめた手記によると、「強く熱望」の血書を提出、分隊士は偵察員にとどまるよう説得したが聞き入れなかった。しかし、新型兵器とは飛行機どころか、人間魚雷「回天」だった。大津島で訓練を行い、出撃が決まると特別休暇で三日間帰省した。突然の休暇に父母は、いよいよ別れを覚悟するが、出撃かと尋ねても話をそらし、父と盃を交わすことも断ったという。[23]最終日に見送りにきた父が「何か言うことはないか」と尋ねると「私には何も心残

（21）百田尚樹『永遠の0』（講談社文庫、二〇〇九年）。映画が二〇一三年一二月に公開され二〇一四年の邦画興行収入トップを記録した。

（22）行方さんの二〇一五年頃の文章には、『永遠の0』への言及が多くみられるが、二〇二三年のインタビューで尋ねると、当時は『永遠の0』に強い思い入れがあったわけではなく、「読者に関心をもってもらうため」とのことだった。

（23）このエピソードは、『勿忘草』（三三〜三四頁）で加筆されている。

りはありません」と答え、汽車の発車間際に紙片を渡した。検閲を免れた紙片にもかかわらず、「すめぐにの　仇砕かずば　何をなし　なにを学ばむ　大和男の子は」という辞世の歌だった。一九四五年一月グアム島泊地で戦死する。

これらから、行方さんは、「正徳さんのお話を伺い、手記を拝読しながら、三枝少尉は自らの意志で特攻を志願し、回天の名の通り天を回らし戦局を逆転させたかったのだと確信しました」と結論づける。しばしば自信のなさを吐露する行方さんが、ここで「確信」を表明していることは気になる。たしかに、ここには「強制」性を示唆するエピソードはない。それ以上に、最後の親子対面場面や、遺書・遺詠の定型性からは、（心中はどうであれ）家族に対する素っ気無さすら感じられる。それは、「自ら志願」説を肯定する素材であると同時に、国への貢献を優先する息子に対する家族の寂しさを示すものとしても受け取られている。

行方さんが話を聞いたのは、直の父が一九四七年一二月に建築した「直心堂」という仏間だった。仏壇、遺影、遺品、勲記、勲章、関連資料を保存しており、庭には同期生有志が一九六九年に建立した歌碑が建てられている。この空間は、顕彰ではなく、家族の悲しみや寂しさがつまったものとして意味づけられている。「三枝少尉が戦死され、ご家族や同期生の深い悲しみがうかがい知れます。私は、お墓参りに向かうために歩き出しましたが、一歩・二歩進んでは「直心堂」を振り返り、それを幾度となく繰り返し言葉にできない寂しさを感じながら車に乗りました」と書く。遺族への共感のなかで、「自ら志願」説は、特攻戦死者の〝立派さ〟を称えるストーリーというよりも、残された遺族の〝寂しさ〟の強調につながる。終盤には「最近は、同期生も高齢になり、訪ねてくれる人も減りました」という、兄正徳さんの別れ際の言葉が「心に強く響いている」と書かれている。

記のストーリーでもう一度、三枝を描きなおしている。半年後刊行の『予科練』（平成二七年一一・一二月号）には、続編「三枝少尉の足跡を辿る旅～想いを繋ぐ～」が掲載されている。旅では、生まれた駐在所や小学校を訪ねようとしたものも、どちらも廃止されていた。しかし、「三枝少尉が見たであろう同じ景色と空気に触れることができ、それだけで十分に喜びを感じることが出来ました」と書く。出身中学は、現在の甲府一高で、遺族の兄も参加し、現在も続く「強行遠足」という伝統行事を通じて死者と現在の社会とのつながりを確認する。出征壮行の行われた神社も訪ね、出征時の言葉も紹介している。先述した「直心堂」と合わせて、空間に依拠して死者を想起する歴史実践である。

さらにその後、志願か強制かという軸ではない、彼の生きた場所たちに焦点をあてた旅行

最後は、三枝が訓練した回天基地の遺構（図3）が残る大津島を訪ねる。「突堤と眼下に広がる海を見たとき、とても遣る瀬無い気持ちで胸が詰まり言葉を失いました。今でもあの海を思い出すと、胸が苦しくなり心が痛くなります」。そして、回天記念館に展示された遺影を見ながら、「戦争のない平和な時代に生まれていたら、彼らにも違う人生があったはずなのに」と書く。「三枝少尉ならどんな人生を送っていたのでしょう」と問い、三枝が旧制中学時代に友人に宛てて書いた「十六、七歳の少年が書いたとは思えない内容」の手紙から想像を膨らませる。「きっと、政治家になっていたはず。それとも、お兄様と同じように教職についたのかな。もしかしたら、端正を顔立ちを生かして俳優とか……」。

さらに三枝に限らず回天搭乗員の一人一人にあったはずだけれども、「戦争」によって「容赦なく奪い去」られた、「たくさんの未来とたくさんの可能性」に思いを馳せていく。そこから、「英霊の方々、全国にある遺跡・記念館・資料館、そして予科練同窓の皆様は「あのよう

図3　海上に立つ回天発射訓練基地跡

そういえば私も一人旅で行ったなと思い、探し出した二〇一四年三月一一日撮影の写真。行方さんが訪問したのは翌年七月一八日で、似た位置から撮った写真が記事に載っている。フィールドノートは見つからず、いったい十年前の私は現地で何を思ったのだろう。ちなみに私が翌々日に訪ねた大分

な戦争を二度と繰り返してはいけない」ということを伝えてくれている気がします」と素朴に記す。駅伝の襷リレーの比喩を用いつつ、「今回の旅は、一人の少年の人生を通して「歴史から学ぶことの大切さ」、「戦争を繰り返さないことへの想い」そして、それらを後世に繋ぐことの大切さを私に改めて教えてくれた」と文章はしめくくられる。

以上の実践は、多くの費用と時間をつぎ込んだ徹底的な個人生活史の探究が基盤となって、先述した「記憶の継承」と「遺志の継承」が複雑にからみあっている。個人の「本音」を探し求めて「自ら志願」という結論を出しつつ、遺族の悲しみへの共感や失われた未来への想像のなかで、遺書等に書かれているわけではない「戦争を繰り返さないことへの想い」という「メッセージ」を死者から受け取っていく。

反省しつつも続ける

このように文章中心に紹介すると、行方さんは饒舌な書き手のようにみえるかもしれない。しかし、書くことの難しさを、文章上でも再三強調している。寄稿開始の翌年には、「訪問記を書かせていただくようになり、最初は、「文章なんて書けない」と、理事の方に反発したこともありました」と吐露している。「私は当時を知りませんし、文章を書くプロでもありません。ですから、表現能力や文章能力も乏しく、読者の皆様方には、読みにくく、理解し難い文章もあるかと存じます」という、かなり強い謙遜の表現が続く。[24] 当時の『予科練』誌の読者には予科練出身者もまだ一定数おり、遺族会員も目にする媒体である。実際は彼らの大半が好意的であったとしても、体験者でも遺族でもない一般会員が執筆するプレッシャーは大きかった

市の予科練資料館を、行方さんも約一か月前（二〇一四年二月八日）に訪ねていた（「予科練生訪問記第二回　川野喜一さんを訪ねて」『予科練』平成二六年十一・十二月号）。

(24)「一期一会」（『予科練』平成二七年七・八月号）。

に違いない。「予科練生訪問記第三回　前田武さんを訪ねて」（平成二七年一・二月号）では、甲種三期の海原会名誉会長への訪問記で、「ここからはお聞きした話を自分なりに書いてみようと思うが、戦争を体験していない私は間違った解釈をしているかも知れない不安を抱きつつ」と書いている。

文章に限らず、雄翔館の案内についても、「私なんかは、ほんとに学生一人に対しても偉い方に対しても、この前陸幕長が来られた時もそうなんだけど、必ず反省するんだよね。ああ、あれこうすればよかった、あれもすればよかった、ちゃんと伝えられたかなとか、言葉足らずだったかなとか」とインタビューで語っている。(25)

このように行方さんはたびたび自己への強い反省を示す。書く営みは「予科練生たちの想いやご遺族の想いに寄り添えているのか、ちゃんと事実を伝えることが出来ているのかと不安に駆られる」ものだった。それでも、『予科練』を読んだ遺族から「たくさんの感謝や励ましの言葉をかけていただき、それらは大変嬉しく、私の励みになり、「また書こう」という原動力になり今まで書き続けることが出来た」(26)と振り返っている。聞き取りの対象者からの好意的反応が、歴史実践の継続を支えたようだ。

それに加え、やはり内発的な原動力もある。行方さんに、なぜ何年もかけて遺族訪問に励むのかと尋ねてみると、「予科練好きっていうかね、説明できないんだけど。よくご遺族とかにも、なんでそこまでするのって聞かれるんだけど、自分でも分からないんだけど、好きなんですよ」(27)と微笑みながら語った。「予科練好き」は、陸軍少年飛行兵でも海軍兵学校でもないという意味ではなく、自身が直接的・間接的に出会ってきた個々人への愛着やこだわりを示すものだろう。

---

(25) 二〇一八年六月三〇日インタビュー。

(26) 前掲『勿忘草』、「あとがき」。

(27) 二〇一八年六月三〇日インタビュー。

モノを集め、声を継ぐ

他にも行方さんは、ネットオークションなどを利用して、資料の蒐集も続けてきた。通常は自宅で保管されていた行方さんのコレクションは、人間魚雷「回天」の特眼鏡、予科練で使用された教科書、日の丸の旗に書かれた寄せ書き、割られた杯、当時のアルバムなど二四〇点に及ぶ。[28] これらが、二〇一八年四〜六月に雄翔館の一部を用いて開設された特別展示『予科練と共に生きる私　行方滋子氏所蔵資料展』で展示された。

海原会作成の資料展のチラシには、「彼女がいたから、こうして見ることができる――海原会参与で、予科練戦没者の慰霊に携わっている行方滋子氏は、私財を投じて散逸の危機にある予科練の資料を収集しています。（中略）予科練揺籃の地に里帰りする資料の数々を、どうぞご覧ください」と記載されている。個人的に集め所有するコレクションは、資料の「散逸」を防ぎ、「里帰り」させるものという公共的な意味を付与されていく。たしかに、インタビューでも「何でこんなのヤフオク出ちゃうのと思ったんだけど、実際、特攻行かれた人のね。こういうのを、ちゃんと土浦に戻してあげたいなと思って」「こういうのが出ちゃうのもまた悔しくなっちゃうんだけど」と散逸を防ぎたい思いを語っている。[29]

一方では、それは戦没者個々人の体験の探究の一環でもある。たとえば先述した三枝が搭乗した人間魚雷の「特眼鏡」（図4）については、「知り合いを介して一生懸命譲っていただいたんだけど、あれも実際見てみないと。気持ちは分からなくても想像できるでしょう。最期に見る景色っていう、このちっちゃな、そういうのを知りたかったし、みんなにも知ってもらいたかったしというのもあって、どうしても雄翔館に置きたかった」と語る。

（28）前掲『NEWSつくば』二〇二〇年八月一五日。ちなみに白岩伸也『海軍飛行予科練習生の研究――軍関係教育機関としての制度的位置とその戦後的問題』（風間書房、二〇二二年、三五五頁）においても、行方滋子所蔵資料五点が利用されている。

（29）二〇一八年六月三〇日インタビュー。在野のコレクターによる戦争資料蒐集のもつ可能性については、拙稿「歴史実践の越境性――消え行く媒介者としての趣味人コレクターの倫理」（『戦争社会学研究』第六巻、二〇二二年）も参照。

実は行方さんは、二〇一七年に四〇代半ばで「大病」を患っていた。特別展示のタイトル「予科練と共に生きる私」に込めた意味について尋ねると、次のように語った。

なんていうのかな。今まで普通に淡々と、淡々とっていうか生きてきたんだけれども、冊子〔『勿忘草』〕を作るきっかけもそうなんだけども、病気をしちゃった関係で、それにも書いたんだけど、自分、生きるっていうことをすごく考えさせられたんです、去年。生きることは簡単じゃないなと思って。一番つらい時に、死というものを考えちゃったわけですよ、私。ちょうど病気が分かった時に、小林麻央さん亡くなっちゃったんで[(30)]。その時に、やっぱり自分は特攻隊とか予科練生とかと違って、生きることを選べるし、できるんだ。彼らよりは全然いい、いいっていう言い方おかしいけど、ましだなと思って。で、彼らの分まで、そういった力をくれるっていうかね、そういう生き方を通して自分も頑張ろうって励まされちゃって。そっから彼らの分まで頑張ろうって、生きることをね[(31)]。

特攻隊員の生と死に向き合ってきたことが、病を通じて「生きることを選べる」自己の生と死に向き合うことに重なり、つらい闘病生活の励みとなる。やがて力をもらった恩返しとして歴史実践を継続する支えともなる。ここには「遺志の継承」のモーメントがある。

さらに、行方さんは生き残りの予科練出身者たちの生と死にも向き合ってきた。甲種一四期出身の太宰信明さんは最も深く交流した一人だ。元アナウンサーで、長年予科練戦没者慰霊祭の司会を務めてきた太宰さんから、司会の役割を引き継いだのだ。

ただ、行方さんは司会に関しては素人だった。太宰さんに弟子入りし、東京の海原会事務所

図4　所蔵資料展に展示された人間魚雷「回天」の特眼鏡（水防眼鏡二型改五）
国内に数本しか現存していない完全品とのこと。写真出典は図2に同じ。

(30)　フリーアナウンサー、タレント。乳がんのため、二〇一七年に三四歳で亡くなる。闘病中に綴ったブログなどが注目を集めていた。
(31)　二〇一八年六月三〇日インタビュー。

や青梅市内の自宅まで赴いて厳しい発声指導を受ける日々があった。そのなかで自らの発声に対して注意深くなっていく[32]。

遺書の読み方も、前はけっこう、なんていうんだろう。もの悲しく読むとかも思ったときもあったんだけれど、でも、太宰先生とかの話も聞いて、遺書は淡々と読むものなんだなっていう〔ことに気づいた〕〔中略〕淡々と。淡々と読むことによって、〔語り手ではなくて〕たぶん相手の、他のお客さんとか、聞いてる方が感情移入できるっていうか〔中略〕この前の慰霊祭とかもそうだけど、やっぱ淡々と読んでて、自衛隊の方だったら使命感とか強く感じましたっていうふうに言われるし、遺族だったらやっぱり悲しさを結構受け取るっていうか、かわいそうとは言わないけど。取り方がやっぱりいろいろ、人それぞれあるなと最近思う。

戦争体験者から受け継いだのは、いわゆる〝泣かせる〟ような語りではなく、淡々とした声の出し方だった。アナウンスを通して継承されているのは、伝える内容というよりも、伝える方法なのである。

行方さんは、二〇一五年の慰霊祭から遺書朗読を長く続け、二〇一七年の第五〇回慰霊祭から少しずつ司会を任されるようになっていった。しかし、太宰さんは、ちょうど完全に司会の役割を交代した二〇二二年の慰霊祭の直前に入院し、慰霊祭翌日逝去してしまう。ほどなく行方さんの追悼メッセージが会報に載った。

---

(32) なお遺書の朗読においては、戦没者＝男性の声を、女性が代弁するということになる。鹿屋航空基地史料館における「研修」の際に、案内者の男性は「案内は女性だと軽く聞こえがちだから」と言ったという。「ええ?!」と思ったそうだが、軽く聞こえないよう努力をしてきたという(二〇一八年六月三〇日インタビュー)。

私は今でも信じられません。
電話をしたら、いつもの張りのある優しい先生の声が聞けるような気がします。
「はい、はい、行方さん、どうしました？」
もっと、先生の教えを聞いて、しっかりと勉強しておけばよかった。
もっと、もっと素直になれればよかった。
反省することは、たくさんあります。
でもね、先生
私も、自分なりに頑張ってきたんですよ。
今回の司会は、合格点をもらえますか？
先生の遺志を継いで、これからも頑張りますから、見守ってくださいね。
「これからは単独飛行だよ。」
そう言った先生の声が忘れられません。(33)

戦没者に限らず、出会った生き残りの「遺志」も継ぐ。太宰さんの声の記憶をもとに、しかし他ならぬ行方さん自身の声で歴史実践が展開される。行方さんは二〇二三年の慰霊祭でも司会を淡々と務めあげた。

歴史への謙虚さ

遺書にあきたらず、遺族訪問や資料収集に励む行方さんの旺盛な歴史実践の特徴は、反省性

(33)「太宰先生、ありがとう」(『予科練』二〇二二年九・一〇月号)、二〇〜二一頁。

を伴った、あくなき探究姿勢である。一人の市井の「歴史家」が導き出した「真実」が、歴史学等に照らして妥当か否かは本章の関心ではない。試みたいのは、遺書のメッセージをそのまま受け取る「活入れ」とは別種の、多様な人間・モノ・場所のネットワークのなかで展開される歴史実践の理解である。過去の人間を本気で突き詰めて理解しようとする方法のポジティヴな含意を掬いとり学ぶことである。

テッサ・モーリス＝スズキは、歴史の「真実」（truth）に代わるものとして、歴史への「真摯さ」（truthfulness）という言葉を提案した。真摯さは、「現在の人々が過去を理解しようとするプロセス」に焦点をあて、歴史的出来事を記録し表現し受容する関係の連鎖を理解しようとする努力の一環である。(34) 過去は必ずさまざまな媒介（物・者）を通して伝えられるため、さまざまな異なる表現が生まれる。そうした「ますます増える過去からの声のレパートリーに耳を傾け、聞いた物語を語り、語りなおし、そうすることで現在の自分を定義し、定義しなおす」ような「継続的な対話」が「真摯さ」への道となる。(35) 遺書に飽き足らず、生き残りや遺族を訪問し、資料を収集し、つねに自身の歴史実践を反省しながら書き続けた行方さんに、この「真摯さ」に通底する姿勢を認めることはできるだろう。

もちろんギャップはある。モーリス＝スズキの想定する「歴史への真摯さ」は「社会的・空間的位置を異にする他者の見解に関わることで、過去についての自分の理解をかたちづくり、またつくりなおす、という継続的な対話である。したがってそれは内省のプロセスでもある」(36) というように、異質な他者との対話から反省が導かれる。行方さんの語りは、必ずしも異質な他者との対話の比重は大きくはなく、モーリス＝スズキが戦争・植民地責任の自覚について強調するような過去への「連累」とは別のありかたであろう。モーリス＝スズキが例示した、日韓の大学院生

(34) テッサ・モーリス＝スズキ（田代泰子訳）『過去は死なない――メディア・記憶・歴史』（岩波現代文庫、二〇一四年）、三六～三七頁。
(35) 同右、三八頁。
(36) 同右、三一六頁。

グループによる韓国の独立記念館訪問のような、トランスナショナルな他者との歴史観の対話を通して「他の人の立場からものを見る」広い視野があるわけではない。(37) しかし、「人は誰もみな歴史家です」(38)と言うならば、そのような対話の広がりを、市井のすべての「歴史家」に求めるのは、ないものねだりであろう。〈真摯さ〉のありかたも、各歴史実践者が置かれたローカルな状況や文化の多様性に開かれた「クロス・カルチュラル」なものとして広く考える必要がある。(39)

以上の議論を踏まえ、〈真摯さ〉をさらに多元的に構成するための一要素として、歴史的現実の複雑さを意識するがゆえに、自身の歴史理解が間違っているかもしれないと反省する姿勢を指す、〈歴史への謙虚さ〉という概念を提案したい。「真摯さ truthful」は「真実 truth」と対になる理念だが、〈歴史への謙虚さ〉は〈歴史への傲慢さ〉と対になる姿勢である。

歴史的現実の単純化を特徴とした、〈歴史への傲慢さ〉に値する事例も挙げておこう。遠藤美幸は自らが参与観察した戦友会に参加し政治化した「若い世代」にみてとる。「生い立ち、軍隊教育、戦場、時期、兵科、階級、戦後の生き方など様々な要素で「戦場体験」の語りも多様化するにもかかわらず、元軍人らの用意された「定番」の語りに一喜一憂し、画一的に軍人を褒め讃える彼らの言動のパターンに疑問を感じた。誤解を恐れず言うならば、彼らは戦場体験者の語りを継承（学ぶ）するのではなく、体験者の語りを自分の歴史認識や今の思いの投影に利用しているのではないか」(40)。体験の多様性の理解から、自己の認識の反省性にいたるまで行方さんとは正反対といえるだろう。継承とは、自身が継承できたと思いあがってしまった瞬間に潰えてしまうものである。

〈歴史への謙虚さ〉ゆえに、人は歴史の探究に飽きることなく、自らの知識や経験を更新し続けることができる。その意味で、〈謙虚さ〉は、歴史認識の可変性の源泉である。たとえ、ある一人の特攻死を自発的とするか強制的とするかのいずれかに至ったとしても、一般化されな

---

(37) 同右、三九頁。

(38) 同右、三二六頁。

(39) 保苅実（前掲、二二九〜三二頁）も、アボリジニの歴史分析が〈真摯〉であると論じる際に、〈経験的な歴史への真摯〉という概念調整を施すことで、「クロス・カルチュラライジング・ヒストリー」という他者に開かれた対話を構想したのであって、アボリジニの歴史実践が対話的だから真摯だと主張したわけではない。同様に〈歴史への謙虚さ〉も、「多元的な歴史時空の接続可能性」を広げるための概念調整の試みである。西洋由来の「対話」も文化的限定性をもち、「異質な他者」との出会いに恵まれるか否かも一種の文化資本の制約を免れないことに、極東の霞ヶ浦湖畔から注意を促したい。

(40) 前掲遠藤、一八頁。

い個別事例に対するものである。行方さんいわく「私が書いた物語は、戦火に倒れていった予科練生たちのほんの一部でしかありません」[41]。それは一つの事例の背後に、多様で複雑な現実の広がりを想像していることを意味する。予科練に限っても、入隊者は二四万人に及ぶ。行方さんは「生き残った人たちも巻き込んだ二十四万通りの物語があるということを改めて考えさせられる旅となりました。二十四万分の一は、とても小さな数字です。しかし、二十四万分の一の物語は一人一人にとっては人生を狂わせるような劇的な出来事だったのです。」と記す[42]。〈謙虚さ〉には、控えめで非活動的なニュアンスもあるが、むしろ安易な一般化を拒む慎重さが、次なる事例の探究を促す点で、アクティヴな姿勢である。

組織のなかの個人

このように、一般会員のなかでは人一倍、生き残りや遺族の語りを聴き、資料を集めながらも、最も反省性の強い個人が、組織や行事で重要な役割を担い、役員はじめ幅広い世代の会員から一目置かれていることの意味は大きい。

組織に対する個人の影響を示唆するエピソードを挙げよう。生き延びる戦友会にとって、存続のためには財政的にも一般会員を増やさねばならないが、それは同窓や遺族たちが築き上げてきた組織文化を変化させてしまうジレンマがある。行方さんは、事務局長が地元自治体との観光連携や新入一般会員の募集に力を入れてきたことに対して、「同窓遺族をないがしろにしてはいけない」と意見したことがある。これに対し事務局長も「私も最初はそう（同窓遺族中心と）思っていたのに、組織の維持をせねばならんということで本来あるべき姿をいつのまに

（41）前掲『勿忘草』、一〇九頁。

（42）「二十四万分の一の物語～教師を夢見た予科練生～」（『予科練』平成二九年五・六月号）。

か見失っていた」と反省したという。(43)さらに行方さんは、海原会の慰霊祭に関する準備会合でも、遺族を重視する姿勢から、事務局長に意見していた。(44)従来の慰霊祭は、来賓席が前方に並び、同窓・遺族席は後方の配置だったが、遺族席も前方に展開するよう提案したのだ。この提案は受理され、五月二八日の慰霊祭当日は、遺族席が来賓席と並んで前方に出された。

行方さんの発言の説得力は、長年の同窓・遺族に対する歴史実践の積み重ねに裏打ちされている。〈謙虚さ〉は、寡黙さではなく、議論を導きうる。

一方で、行方さんの歴史実践の多くは、戦友会のネットワーキング機能や、自衛隊という組織の一定の制約のなかで展開してきた。生き延びる戦友会の動態は、単に組織レベルの活動や言説のみならず、会員個人の歴史実践と、組織との相互関係にも着目することで、より深い認識を生みだすだろう。〈歴史への謙虚さ〉というコンセプトも、単に個人の倫理的な姿勢とみるのではなく、そのような歴史実践を可能にし枠づける社会関係の解読を通して深めていくことが今後の課題である。

＊

個人を書くことは解釈を伴わざるをえず、不安にさらされ、いくら反省しても十分ではない。それはこの文章を書いている私自身にもはねかえってくる。たった二度のインタビューで何がわかるというのか。それでも一個人の歴史実践の可能性を伝えようとした。余白が多く、読みにくい文章をどう解釈するか、恐る恐る読者に委ねたい。そしてなにより、インタビューはもちろん、資料調査など日頃からご協力くださり、入稿前に原稿確認の労もとっていただいた、(45)行方滋子さん、海原会事務局長平野陽一郎さんに心より感謝をお伝えしたい。

---

(43) 二〇二三年三月四日、行方さんと事務局長が同席したインタビューより。エピソードを話したのは事務局長。

(44) 二〇二三年三月四日、インタビュー後に開催された準備会合後の立ち話にて。

(45) 修正の要請は二カ所の字句のみだった。

「わだつみ」という〈環礁〉への航路

ミュージアム来館者調査から

那波泰輔
Naba Taisuke

はじめに

二〇二三年一〇月二〇から五日間、「平和のための遺書・遺書展――「学徒出陣」八〇周年」が開催された。これは一九四三年一〇月二一日に神宮外苑でおこなわれた学徒出陣壮行会から八〇年経ったこともあり、開催されたものであった。(1) 八〇年経ったいまでもこうした形で体験の継承がおこなわれている。

こうした催しに集まる人びとは「戦争体験」の継承に関心がある人びとであろう。では、一体彼らはどのように「戦争体験」へと関心を持っていったのだろうか。もちろん、世代によって差異がある。たとえば、戦争体験者なら「戦争体験」の継承の意識が強くなるのは不思議ではない。一方で、非戦争体験者では様相が異なる。両親が戦争体験者の場合と、両親が非戦争体験者の場合でも、「戦争体験」の捉え方も差異があるだろう。つまり、世代などによって、「戦争体験」へのアプローチが変わってくるのである。それは従来のような、戦争体験者から

(1) 学徒出陣とは、いままで徴兵を猶予されていた一部の学生たちを戦場へと駆り出させたものである。

非戦争体験者へ語り継いでいくという継承モデルが成立しにくくなることでもある。

この継承モデルの変容については、岡田林太郎（二〇二二年）のモデルが参考になる。岡田は従来の継承のモデルをバトンリレー・モデルとする。バトンリレー・モデルとは、前の世代から渡されたバトンを次世代に渡す、目的意識を共有した世代間が一対一対応で数珠つなぎになったもののマラソン競技のようなものである。[2] こうしたバトンの喩えには、「世代を越えて受け継いでいくこと」や「自分が責任を伴うランナーである」という含意がある。[3] バトンリレー・モデルは「戦争体験」の継承という面で優れているモデルのように思われる。しかし、これはバトンが受け継がれていけばいくほど責任感が増していってもしまうと岡田は指摘する。バトンをつなぐような、目的共有的・直線的・一対一的なイメージは継承を困難にもしてしまう可能性がある。[4]

バトンリレー・モデルとは異なるモデルとして、体験のない世代が体験者世代の話を聞き、そこに近づくために歴史を遡行していく、さかのぼりモデルがある。[5] これは体験者が中心となり下の世代に伝えていくものとは異なり、「戦争体験」を受け継ぎたいという非戦争体験者が戦争体験者に働きかけていくものでもある。

だが、非戦争体験者側から働きかけるような、戦争体験者がいなくなり、非戦争体験者のみになったときにどのような継承モデルが想定できるのだろうかと岡田は問う。

そこで、岡田は環礁モデルを提唱する。これは、トラウマ分析の枠組みである、宮地尚子の環状島というモデルから着想を得たものである。[6] この環礁とは、ひとつひとつの歴史事象ごとにある。また、環礁のなかにも環礁があり、たとえば、「原爆問題」という巨大な環礁には、「広島の原爆」の環礁もあれば、「マーシャルの核実験」の環礁もある。[7]

（2）岡田林太郎「〈環礁モデル〉試論――〈バトンリレー・モデル〉に替わるポスト体験時代のメタファー」『戦争社会学研究』第6号、二〇二二年）、一九一頁。

（3）前掲岡田、一九一頁。

（4）前掲岡田、一九一頁。

（5）前掲岡田、一九三頁。

（6）宮地の環状島については、宮地尚子『環状島＝トラウマの地政学』（みすず書房、二〇一八年）を参照されたい。

（7）前掲岡田、一九九頁。

環礁モデルでは、

内海：体験者の記憶・記録
州島：それぞれの非体験者たち
外海：無関心な層

とわけられている。

そして、環礁モデルでは、水位＝海面は忘却の深さをあらわしており、水位が上がることはみんながその記憶を忘れることを意味し、記憶が遠くなると同時に、語り合う場そのものがなくなることを意味している。(8) 一方で水位が上がることは、内海の底にある記憶・記録が曝け出されることであり、これは戦争体験者が現れることを意味しており、新たな戦争が起こり、新たな体験世代が生まれることであるという。(9)

この環礁モデルでは、「水位を保つこと」、忘却の進行＝海面の上昇によって、環礁を沈めてしまわないことが重要となる。(10) また、水位を下げてひとつひとつの州島を繋げる必要もないという。州島はそれぞれに異なる形と大きさを持っており、この異なりというのは、さまざまな意見を持っていることである。たとえば、原爆に対してであれば、「二度と同じ被害を生まないために核兵器を廃絶しなければならない」という意見がある一方で、「二度と同じ被害を生まないために核武装をしなくてはならない」という意見があることである。(11) その意見の違いを互いに排除しないために形の異なる島々があり、それは環礁の

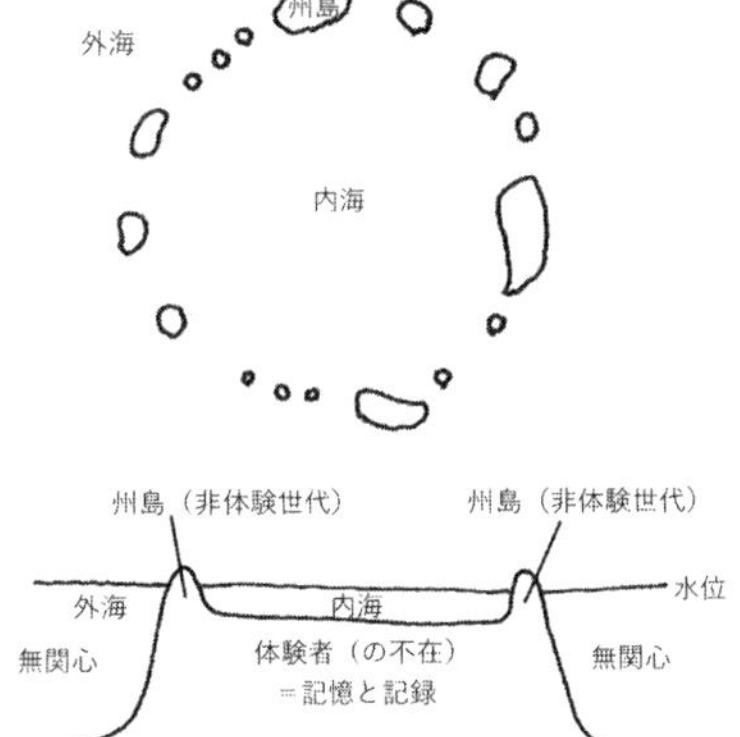

環礁モデル（岡田前掲）

(8) 前掲岡田、一九七頁。
(9) 前掲岡田、一九七頁。
(10) 前掲岡田、一九七頁。
(11) 前掲岡田、一九七頁。

問題を共有し、それについて語りたい・知りたいという人びとを乗せているのである。[12] つまり、州島がつながることは、内海をとりまく人たちが同じ思考・思想が同じになることを意味してしまうのである。環礁のなかでの州島の多様性を意識していくことが重要となってくる。

そして、環礁は「出入り自由」であり、自由に島に来て、別の環礁に移ることができ、同一人物が複数の環礁に同時的に居場所を持つことも可能となるのである。[13]

本章では、環礁モデルは戦争体験者が存在している現在でも成り立つものであると考え、また、バトンリレー・モデルと環礁モデルは戦争体験者と非戦争体験者が存在する現代では両立するものでもあり、環礁モデルを応用しながら、現代の「戦争体験」の継承を確認していく。ただ、岡田が提唱したこの環礁モデルは重要であるが疑問点もある。まず、どのように人びとは環礁に行き着くのかということである。さまざまな州島があることは、同じようにさまざまな環礁への行き方がある。そして、これは世代によっても異なるだろう。なぜなら、戦争体験者が社会の多数を占めていた時代に育った世代と、そうでない世代では差異があるからである。もちろん、岡田は環礁モデルをアジア・太平洋戦争の戦争体験者がいなくなった時代のものとして想定したが、これは戦争体験者がいる現在において適用できるものである。戦争体験者がいる現在において、非戦争体験者の環礁への行き方、その航路に戦争体験者がどのように関わっていることを明らかにできれば、環礁モデルをより発展させることができるだろう。

次に、小さな州島の形成である。岡田は、州島は関心の大きさなどを表していると指摘しており、「戦争体験」の継承実践をおこなっている人びとは大きな州島と考えることができるだろう。継承実践をおこなっている人びとは先行研究でも論じられてきた。[14] 一方で小さな州島はどのように形成されていくのだろうか。言い換えれば、バトンリレー・モデルほど責任感がと

---

(12) 前掲岡田、一九七頁。

(13) 前掲岡田、一九八～一九九頁。

(14) 蘭信三・小倉康嗣・今野日出晴編『なぜ戦争体験を継承するのか――ポスト体験時代の歴史実践』(みずき書林、二〇二一年)など。

もなわない形での戦争体験者からの「戦争体験」の継承の諸相である。戦争体験者がいる現代でも、バトンリレー・モデルのような積極的な活動をおこなっていないが、「戦争体験」に関心のある人びとは存在する。継承活動をおこなってはいないが、「戦争体験」の継承意識が強い人びとの活動も捉えていく必要がある。彼らがどのように「戦争体験」に関心を持っていったのかに着目することは、今後の「戦争体験」の継承を考えるうえでも重要となってくるだろう。

「戦争体験」の継承の環礁と「わだつみ」の環礁

冒頭で取りあげた「平和のための遺書・遺書展——「学徒出陣」八〇周年」は「戦争体験」に関心のある人びとが多く来場したものでもあった。そして、これを主催したのがわだつみのこえ記念館である。わだつみのこえ記念館は二〇〇六年に東京大学の近くで開館された平和博物館である。[15] ここには、戦没学徒の遺書や遺品が展示されている。展示されている遺書や遺品は、『きけわだつみのこえ』という戦没学徒の遺書集に遺稿が所収されていた人びとのものが中心となっている。

『きけわだつみのこえ』は一九四九年に刊行されたものである。戦争からまだ五年も経っていない時期に刊行された『きけわだつみのこえ』は多くの読者を獲得することになる。この『きけわだつみのこえ』に影響を受けた人びとが集まり一九五〇年に作った団体が日本戦没学生記念会、通称わだつみ会である。わだつみ会は現在まで続いており、とくに一九六〇年代以降は「戦争体験」の継承を掲げてきた。もちろん、時代によってわだつみ会における主眼は変遷を

(15) 平和博物館とは、戦争に関することを展示し、「戦争体験」の継承をおこなっている施設のことである(福島在行「総論 平和博物館は何を目指して来たか」、蘭信三・小倉康嗣・今野日出晴編『なぜ戦争体験を継承するのか——ポスト体験時代の歴史実践』みずき書林、二〇二一年、二四七～二六七頁)。

してきたが、「戦争体験」の継承という意識は通底するものであり、わだつみ会に集う人びとも多かれ少なかれ、その意識を持っていた。(16)

ただ、人びとが遺書集『きけわだつみのこえ』に所収された遺稿の現物を見ることは難しかった。そうしたなかで、遺稿の現物を見ることができる場所として、二〇〇六年にわだつみのこえ記念館が設立されたのである。

わだつみのこえ記念館は、本郷の東京大学のそばに位置している。二階建てとなっており、二階に戦没学徒の遺稿や遺品が展示されている。遺稿・遺品の展示方法としては、時代に合わせて展示され、また戦没学徒が派遣された地域にも合わせて展示されている。また、戦没朝鮮人学徒兵に関する展示もあり、日本人だけではない戦没学徒へ言及すると同時に、加害と被害の両面性を来館者に思い起こさせるものとなっている。わだつみのこえ記念館という場所があることで、「戦争体験」の継承への間口ともなっている。

こうした、わだつみのこえ記念館やわだつみ会、遺書集『きけわだつみのこえ』は、「わだつみ」という環礁として捉えることができる。ここでの環礁の内海に位置する体験者は、戦没学徒や同世代の人びととなる。(17) そして、「戦争体験」の継承に関心を持つ人びとが、「わだつみ」という環礁に集っていく。「わだつみ」は、「戦争体験」の継承という大きな環礁のなかにも位置しているのである。

ただ、世代によって「わだつみ」への行き着き方も異なる。『きけわだつみのこえ』が多くの人びとに読まれていた時代では、「わだつみ」には遺書集『きけわだつみのこえ』への関心から環礁に行き着いた世代が多いだろう。一方で、『きけわだつみのこえ』の存在自体を知らなくとも戦没学徒への関心から、「わだつみ」の環礁へ行き着く世代もいるだろう。

---

(16) わだつみ会のおもな先行研究については、保阪正康『「きけわだつみのこえ」の戦後史』(文藝春秋、一九九九年)、赤澤史朗「「戦争体験」と平和運動――第二次わだつみ会試論」(『年報日本現代史』編集委員会編『年報日本現代史 戦後日本の民衆意識と知識人』(現代史料出版、二〇〇二年、一～三六頁)、福間良明『「戦争体験」の戦後史――世代・教養・イデオロギー』(中央公論社、二〇〇九年)、門脇愛「1950年代の新制高校生の平和運動についての一考察――第一次日本戦没学生記念会を中心に」(東京大学卒業論文、二〇一七年)などがある。

(17) ここでは体験者は世代的に一九一〇年代後半から一九二〇年代半ばごろまでに出生し、戦争に従事させられた世代である「戦中派」となる。

また、世代により「わだつみ」への関心も異なる。『きけわだつみのこえ』を刊行当時の一九五〇年代に読んだ世代と、二〇二〇年代にわだつみのこえ記念館に行った世代では、「わだつみ」への関心、つまり州島の大きさが変わってくる。従来の「わだつみ」に関する研究では、わだつみ会に積極的に関わった人びとに焦点が当てられてきたが、わだつみのこえ記念館設立により、「わだつみ」に集う人びとも変わってきている。

本章では「戦争体験」の継承という大きな環礁にある、この「わだつみ」という環礁への行き着き方、そして州島の形成を確認していきたい。これらを確認するために、わだつみのこえ記念館の来館者を対象に、アンケートを実施し、そのなかで、戦争体験者や非戦争体験者にインタビューをおこなうことで、「わだつみ」という環礁へ彼らがどうやって辿りつき、どのような州島を形成しているのかを明らかにしていく。

そのために、次節では、現在の「わだつみ」という環礁にどのような人びとが集っているかを確認するため、わだつみのこえ記念館という場所に集まった人びとを取り上げる。わだつみのこえ記念館には、さまざまな関心からさまざまな人びとがやってくる。このような、わだつみのこえ記念館の来館者を確認していくことで、現代における「わだつみ」という環礁に、いかなる州島が形成されているのかをみることができる。

「わだつみ」に集う人びと

では、わだつみのこえ記念館に来館するのはどのような人びとなのかを確認していく。ここでは二〇二二年八月から二〇二三年七月までのアンケート（回答数一一一）をもとに来館者層を確認してみたい。ただ、アンケートは質問の追加などをおこなったため、全期間で同じ形式ではない点に留意されたい。また、アンケートは来館者全員が書いているわけではないことにくわえて、コロナ禍という偏りもあるが、それでもみえることもあるはずである。

まず、一番多く来館していた世代は二〇代であった。この理由としては、二点あげることができる。一点目は立地である。わだつみのこえ記念館は本郷にある東京大学の目の前にあり、学生が来館をしやすいということである。わだつみのこえ記念館構想は、次世代へのバトンタッチを意識されてのものでもあった。[18]こうしたわだつみのこえ記念館の構想が結実し、若い世代が多く来館しているのである。

二点目は博物館と教育の関係である。わだつみのこえ記念館は博物館ではないが、戦争・平和に関連する施設という点で平和博物館といえるだろう。[19]二〇代が多いのは大学の授業の課題で来館する学生が多いからである。平和博物館は教育の場としても存在してきた。それは戦争の歴史を学ぶことで平和をより志向していこうとするものであった。また、中学校や高校の課題で来館する学生もいた。これは入館料をとっていないことが一要因となっていると思われる。平和博物館という立ち位置や入館料の関係も若い世代の来館者が多い理由のひとつであった。

次に、どのくらいの来館者が来館前に『きけわだつみのこえ』を読んだことがあるのかを確認したい。「戦没学徒の遺書集『きけわだつみのこえ』をお読みになったことはありますか」という質問に対しては、「その遺書集を知っているが読んだことはない」という回答がもっとも多かった。次いで、「ある」であり、もっとも少なかった回答が「その遺書集を知らない」であった。

『きけわだつみのこえ』を読んだことがある世代は、六〇代以上の世代が多かった。二〇代は

(18) 日本戦没学生記念会「わだつみ会1998～1999年度事業計画(活動方針)」(『わだつみのこえ』一九九八年)、一〇七～一〇八頁。

(19) 福島在行・岩間優希「〈平和博物館研究〉に向けて――日本における平和博物館研究史とこれから」(『立命館平和研究 別冊』二〇〇九年)、一～七七頁。

来館者は多いものの、『きけわだつみのこえ』を知っていても読んだことがある人は少なかった。戦争体験者である八〇代以上のアンケートはごく少数ではあるが、八〇代以上は『きけわだつみのこえ』を読んだうえでわだつみのこえ記念館へ来館をしていた。ここからわかることは、世代によるわだつみのこえ記念館の捉え方の差異である。若い世代にとってはわだつみのこえ記念館は学徒兵の遺書が展示をしている場所である。一方で、高齢の世代にとっては『きけわだつみのこえ』に所収された遺書が展示してある場所となっている。逆にいえば、若い世代はわだつみのこえ記念館に来ることで、『きけわだつみのこえ』に関心を持つという経路を辿ることになる。つまり、若い世代の『きけわだつみのこえ』の受容は、書物からだけではなく、わだつみのこえ記念館という場所を通してもおこなわれるのである。

最後に、アンケートの自由記述を確認したい。

自由記述からわかることは、遺稿の現物を見ることで、平和の尊さや二度と戦争を起こしていけないと感じる人が多かったことである。わだつみのこえ記念館の遺稿は、家族や妻にあてたものが多いため、来館者が自分たちの境遇に重ね合わせて共感する傾向がみられた。たとえば、「実物を拝見し、大変な思いで文章を書かれたと思いました。短い一生で、死ななければならないこと、家族、妻への思いなど心を打ちます。平和のありがたさと共に、二度と戦争を起こしてはいけない、と思います」といったものである。家族や妻への手書きの文章が見られることによって、来館者の共感をより引き起こすことになったのである。

だが、自由記述欄だけでは来館時の感想に留まり、来館者の考えまで深く立ち入ることはできない。また、来館者がどのような過程を経て、「わだつみ」という環礁に辿りつき、どういった州島を形成しているのかがわからない。来館者がいかなるライフヒストリーを持ち、「わだつみ」

に関わったのかが明らかではないのである。そこで、次節ではアンケートを記入した来館者にインタビューをおこない、「わだつみ」に集った人びとへのライフヒストリーと来館へいたる経緯を詳述する。

来館者たちのライフヒストリー

この節では三人のライフヒストリーから、彼らがわだつみのこえ記念館にどのように来館したのか、つまり、「わだつみ」という環礁にどのように辿り着いたのかを確認していく。

来館者たちの属性

本章では、来館者のライフヒストリーをみるために三人の来館者にインタビューをおこなった。インタビューは半構造化インタビュー[20]であり、各インフォーマント（情報提供者）に一回ずつインタビューを実施した。

Aさんは戦時中に出生した男性であり、インタビュー時（二〇二三年八月二五日）は八〇代後半であった。彼は一九三〇年代生まれの東京出身者であり、疎開も体験している。

Bさんは戦後である一九六〇年代に出生した女性である。彼女はインタビュー時（二〇二三年八月二二日）は六〇代前半であった。彼女は長野県出身であり、彼女の両親はともに一九二〇年代に出生している。

Cさんは二〇〇〇年代前半に出生した男性で、インタビュー時（二〇二三年八月一五日）は二〇代前半であった。出身は神奈川県であり、大学生である。彼の両親は彼と同様に戦後生ま

（20）半構造化インタビューは、質問を準備したうえで、インタビュー中に出てきた発言を掘り下げていくインタビュー手法である。

れである。彼の祖父母には戦争体験者もいる。

彼らにインタビューをしたおもな理由は、世代である。Aさんは戦前生まれであり、BさんとCさんは戦後生まれである。戦争体験者であるAさんと、非戦争体験者であるBさん、Cさんとは「戦争体験」に対する意識も異なっているだろう。また、Bさんは一九六〇年代の生まれだが、Cさんは二〇〇〇年代の生まれであり、戦争体験者が社会のなかで多数を占めていた時代とそうではない時代に生きているという違いもある。各世代によって「わだつみ」への辿り着き方や関心は違っているだろう。

Aさんのライフヒストリー

八〇代のAさんのライフヒストリーを戦前の体験を中心に追ってみたい。Aさんは一九三〇年代前半に医者の息子として東京で生まれた。疎開をした世代であり、「戦争体験」があった世代であった。Aさんの父親は一九〇〇年代前半生まれで、母親は一九一〇年代前半の生まれである。父親が医者ということもあり、学校の友人等も裕福な家庭の子が多かったという。

戦争体験者であるAさんは戦時中はどのように過ごしたのだろうか。一九四四年には、Aさんは集団疎開で山梨の富士吉田に疎開をしている。疎開先の食料事情も大変なものであった。農産物がほとんどなく、空腹をしのぐために薬局で「わかもと」や「ビオフェルミン」を買ってそれを食べていたという。

そんな疎開生活にも嫌気がさし、友人と買い出しを頼まれた際に鉄道で東京へ帰ろうとしたのである。当時は疎開した学童に遠方まで買い出しに行かせることもあった。[21] 鉄道に乗って「脱走」をし、少年たちは東京を目指したのである。ただ、そんな「脱走」も車内で捕まった

(21)『朝日新聞』二〇〇五年九月二二日、一〇頁。

ことで終わることになる。捕まった少年たちは東京の自宅へと帰されることになった。

少年たちの「脱走」した日は、一九四五年五月二五日であった。二五日の夜一〇時から、米軍によって山の手大空襲がおこなわれた。二五日の山の手大空襲では、政府や金融、商業の中枢機関が位置している都心の地域と都心から杉並区にかけての西部住宅地に空襲がなされた。(22)

Aさんは母と二人で自宅から四ツ谷の土手のほうに逃げていった。空襲では操縦士の顔が見えるほどB29が低空飛行をしていた。Aさんはあのときの空襲は死んでもおかしくない状況であったと述懐している。山の手大空襲後は、足立区の舎人で、母親と過ごし終戦を迎えたという。

では、戦後になり、Aさんは『きけわだつみのこえ』とどう出会ったのだろうか。

Aさんが『きけわだつみのこえ』を読んだのは中学生のころであった。三省堂まで買いにいったとAさんは述懐する。『きけわだつみのこえ』は刊行される前から話題になっていたため、読みたくてたまらなかったのだという。Aさんの知人であり、Aさんの兄がお世話になった人が戦争で兵士として亡くなっていたこともあり、『きけわだつみのこえ』を読みたかったという。『きけわだつみのこえ』を読んだAさんは戦争は犯罪であると思ったと語っている。Aさんは民主主義や憲法、戦争についていろいろと勉強をしたが、『きけわだつみのこえ』を読むこともそうした学びであった。

そして、中学校、高校を卒業し、早稲田大学へと入学した。早稲田大学では文学部で学んだという。そして、卒業後はさまざまな会社で働き、フリーライターとしても活躍をしていった。

わだつみのこえ記念館との関係をみると、Aさんはわだつみのこえ記念館には開館当初から行っていた。わだつみのこえ記念館を知ったきっかけは仕事の関係であり、もう六回ほど行っているという。わだつみのこえ記念館はよく整理されていて、記念館の人びとも親切で頭が下

---

(22) 東京大空襲・戦災資料センター「東京大空襲とは」https://tokyo-sensai.net/about/tokyoraids/（最終閲覧二〇二三年九月三〇日）。

がるとAさんは述べている。

「戦争体験」の継承として、Aさんは自身の体験を子どもへと伝えている。Aさんは一九六〇年代に結婚をし、一九七〇年代に娘が生まれている。戦争の話は娘が小さいときから伝えてきたという。八月一五日の敗戦の日に戦争の話をしたり、また、自分が戦時中に住んでいた場所に娘と一緒に行ったときに戦争中の街並みについても語った。娘もそうした話を嫌がる素振りはなかったという。

このように娘に戦争を伝えていったことが、Aさんにとっての「戦争体験」の継承であった。

自分は実際にその五月二五日（注：山の手大空襲）の実体験をしましたし、そういう意味では、絶対にね、この日のことを忘れさせてはいけない。私から言わせると、私は関東大震災の経験というのを知らないんですけれども、私が物心つくっていうか、小学校に入ったとき、関東大震災とか日露戦争、ほとんど自分たちは知らなかったんですけど、考えてみますとね、（中略）それでも伝えなきゃいけない問題ですから。そういう意味では、私たちはね、もう次の世代、八月六日とか九日のことを次の世代に伝えるっていうのはね私たちの責務だと思うんです。

さらに、この自分が伝えていった「戦争体験」を、娘が孫に伝えていってほしいとAさんは述べる。Aさんにとっての「戦争体験」の継承は、自分が子どもに「戦争体験」を伝えるだけではなく、子どもがさらに次世代に伝えていくことであった。

戦争体験者であるAさんにとって、『きけわだつみのこえ』は戦争をもう起こしてはいけないと感じさせるものであった。そのなかで、自分たちの責務として、「戦争体験」を伝えていかなければならないと感じていた。これは、戦争体験者から非戦争体験者へというバトンリレー・モデルでもあるだろう。『きけわだつみのこえ』はそうしたバトンリレー・モデルのなかで、「戦争体験」の継承への意識を強めるものであった。

もちろん、Aさんも「わだつみ」という環礁にも参加している。「わだつみ」という環礁の内海にいる体験者は戦没学徒たちなどであり、その内海の周りの州島のなかにAさんも存在している。では、Aさんのような戦争体験者ではない、非戦争体験者たちはどういった州島を形成しているのだろうか。次に「わだつみ」の環礁にいる非戦争体験者たちを確認していきたい。

Bさんのライフヒストリー

前節においては戦争体験者のAさんにとっての「戦争体験」の継承や「わだつみ」の環礁への辿り着き方をみてきたが、非戦争体験者ではどうなっているのだろうか。

まず、Bさんのライフヒストリーを追っていきたい。Bさんは一九六〇年代に長野県で生まれた女性である。

Bさんが中学生のころ、戦争を考えさせる出来事があった。社会科の先生の授業で、フランクル『夜と霧』か三浦綾子『塩狩峠』を読む課題が出た。Bさんは『夜と霧』を読むことにした。『夜と霧』は強制収容所の体験の話である。内容に衝撃を受け、このような出来事に強い憤りを覚えた。

ただ、学業や仕事が忙しかったこともあり、ここから戦争について詳しく調べていくということはなかったという。Bさんにとって戦争は「教科書のなかの出来事」という感じが拭えなかった。

Bさんは高校を卒業後関東の大学に進学し、資格をとり看護士となる。Bさんが医療に興味を持った理由は、小さいときに叔母がナイチンゲールの本を買ってくれたことと、当時は女性が自立して生きるには医療関係の仕事に就くか教員になるくらいしかなかったからだという。Bさんはその後、看護師となり、病院で数年間働いたあとに、看護学校や短大で教育を約一八年間おこなった。

では、Bさんはどのように「わだつみ」と関わっていったのだろうか。これにはBさんの家族が関係している。Bさんの両親はともに一九三〇年代前半生まれであるため、父親に軍隊体験はなかった。叔母は勤労動員の話をよくしてくれた一方で、伯父はシベリアに抑留された体験があるもののそれを語ることはほとんどなかったという。また、Bさんの両親が住んでいた地域は戦争の被害がそこまでなく、戦争で亡くなった親戚もいなかったため、そこまで家族のなかで戦争の悲惨さが語られることはなかった。

そんな環境のなかで、母親が唯一読んだほうがいいと言っていた本が『きけわだつみのこえ』であった。母親が亡くなったあとも、Bさんはそれがずっと頭に残っていたのである。あるときバスに乗っていたところ、わだつみのこえ記念館の看板を見つけて、母親の言葉を思い出したという。また、二〇二二年のロシアによるウクライナ侵攻によって、戦争について学ばなければと思い、戦争や歴史に関する本を読むようにもなっていた。より戦争について知りたいという想いも高まっていた。ただ、コロナ禍であったことや心配事などもありすぐには来館できなかった。それだけではなく、さまざまな事情があるなかで戦没学徒の手記という重いものを背負えないという感情があった。そのようななかで、新型コロナウイルスが収束してきたことや家庭のことが落ち着いたことで、二〇二三年に来館できたのである。

普段、戦争についてほとんど語らない母親が薦めてきたからこそ、Bさんは『きけわだつみのこえ』という本が記憶に残り続けた。Bさんの母親が『きけわだつみのこえ』をどう受容したかはわからない。ただ、Bさんの母親が『きけわだつみのこえ』の刊行当初は一〇代であり、当時、高校生を中心にした多くの若い世代が『きけわだつみのこえ』を読み、共鳴をしたことを考えれば、Bさんの母親にとっても『きけわだつみのこえ』は戦争を考えるうえで忘れることのできないものだったのだろう。

Bさんが「わだつみ」へと辿りついたのは、この母親との体験があったからだ。たしかに、これはバトンリレー・モデルのような、責任感の重いものや、自分が「戦争体験」を継承しなければならないという責務のようなものとは異なる。しかしながら、そうした継承の「重さ」がないからこそ、忌避されず、行ってみようという気を起こさせ、「わだつみ」に辿り着いたといえるだろう。もちろん、Bさんは戦没学徒の手記に対して「重さ」を感じていた。しかし、それに加えてバトンリレー・モデルの継承の「重さ」をも感じていたら、わだつみのこえ記念館への足は遠のいたかもしれない。ある意味で、重圧となってしまうような継承の「重さ」がないからこそ、Bさんは「わだつみ」に行くことができたともいえる。

そして、Bさんは戦争体験者の手記を読むことで、戦争をより身近なこととして感じていくようになった。Bさんは戦争についてより知りたいと思い、研究者やジャーナリストが書いた本で戦争を学びながら、戦争体験者の手記も並行して読んでいった。Bさんは自分が看護師であったこともあり、「看護と戦争」について調べ、戦争に動員された看護師の手記を読んでいったのである。Bさんがこうしたことを調べ始めたのは、「知っとかなくちゃいけないことなんだろう」という考えからであった。手記を読むことで、Bさんはその看護師の境遇を自分で追体験するのである。

手記は身につまされるというか。(中略)もし自分がその時代に生まれてて、その道を歩んでいたら、そういうことになったし、ただそのときになって自分がそこまで選ぶかというと。戦場、日赤(注:日本赤十字社)、看護のために自分が(戦場に)行ってくるかというと、私は臆病だからできないと思う。

戦争に動員された看護師の追体験をしていくことは、「教科書のなかの出来事」であった戦争がより身近なこと、「自分事」になっていくことでもあった。これは、州島からみれば、「教科書の出来事」であったものが「自分事」へとなっていったことであり、環礁モデルからみれば、「わだつみ」という環礁だけではなく「看護と戦争」という環礁にも参加していったということである。さまざまな環礁に、興味の程度の大きさに関わらず、参加することは、様々な環礁への関心を高めることにもつながっている。ただ、重要なことは、環礁が「出入り自由」なことにより、「責任」をそれほど感じずに、自分の関心ごとの環礁にアプローチすることができることである。

Cさんのライフヒストリー

Cさんは二〇〇〇年代前半に神奈川県に出生した男性で、インタビュー当時は大学生であった。Cさんの育った時代は、戦争体験者が社会のなかでより少なくなってきた時代である。

そんなCさんがどのように戦争に関心を持っていったのか、そして「わだつみ」へと辿り着いたのかをみていきたい。

Cさんは二〇〇〇年代前半の非戦争体験者であり、両親も一九六〇年代以降に出生した非戦争体験者である。

Cさんがいまになって振りかえってみると、戦争や歴史に関心を持ったのは母親の影響もあったという。母親は戦争や歴史に関する本をCさんに読ませたり、自分の戦争観や平和観などをCさんに伝えたりはしなかったという。ただ、Cさんが小学校のころから、八月六日には今日は広島の日だよと言い、八月一五日には今日は終戦の日だよと言うように、戦争や歴史が関連する日にはそうした日であることをCさんに伝えていた。Cさんは母親が教えてくれた日付によって、戦争というものを意識する下地ができたのであった。

さらに、祖母の「戦争体験」を幼少期から聞いていたこともCさんに戦争に関心を抱かせた要因であった。祖母は疎開をしており、そうした体験をCさんに日常的に話していた。祖母は「戦争体験」を昔の思い出のように語ったこともあり、Cさんは祖母の「戦争体験」の重要性を意識しつつも、バトンリレー・モデルのような「重い責任」を感じることはなかった。祖母が日常的に「戦争体験」について話していたことも、Cさんが戦争を考える基盤となっていった。

これにくわえて、学校での体験もCさんの戦争への関心を高めることになった。たとえば、小学校で戦争に関するドラマを見たことである。教師から映画を見ると言われ、楽しい映画を見るのかと思っていたところ、戦争ドラマでかなりの衝撃を受けた。周囲の友人たちも同じように衝撃を受け、休み時間にいつもしていたドッジボールが始まらなかったという。

戦後七〇年という二〇一五年もCさんにとって印象に残る年であった。ひとつは戦後七〇年ということで学校の社会の課題で戦争のことを調べていたことである。その課題でCさんは満洲国について調べ、もっと深掘りしたいと思うようになった。もうひとつは戦後七〇年でNHKが歴史ドキュメンタリー「映像の世紀」を一挙放送したことである。Cさんは「映像の世紀」の当時の映像に引き込まれ、戦争についてより関心を持っていった。さらに、Cさんは戦争体験者の手記を読むことで戦争の大変さを感じとろうとしていく。

こうして戦争へ関心を持ったCさんは大学へ入学してから、各地の平和博物館にも訪ねるようになった。Cさんは『きけわだつみのこえ』については知らなかったが、それにも関わらずわだつみのこえ記念館を知ったのは、インターネットで調べたことで出てきたからである。学徒出陣で戦場に行った人に特化した資料館であるため実際に行ってみようと思ったのである。ここにはAさん、Bさんとの世代的差異が現われている。八〇代のAさんや六〇代のBさんは『きけわだつみのこえ』を知っていたが、一〇代のCさんは『きけわだつみのこえ』を知らなかった。それにも関わらず、『きけわだつみのこえ』という遺稿集に出会うことができたのはわだつみのこえ記念館という場所があったからであった。世代によって、「わだつみ」へと辿りつく経路が異なっているのである。

こうしたわだつみのこえ記念館への来館というCさんの活動の根本には、やはり祖母の「戦争体験」があった。家族の「戦争体験」はCさんに「戦争体験」の風化に対する危機感を覚えさせたのである。

教科書とかテレビとかでやっぱり歴史の中みたいな感じになっちゃいますけど、祖母の話とかを今でも聞くと、まだ生きてるので、その時代に生きてたわけだから、それはすごいなっていう風に思いますね。最近より強く思います。教科書でみるものを全部そのとき生きてたからそれはすごいなって思いますね。だからこそそのときも生きてた祖母が高齢なのでそれは戦争体験者っていうのは減ってきてるし、記憶の風化はやばいなって同時に、危機感も覚えますね。

では、このように危機感を覚えるCさんにとっての「戦争体験」の継承とはなんだろうか。Cさんは団体等に所属して継承活動をおこなっているわけではなく、また、戦争体験者の体験を社会に発信しているわけではない。そうしたCさんにとっての「戦争体験」の継承とは、自分が平和博物館などに行って戦争について学んだことを友人たちに話すことであった。それも押し付けがましくではなく、終戦の日などに話すなどである。ただ、周囲の友人もCさんが平和博物館に行っていることを知っており、よくその話を聞いてくるという。Cさんにとって「戦争体験」の継承とは、身近な友人たちに戦争に関して自分が学んだり体験したことを話すことであった。

ここには環礁モデルにおける継承をみることができる。バトンリレー・モデルのような重い「責任」をともなうものではなく、自身の関心から周囲にそのときの状況に応じて、「戦争体験」について伝えていく。また、Cさんが大学生のうちに平和博物館へと訪れるのにも理由があるという。それは社会人になってしまうと、時間がとれなくなってしまうので、学生のうちに訪れるようにしているのである。これは、環礁が「出入り自由」であり、「責任」をともなわないことによってもできることである。逆にいえば、「出入り自由」であるからこそ、非戦争体験者が断続的に「戦争体験」に向き合うことができるのである。

おわりに

最後に、どのように人びとが「わだつみ」へと辿り着いたのかについて確認したい。

まず、世代と「わだつみ」の関係である。これは『きけわだつみのこえ』を知っているかどうかで、二つに分類することができる。

ひとつは、『きけわだつみのこえ』をどのように知るかということである。八〇代のAさんは戦争体験者であり、『きけわだつみのこえ』の刊行当初に購入するほど思い入れが強いものであった。『きけわだつみのこえ』の遺稿を見るために、わだつみのこえ記念館にAさんは来館したのである。六〇代のBさんは非戦争体験者であり、『きけわだつみのこえ』自体は知っていたが、Aさんのほど思い入れはなかった。ただ、Bさんは戦争体験者である母親の『きけわだつみのこえ』への思い入れを看取し、それによって『きけわだつみのこえ』はBさんの記憶に残り続けた。母が強調していた『きけわだつみのこえ』をみるためにBさんはわだつみのこえ記念館に来館していた。二〇代のCさんは非戦争体験者であり、『きけわだつみのこえ』は知らなかった。Cさんはわだつみのこえ記念館を訪ねたことで『きけわだつみのこえ』を知ることになった。わだつみのこえ記念館という場所がCさんを『きけわだつみのこえ』につないだのであった。

もうひとつは、『きけわだつみのこえ』をどのように捉えているかということである。Aさんは『きけわだつみのこえ』はそれ自体で固有の価値があるものであった。刊行当時、『きけわだつみのこえ』はベストセラーになりそれ自体が固有性を有していた。Bさんにとっての

『わだつみのこえ』は、Aさんほどではないものの、同世代のなかでは知っている人は知っている書物であり、また母親の影響もあって、相応の固有性を持っていった。一方で、両親も非戦争体験者で二〇〇〇年代生まれのCさんにとっては、『きけわだつみのこえ』はそこまでの固有性を持っていなかった。世代によって、「わだつみ」への経路や意味は異なるものであった。

このように、「わだつみ」という環礁への航路は、世代によって異なっている。

そして、「わだつみ」を取り巻く州島の大きさもさまざまであった。戦争体験者であるAさんは『きけわだつみのこえ』という戦没学徒たちの遺稿集への想いがあり、「わだつみ」は戦争をもう起こしていけないと思わせるものであった。非戦争体験者であるBさんは、戦争体験者の母親が『きけわだつみのこえ』への想いが特別なものと感じられたため、「わだつみ」に関心を持ち、またロシアによるウクライナ侵攻という時代情勢も「わだつみ」への関心を強くした。同じ非戦争体験者であるCさんは、戦争体験者の祖母との日常的な会話や学校、メディアにより戦争に関心を持ち、平和博物館を訪ねるなかで、平和博物館のひとつという文脈で「わだつみ」にも関心を持っていた。このように関心としての州島の大きさは、世代の体験によっても異なっていた。

本章で確認してきたように、戦争体験者がより少なくなってくる将来においては、「戦争体験」に「深すぎない」関心を持つ人びとが増えてくる。そして、それは戦争体験者との「距離」をどう考えるのかにも関わっているだろう。この「距離」は、戦争体験者と非戦争体験者の「距離」、環礁への「距離」、州島と内海の「距離」であり、人びとと研究者との「距離」でもある。そうしたなかにおいて、継承がどのようになされていくのかに目を向けていく必要があるだろう。

エピローグ　環礁の屑拾い

「未定の遺産」化の可能性

清水　亮・白岩伸也

私がゴールするわけじゃないですから。それにバトンってあるんですかね(1)

屑拾いがやって来るのが見られる　首をふり
よろめき　壁にぶつかるその姿は　まるで詩人のよう(2)

継承のバトンリレーから歴史実践へ

体験者による継承から、非体験者の歴史実践へ。来る危機的転換点の先を考えようとする本章は、本書各章を総括し収束させる結論を目的としない。ここは始まりだからだ。本章は、既存の「継承」のイメージの代表格を占める「バトンリレー」とは異なる、体験者なき時代の多様な歴史実践に開かれた議論の場をつくりだすことを目的とする。

具体的な作業としては、議論と共同執筆を通して浮上してきた、継承ないし歴史実践に関す

(1) 市田真理「記憶をつなぐ船・第五福竜丸――被ばく者大石又七との協働を通して」(『戦争社会学研究』第六巻、二〇二二年)、一六三頁。引用部は、第五福竜丸展示館学芸員の市田が、若い記者から「市田さんはバトンを受け取ったのですね」と言われて返した言葉。

(2) ボードレール、シャルル(宇佐美斉訳)「屑拾いの酒」(多田道太郎編『『悪の花』注釈　下』京都大学人文科学研究所、一九八八年)、一一〇八頁。

るメタファーの検討と開発を行う。たしかに、比喩は、疑似的な説明によって真理探究を阻害するとして、学問の領域で伝統的に警戒されてきた面もある。しかし、特に記憶などの不定形の対象を扱う場合、新たな主題の設定、理論上のアイデアの獲得などの学術上の発見を支える技法として評価することもできる。(3)(4)

　体験者の話を非体験者が傾聴する。そして平和への決意を新たにし、感想文などさまざまなかたちで表現する。たしかに、これは「バトンリレー」と表現するにふさわしい。「バトンリレー・モデル」は、一対一で直線的な特徴をもつ。(5)その前提は、バトンの価値を保証するのが、体験者であることだ。体験者が語ること自体が価値の源泉であるがゆえに、戦後七八年になっても、老齢の戦争体験者をジャーナリズムは探し回る。「バトン」の比喩において、非体験者の役割は、体験者から記憶をできるかぎり忠実に受け取り、文化財のようにそのまま保存していくものと想像される。(6)

　ここに限界がある。非体験者はまずは受け身で、何かを創造する主体となる余地が（実態はともかく「バトン」のイメージには）含まれていない。さらに、体験者側が、価値があると思っていない、もしくは価値を言葉にしきれない体験は、「バトン」として手渡されない。

　これに対して、本書がこだわる歴史実践という言葉には、「バトン」を渡す者―受け取る者という差異はない。継承者が、体験者自身も無自覚な価値に気づき、何らかの加工を施して価値を付加して次世代へ渡していく余地もある。「体験」「記憶」の継承（バトン・リレー）に対して、歴史実践は、「体験」「記憶」を素材として何かを表現し創造することに重点がある。(7)

（3）山名淳「〈記憶の教育学〉モデルを構想する――比喩としての記憶と教育に関する試論」（山名淳編『記憶と想起の教育学――メモリー・ペダゴジー、教育哲学からのアプローチ』勁草書房、二〇二二年）、二八六～八七頁。

（4）そもそも「歴史実践」の可能性は、学術の枠内に切り詰められるものではなく、アートなどの表現に開かれてきた（大川史織編『なぜ戦争をえがくのか――戦争を知らない表現者たちの歴史実践』みずき書林、二〇二一年。福岡市美術館編『歴史する！ DoingHistory!』福岡市美術館、二〇一七年など）。

（5）岡田林太郎「〈環礁〉モデル試論――〈バトンリレー・モデル〉に替わるポスト体験時代のメタファー」（『戦争社会学研究』第六巻、二〇二二年）、一九〇～〇二頁。

（6）それはかつて反発も生んだ。一九六〇年代に戦中派

「未定の遺産」という出発点

ここで、「未定の遺産」という言葉を導入してみよう。戦後二〇年を目前にした頃すでに見田宗介は、「日本の戦後史の遺産というものは、今日われわれが総括すべき既定のものとしてでなく、われわれがこれから作っていくべき未定の遺産として存在する」と述べた[8]。これは視点の転換をもたらす言葉だ。戦争体験という「遺産」の価値を、最初から定まっている（＝既定）ものとして崇めるのではない。むしろ、その時々の問題状況のなかで、遺産を活用する者の側が発見し捉え直すものとみる。

たとえば、本書で塚田は、中條という陸軍士官学校出身者が提示した「ビジネスに役立つ陸士経験」というバトンをそのまま受け取ることはせず、むしろそのバトンを相対化する。すなわち、中條のライフヒストリーを、軍学校や企業、戦友会といった場との関わりから詳細に検討し、「陸士経験」という「未定の遺産」が、いかなる社会条件の中で価値決定されていったのかを明らかにする。

見田は、「体験をまるごと実感として継承することは絶対に不可能である」と断言する。しかし、「体験を遺産に転化する方式は継承しうるし、またさらに、普遍的な方法論として後に来る世代に残しうる」と可能性を示す。いわば内容ではなく方法の継承である。どの「方式」を選りすぐるかは、遺産継承者の側に託されている。そして、継承者側の世代も「戦後体験」という素材を持っていて、戦争体験という素材と掛け合わせることもできる。

たとえば、数多くの体験者の声を聴き、活動を引き継いできた遠藤も、「体験を現代に生きる私たちが生き写しのようにそのまま継承することはできない。彼らの体験談や叙述をカタロ

の戦争体験の語りは、戦後派の若者にとって「劣位や跪拝をもたらす象徴的な暴力と感じられた」（福間良明『「戦争体験」の戦後史――世代・教養・イデオロギー』中央公論新社、二〇〇九年、一六二頁）。

（7）それは、料理にたとえられる。体験者は具材をもっているが、非体験者と一緒に調理することもできる。体験者亡きあとも、非体験者はレシピを継承し改良していくことができる。素材に手を加えて料理にしあげていくところに、価値が生まれる。

（8）見田宗介「戦後体験の可能性――「未定の遺産」としての戦後史」（『現代日本の精神構造』弘文堂、一九六五年）、一四二～四三頁、（一九六三年初出時「戦後世代の可能性」）。

グ化し、大量にコレクションするだけでは意味を成さない」と強調したうえで、「その時々の政治的、社会的な状況に即して私たち一人ひとりの思考に落とし込」むことの必要性を説いた。それは、見田のいう「方式」の継承である。

他方で反面教師にしなければならない「方式」もある。後藤は、憲兵をめぐる、戦後社会の「悪逆非道」と、当事者の「名誉」との二大物語方式の隙間に、「未定の遺産」としての憲兵体験を見出そうとする。そして、戦友会の世代交代による存続も、それまで体験者たちが築いてきたものを「既定の遺産」ではなく、非体験者が「未定の遺産」としてみて創造的に解釈していかないかぎり、将来的な展望は開けないだろう。

研究のうえでは、（非体験者ではなく）元兵士たちが、どのような「方式」によって自己を形作ってきたか、が探究課題となりうる。吉田裕は、日本という敗戦国では元兵士たちが「過激なナショナリズムの温床とはならなかった」という文脈で、次のように書く。

「帝国」意識の根深い残存や被害者意識の深さ（中略）という問題をはらみながらも、むしろ、多くの元兵士が、戦争の侵略性や加害性への認識をしだいに深めていく方向に向った。それは、ためらいや逡巡、反発や反動を常に伴ってはいたが、「生きる」という実践を通じた壮大な「学習」の過程でもあった。(9)

もちろん、白岩と角田が論じた日本郷友連盟や大東亜戦争全戦没者慰霊団体協議会などの団体の歴史観や政治的なメッセージを鑑みると、「過激なナショナリズムの温床とはならなかった」と言い切ることはできない。しかし、「「生きる」という実践を通じた「学習」の過程」と

（9）吉田裕『兵士たちの戦後史』（岩波書店、二〇一一年）、三四四頁。

いう「方式」はたしかに存在したと考えたい。この「方式」を解明するために、私たちの関心は、戦争体験そのものよりも、それを抱えながら生きた戦後の時空間へ向かった。

ここでの「学習」は、教師が正解を教え、子どもがそれを学ぶという、旧来の学校教育的な図式に収まらない。みずから得る／他から与えられる内容について、自己の認識や周囲の情報などと突き合わせながら思考し、それによって事実の寄せ集めではなく、「システム」としての「知識」をダイナミックに変化させていくという、探究を通じた創造のプロセスである。[10] 体験者の語りを正解という「既定の遺産」にせず「未定の遺産」にしていくには、新しい「知識」を構築する「学習」という営みが重要な位置を占める。清水が注目した歴史実践の「謙虚さ」は、自らの認識の反省を通して「未定の遺産」を探り当てる「学習」の動機と契機を基盤にしているということもできる。

「既定から未定へ」の認識転換が、体験者なき時代の扉をたたく、私たちの出発点だ。

環礁モデル

次に「未定の遺産」という抽象的な認識枠組みを、「バトンリレー」と同様に具体的なイメージに落としていこう。

本書の研究会メンバーの編集者岡田林太郎は、体験者から非体験者への「バトンリレー・モデル」に替わる「体験者不在時代」の継承の在り方を提案していた。[11] 宮地尚子が提案した「環状島」モデル[12]を、大川史織の映画『タリナイ』（二〇一八年）における環礁のイメージを経由して、戦争体験継承というテーマへ発展させた「環礁モデル」である。

（10） 今井むつみ『学びとは何か——〈探究人〉になるために』（岩波書店、二〇一六年）、二二八頁。

（11） 前掲岡田、一八九―二〇一頁。ただし岡田自身は研究会で環礁モデルに一切言及しなかった。

（12） 宮地尚子『環状島＝トラウマの地政学』（みすず書房、二〇〇七年）。

那波が紹介したように、岡田の「環礁」は、環状島の切れ目なくつながる「尾根」とは異なり、「内海」を取り囲む多数の独立した「州島」からなる。非体験者は、今は亡き体験者が沈んでいる内海のまわりのそれぞれの島に集まり、戦争の記憶を知ろうとして、環礁の砂浜から内海を眺める。「出入りが自由である」州島のイメージは、非体験者が決して均質な共同体ではなく、多様で流動的であることを強調する。

たとえば広島・長崎の原爆という関心に対して形成された環礁の場合、内海には膨大な記録と記憶が眠っている。その周囲を囲む島にも、さまざまな意見を持った人が集まっている。おそらく、その意見を統合することは不可能であり、またそうする必要もない。たとえば原爆に対して、「二度と同じ被害を生まないために核兵器を廃絶しなければならない」という意見があるいっぽうで、「二度と同じ被害を生まないために核武装をしなくてはならない」という意見もありうるだろう。その意見の違いをお互いに排除しないために、形と大きさの違うさまざまな島がある。原爆問題の環礁にある島々は、その問題を共有し、少なくともそれについて語りたい・知りたいという人々を乗せている。

重要なことは記憶・記録を忘却しないことと、島間の交流・対話を否定しないことである。(13)

岡田自身は絶対に賛同しない「核武装論」も、わざわざ書き込まれている。(14)「対話圏・交流圏」のメタファーとしての環礁は、どの世代か、学者か否かにかかわりなく、異質な価値観をもつ者たちのフラットな対話を開こうとする。

(13) 前掲岡田、一九七～九八頁。

(14) 元兵士や戦友会も、戦後日本社会から一定程度、危険視されてきた存在であることも付言しておく。

この規範的なモデルは、未来の歴史実践を構想するためのみならず、あるべき状態との落差から、現実の状態を捉えるために用いることもできるだろう。たとえば環礁モデルに照らして、角田が詳細に記述した、ポスト体験時代における戦友会の統合の試みを顧みよう。それぞれの歴史的背景をもった戦友会は統合不可能であり、一種の多島性をもっていた。しかし慰霊協は、組織統合という〝合理的〟要請に傾斜する余り、戦友会を横断した「対話・交流圏」とはなり得なかったと解釈することもできる。

この「環礁モデル」も、読者が手を加えて発展させうる「未定の遺産」だ。那波も、「環礁」への航路という新たな問いを立ててモデルの拡張を図る。若い非体験者世代の「責任」に縛られないフットワークの軽さに注目しつつ、教養主義の一角をなした「わだつみ」という「既定の遺産」を、多様な受容に開かれた「未定の遺産」へと流動化しようとしているともいえる。

環礁の内海に沈む記憶・記録は、あらかじめ崇めるべき価値が定まっている「既定の遺産」ではない。むしろ、複数の価値化に開かれた「未定の遺産」とみるからこそ、多様な州島において、非体験者たちが対話と交流を続けていく。

屑拾い

環礁モデルに、歴史実践を行う主体の具体的な歴史実践の方法を描き加えてみることで、さらにバトンリレー・モデルとの対比を明確化していこう。

歴史学者の藤原辰史は、ヴァルター・ベンヤミンをもとに、都市の路上で「ぎくしゃくした歩き方」で「立ち止まって屑を拾い、それを背負い籠に投げ込」む屑拾いの姿に、歴史叙述のモデルをみる。[15] 言い換えれば、バトンのような価値はないと思って体験者が捨ててしまったもの、手渡そうとしたのに誰も受け取らず放置されたもの、あるいは放棄させられたものを拾うこと。これは体験者が町を去ってしまった後もできることだ。

背負い籠の屑をどうするか。ベンヤミンはいう、「ボロ、くず――それらの目録を作るのではなく、ただ唯一可能なやり方でそれらに正当な位置を与えたいのだ。つまり、そのやり方とはそれらを用いることなのだ」。[16] 歴史叙述としては、単にメインストリームからこぼれ落ちた人や物や出来事を拾い集め光を当てることではなく、それを「用い」て大きな物語を相対化することこそが、「ボロ・くず」の「正当な位置」づけだろう。[17]

本書各章の研究対象は、いわゆる〝歴史を動かした〟偉人や組織などではない。一見「屑」のように見落とされかねない個別の対象を子細に、多角的に検討して歴史-社会のなかに位置付ける。忘却された対象は、歴史-社会を語るメインストリームを相対化するポテンシャルをもつ。

たとえば塚原は、文字通り戦場の海の藻屑と消えた大叔父の生を探究する自らの姿勢を「追憶」と表現する。それは、使い古された「記憶」という用語では認識の範囲外となりかねない、断絶の彼方に手を伸ばす挑戦であった。堀川は、近年の研究で証言内容を批判されてきた体験者について、個人資料の集積から一人の人間の生き様を知るために向き合おうとする。ある断片から一人の個別の人間の生を探究することは、全体的な抑留史を描くパーツとすることとは別の価値があることを示唆する。白岩は、ある集団が無価値で危険な「屑」とみなされてきた過程の追跡を通して、「屑」を生み出してきた戦後社会や私たち研究者の価値意識に反省を迫る。

---

(15) 藤原辰史『歴史の屑拾い』(講談社、二〇二二年)、一一頁。

(16) ヴァルター・ベンヤミン『パサージュ論』第三巻(今村仁司ほか訳、岩波書店、二〇〇三年)、一七九頁。

(17) 今後、「未定の遺産」と「屑」については、より精緻な論理的整理が必要である。さしあたり、両者のモーメントの差異は次のように設定できる。「未定の遺産」は、価値あるとみなされてきた「既定の遺産」の自明性を解体する認識の構えである。これに対して、「屑拾い」は、たいした価値がないとみなされ、ほとんど無視され忘却されてきた断片を具体的に用いて、その潜在的価値を顕在化させる歴史実践である。

環礁モデルにおいて、「内海」の底に沈む過去の本質にはたどり着けない。しかし、記憶・記録の断片＝屑は、無数に海面に浮かび漂っている。気づかなかったり、見て見ぬふりをしているだけで、屑は「州島」のいたるところに流れ着いている。

たとえば津田が論じた、「自衛隊体験」は、旧日本軍の戦争体験に比べれば、戦後日本ではほとんど注目されてこなかった。しかし、自衛隊が旧軍以上の長さの歴史を積み重ねるなかで、着実に増大してきた断片といえる。津田は、その山を放置せずに、研究の俎上にのせ議論の土台を開こうとする。そこで着目したのが、民間人の人生経験とは異なる特殊な体験を、退職者自身が拾い集め、いくつかの角度から価値づけ発信していく出版市場の様態だった。

屑拾いは、一見小さくみえる屑が、実は大きな潜在的価値をもつことを見極める。たとえば、一九五四年にマーシャル諸島ビキニ環礁で行われた水爆実験で被曝した第五福竜丸は、廃船となった後に悪臭漂う埋め立て処分場だった夢の島に係留されていた。[18] 当時の写真をみると、甲板まで水浸しの沈没寸前状態で、とても小さくみえる。しかし、バトンリレーならぬバケツリレーで水をくみ出し、保存運動をした人々の「屑拾い」が船を救った。この運動に参加した二〇代の小学校教師は、陸上に引き揚げられた福竜丸が予想以上に巨大で、「それまで海に半分沈んだような姿しか見たことがなかったから、本当にこんな船だったんだって」と驚いたという。第五福竜丸展示館で、見学者たちが、かつて喫水線下に沈んでいた船体を下から見上げるまなざしは、一つの断片を拾い上げる実践によって獲得された。

洋上の屑拾いは、一つの断片（＝資料や証言）について、海面上に露出している（＝語られ書かれている）部分のみならず、海に沈んでいる部分（＝行間や文脈）も多角的にみていく。それは、屑を屑のままで沈みゆくままにさせようとする力への抗いでもある。内海には、無数の沈没寸

(18)「「第五福竜丸」来年被ばく七〇年　ごみ山の廃船草の根から保存実現　水爆の愚 戒める宝船」（『毎日新聞』二〇二三年一二月二三日夕刊七面）。

前の舟が漂っている。ラッキー・ドラゴン（福竜丸）はその名の通り、幸運な一例に過ぎない。

城と舟

一方で、屑の山を活用しようとするあまり、一つの価値観を守る〈城〉をつくってしまうことも少なくない。〈城〉は他の価値観の〝侵入〟を拒絶し、特定の価値を誇示する、大きな物語である。「対話・交流」の道は閉ざされ、多様な断片を拾う地道な実践はないがしろにされ、「意見」偏重の拡声器が〝敵〟と〝味方〟の区別を促し、論争の空中戦を招く。[19]

大きな物語は、個別の歴史実践を回収する強力な磁力をもつ。たとえば望戸が論じた未来出征軍人会の学生たちは、退役軍人会の神聖な「戦争体験の神話」を、ユーモラスな「平凡化」を通して揺るがす可能性をもっていたことだろう。しかし、戦場に出征しなかった退役軍人への批判は、結果的に「戦場」を頂点とした「戦争体験の序列」という大きな物語・既存の価値構造を強化し、皮肉にも自らの出征によって再生産する羽目になる。[20]

〈城〉の磁場から逃れ、環礁を「対話・交流圏」とするためには、島と島を隔てると同時に結合させている海に目を向ける必要がある。たとえば、網野善彦は、明治以降の日本が、海を国境とする「孤立した島国」という、近代国家の自画像を形成してきたことを念頭に置いた上で、海が人と人を結びつける安定的な交通路だった点から、アジア大陸東辺の架け橋としての日本像を再構築しようとした。[21] 多様な州島の間にある海のあり方は、交通路をいかに整備し、どのように使うかに左右されるといえる。

宗教学者の西村明は、船による移動や洋上慰霊を通して「たどり着いた先での他者との出会

---

(19) ここで第一に念頭に置いているのは歴史修正主義や、国家や軍隊による歴史物語である。専門家より広い歴史実践の主体を認めるパブリック・ヒストリーは常に、これらにいかに対抗するかを迫られてきた（詳細は、菅豊「パブリックヒストリーとはなにか？」（菅豊・北條勝貴編『パブリック・ヒストリー入門――開かれた歴史学への挑戦』勉誠出版、二〇一九年）。一方で、体験を特権化しやすい体験者も、アカデミズムの権威と関わる研究者も、われらの内なる〈城〉に対する警戒と反省が求められる。

(20) この解釈については、望戸愛果『「戦争体験」とジェンダー――アメリカ在郷軍人会の第一次世界大戦戦場巡礼を読み解く』（明石書店、二〇一七年）の理論枠組みを参照。

(21) 網野善彦『「日本」とは何か』（講談社、二〇〇〇年）、第二章。

いと自らの態度変容（反省）の契機も含んだ関係の深化、さらに継続的な交流や協力」が生まれていく契機への注目を促す、「記憶の洋上モデル」を提案する。[22] 洋上モデルにおけるモビリティの重視は、固定的な「国家や民族や家族や個人による記憶の囲い込み」に抗するためにある。環礁モデルに洋上モデルを重ね合わせれば、海は、記憶と記録の貯蔵庫のみならず、異なる主体が出会う機会を流動的に開く場としての意味を帯びる。

以上を踏まえ、〈城〉に対抗する歴史実践のイメージとして、内海をこえて島と島の間の複数の価値観を通交する〈舟〉を提案したい。[23]「環礁モデル」において私たちは「自由に島に着て、随意に別の環礁に移ることができる」、すなわち「問題を考えないで生きる時間」を持てるし、「いくつもの考え方の間を行き来することもできる」[24]。〈舟〉は、そうした関与の自由な変更を保障し、異なる価値への接近や、一時的な関心の薄まりをも許容する。〈舟〉は「異なる意見であったとしても、場合によってはつながりあうこともできること、部分的には合意形成ができること」[25]を可能にする歴史実践の方式である。

動力付きの〈船〉ではなく、[26] 手漕ぎの〈舟〉とするのは、他の島の価値観に触れる・つながるという結果よりも、歴史実践のプロセスにおける意志と努力を重視するからである。もしかすると、どこまで〈舟〉を漕いでも他の島にはたどりつかないかもしれない（交流の不成立）。上陸を拒絶されるかもしれない（対話の不成立）。それでも、航海の途上で内海に浮かぶ屑を拾うことはできる。そうした屑が、やがて舟の素材となる。ひとたび作られた〈舟〉は、以後に隔たりに挑む人々も用いる共有財産となり、その用い方をめぐる議論の種ともなる。それぞれの州島から、多様な〈舟〉がつくられ、内海を走り回る。

（22）西村明「船と戦争――記憶の洋上モデルのために」（『思想』一〇九六号、二〇一五年）、五一、六四、六五頁。西村は、「太平洋戦争」がその名の通り海で死者を生み出す戦いであったにもかかわらず、記憶の場の大半は陸上にあるという矛盾に注意を促す。

（23）交通路は〈橋〉でもよい。西村も、環状島モデルの発展形として、内海の両端に位置する尾根に吊り橋を〈架橋〉するモデルを提案している。吊り橋は、トラウマに満たされた「内海」に沈むことを防ぐ「緩衝装置」であり、非当事者も含めて、「一定の距離感やもはや埋められない隔たりを保った形での接近」を可能にする（西村明「トラウマから架橋へ――玉砕戦生還者の記憶がひらく新たな回路」田中雅一・松嶋健編『トラウマを生きる』京都大学学術出版会、二〇一八年、五七二～七三頁）。

（24）前掲岡田、一九八頁。

やがて屑になる

〈舟〉が向かう先には、間違いなくカルチャーショックが待っている。そもそも屑との出会いから驚愕の連続である。その一瞬一瞬は本書にも織り込まれている。その一方で、さらに長い時間的なスパンを、「環礁の屑拾い」モデルに組み込んで論を締めくくろう。

先述した藤原辰史は、歴史研究者＝「歴史の屑拾い」の基本的態度として、「生物・無生物にかぎらない何かとの偶然の出会い〈中略〉による自己の変容と攪乱を歴史叙述の中に組み込む態度」を挙げている。「まえがき」で触れた藤田省三の「経験」[27]論や、本章で先述した「生きる」という実践を通じた壮大な「学習」の過程」も、主体の「変容と攪乱」の揺らぎにこそ価値を見出すものだ。[28]

そして「自己の変容と攪乱」を突き詰めていくと、歴史叙述や人間には、「自分自身を屑に変えていくプロセス」が最終的に待っていることに気づく。

> 〈歴史という〉言葉の群れは、やがて偶然出会った読者によって批判され、解体され、次の書物や思考の肥やしになる。少なくともそうなるように工夫されなければならない。謝辞や註や参考文献が必要なのは、それらが偶然の出会いの記録でもあり、歴史書の解体に役立つからである。やがて歴史研究者自身も、老いて寿命を迎えることで、自分の放った言葉とともに、歴史にただよう「屑」の一つとなる。現生のしがらみから切り離され、誰の所有物でもない「屑」に分解されるのである。そんな歴史研究者の自覚においてこそ、歴史叙述は生成し始める[29]

(25) 前掲岡田、一九八頁。なお岡田は島間の移動については、潮の満ち引きによって道ができる可能性に言及している。舟（ないし航路）は、それよりもかなり人間の能動的な意志や努力を強調する。

(26) 自由な移動・航海が、いわゆる植民地主義や砲艦外交のように、特定の価値観によって他の価値観を従わせる支配の具になる危険には留意したい。

(27) 藤田省三「戦後の議論の前提――経験について」（『思想の科学 第七次』第一号、一九八一年）。

(28) バトンリレー・モデルは、揺らぎない主体を想定する。それはそれで強い主体を支えるが、弱い主体はバトンパスに失敗しかねない。

(29) 前掲藤原、一八六～一八七頁。

限りある生のひとときを費やして、〝いまここ〟で記述したことも、やがては所有から離れた「屑」へと分解され、新たな「屑拾い」を待つ。生と死のサイクルが駆動する歴史のただなかで、歴史叙述は変化にさらされる。それでよいのだ。

体験者がいなくなるといって焦ることはない。きっと「歴史」は、個人の一生よりも長い射程で人間をみつめる姿勢から生まれてきた。

次の世代はすぐにやってくる。でも、歴史となった戦争に、世代論はいらない。いつ生まれようとも「対話と交流を試みながら死んでいく」(30)点で等しい存在となる。本章が、岡田が生み出した〈環礁〉の世界に、〈屑拾い〉や〈舟〉を描き加えたように、本書も加筆や批判に開かれている。「未定の遺産」として、体験者なき時代のとば口に置こう。

(30) 前掲岡田、二〇一頁。

あとがき

書を編む日々の言葉たち

清水　亮

本書のあとがきに形式的な謝辞はいらない。個人が個別にお世話になった方はいても、グループ全体として助成金も科研費も研究費ももらっていない。それでも特別に、この自由で無謀な企画をさらりと引き受けてくださった編集者の二人へ、心から敬意と感謝を捧げたい。

何もないなかで、無名の一三人が集まり語り合う場の熱量を頼りにつくってきた本だ。だから、一年半にわたり会合を重ねてきた歴史実践の記録を織り込んでおきたい。出版プロセスに最初から最後まで携わった唯一の人物になってしまった私の一人称視点の〝証言〟である。

＊

二〇二二年七月一五日、一人出版社みずき書林の事務所兼自宅。本が積み重なっているかと思いきや綺麗に片付いたリビング。みずき書林を創業した編集者・岡田林太郎さんとの初対面は、『戦争社会学研究』誌の打ち合わせだった。別れ際に、「みずき書林はまだ出版企画は受け付けていますか」と尋ねて、自然に「ええ」とお返事をいただいた。

岡田さんは、前年八月にステージ4のスキルス胃がんが見つかってから約一年弱。体調は比較的安定していたとはいえ、なぜあれほどスムーズに引き受けてくださったのか、岡田さんのことを知れば知るほどわからなくなる。

当時一介のポスドク研究員だった私は、『戦争社会学研究』第六巻で「戦争体験継承の媒介者たち——ポスト体験時代の継承を考える」特集を担当して以降、岡田さんとメールのやりとりをしていた。[1]特集の拙論「歴史実践の越境性」をきっかけに、岡田さんがブログでよく言及していた保苅実の言葉の出典を尋ねたり、出版過程で岡田さんの影響を受けた最初の単著への感想をいただいたりしていた。本をつくる喜びに目覚めていた私は、叶うことならば岡田さんと編著をつくりたいという思いをおさえられずにいた。

『戦争社会学研究』編集委員を務めるなかで、複数の事例から戦友会の世代交代を比較する若手企画のアイデアを温めていた。さっそく翌日夕方に企画書を送り、翌々日午前には返事をいただく。

「非体験者が担う戦友会という謎」「一部は新規会員が継承して変容している」という部分が企画の柱のひとつになると思います。

同時に、「戦友会的な集団に関心をもつ若手研究者の発生自体が一つの時代の反映かもしれない」という点も、とても大きいと思います。

戦友会という対象が、なぜいま若手研究者を惹きつけるのか。

自分自身の対象への関心そのものもまた研究対象になるような、そのことが「非体験者が担う戦友会」と表裏になるような、ある種のメタ的な構造をもった企画になりそうな予感もします。

そのあたりにも、手堅い研究論集を逸脱して「爆発」[2]するヒントがあるような気がしました。

喜び勇んで、執筆者へ声かけを、二一日に発信した。メンバーは、ごく自然に「先生」ではなく「さん」で呼び合えるような方々に絞った。全員が快諾くださったことに驚き、執筆者は総勢一一名にのぼった。岡田さんは、「いっそみんなで『ラディカル・オーラル・ヒストリー』的なごった煮的な魅力のある本を目指す、という裏テーマでもいいかもしれませんね」と、二二日のメールで返信している。

八月二〇日にオンラインでキックオフミーティング開催。ところが岡田さんは抗がん剤の副作用で前週から急遽入院。検査着で病室のベッドからオンライン参加となった。「われわれ自身がなぜこんなことをやっているのか」という問いも含め、『ラディカル・オーラル・ヒストリー』のような多声的で、学術の枠におさまらないバラエティに富んだ本をつくってはどうかと語った[3]。以後も寄せてはかえす波のように、病は岡田さんを病室へ連れ去っていくものの、体調が許せばオンラインでつながることができた。

九月に退院した岡田さんと早稲田大学界隈の老舗喫茶店「アララカララ」でお茶をして身の上を語り合う[4]。研究発表の回に加え、本づくりについて語り合う回も設けたいという話もした。学術的なクオリティは年齢を重ねれば上がるにもかかわらず、未熟な今こんなに本を書いていいのかという悩みをこぼすと、岡田さんは「今しか書けないことがあると思いますよ」と言った。何気ない一言は、その後ずっと、今この文章を書く瞬間も、私の筆を支えている。

＊

一〇月二日に初の研究発表会。岡田さんも自宅からかなり長いコメントをしてくださった。ただ、当日は体調が芳しくなかったようで、二五日から一か月以上の入院となる。一一月二七日の研究発表会の頃には病室からのブログ更新も滞り音信不通のまま回復を祈るばかり。

とはいえ、研究発表会は、突っ込んだ専門的な質問・議論を交わす時間が主だった。毎回二時間半ほどで、終了後には有志でひととき雑談する。特筆しておきたいのは、私の親くらいの世代だけれども、気軽に「さん」付けで呼べる遠藤美幸さんの存在だ。他の執筆者とは桁違いの人数の生き残りと出会い、戦友会などの現場活動を担ってきた証言を聴く場でもあった。私の文章にも、共感と違和感を率直に表明してくださった。

ちょうど一二月一七日の戦争社会学研究会例会で、五日後に一人出版社図書出版みぎわを立ち上げる岡田さんの前職後輩の堀郁夫さんにお会いできた。(5) 初対面の飲み会で「岡田林太郎はライバルだ」と語った堀さんと、私はぜひ仕事がしたいと思った。(6)

岡田さんの退院から約一か月後の一月一〇日、堀さんも加わって、本作りについて話し合う「茶話会」が研究発表と並行して始動した。お題は、執筆者プロフィールを見据えて、「私と戦争とのつながり方」。個々人のエピソードが交わされるなかで浮かび上がったのは、戦争と関わるそもそものきっかけや動機は、その後の研究にとってさほど重要ではない、ということだ。発端は偶然的なつながりだったとしても、やがて思い入れをもつなかで、つながりを手繰り寄せていく。つながりには、偶然と意志とがある。

二月一八日の茶話会では、参考になりそうな共著の本を持ち寄って、執筆者プロフィールを『なぜ戦争をえがくのか』のように書いてみようか、インタビューや座談会を入れようか、など自由に構想を語り合った。『マーシャル、父の戦場』編集の過程や、塚田修一さんの『国道16号線スタディーズ』をは

じめとする編著三冊の話から学ぶ。研究会や茶話会を重ねるごとに、本書のテーマの重点は「戦友会研究事例集」から、「戦争記憶継承」「歴史実践」へ傾斜していった。さまざまな企画を再始動していた岡田さんは翌々日のブログで、「あともう一歩だけ遠くへ、もう一息だけ深いところへ」と心境を語っている。

四月二三日、満を持して、恵比寿の貸会議室カフェで初の対面会を開催（写真）。戦争社会学研究会大会に合わせて九名参加。まえがきや序章の草稿をもとに、戦争との距離や、対象と向き合う時の研究主体の感情的な揺らぎ、歴史への真摯さなどについて議論した。(7) 近況報告を経て、ささやかにみずき書林の五周年や図書出版みぎわの創業を祝った。

＊

五月一八日に、私は『戦争社会学研究』の打ち合わせを兼ねて、堀さんとみずき書林を訪ねた。岡田さんは、保苅実著作集の企画を話し、「清水くん、解説を書いてみない？」と言った。とっておきの秘密基地へ誘われたときのような嬉しさで、私は二つ返事で引き受けた。痩せていても気力はあり、まさか最後の対面なるとは思わなかった。五月三〇日、入院。

七月三日、私は、学部三年生でお会いして以来、ずっとお世話になってきた元海軍飛行予科練習生の戸張礼記さんのお見舞いにうかがっていた。もう長くないことははっきりしていて、きちんとした会話が交わせる状態ではなかったけれども、最後に握手して別れた。[8]

翌日、私が戸張さんと最後の対面をしていた頃に岡田さんが亡くなったことを知った。お通夜と告別式には、関東在住の本書のメンバーを含め大勢が訪れていた。[9] みずき書林の既刊書が祭壇に並び、本への愛を雄弁に語っていた。

告別式の帰路に母から電話がかかってきた。女学校時代、中島飛行機武蔵野工場に勤労動員され空襲にも遭った九五歳の大叔母がもう長くなさそうだという。急いで会いにいった。小さい頃からとてもかわいがってくれた大叔母は、強く強く手を握って離さなかった。[10] さらに広く見れば、ここ二〜三年はちょうどフィールドや身内の戦争体験者世代とのお別れの連鎖にぶちあたっていた。

戦争というテーマは、死と生について考えるよう迫ってくる。このテーマに関わった研究者たちは、人生のより早い段階で、やがてくる死について、どこか意識してしまう。それはなによりも、本質的に戦争というものが死を生み出すシステムだからだ。それに加え、私たちは、いつ亡くなってもおかしくない高齢の戦争体験者たちとつきあう時代にいた。出会った時から、別れが来る未来を予感せずにはいられない人間関係が立ち上がる。

私は岡田さんと特別親しいわけではなかった。対面して一年もたたないまま、結局は一献傾けることさえなかった。岡田さんの追悼文にならないように、という編者のひとりである角田さんの警句にも首肯した。それでも、結局岡田さん中心の文章を書いてしまった自分がここにいる。岡田さんの生と死に、多少の距離から、執着をもって向き合う実践は、戦争体験者の生と死に向き合う実践と、どこかでつながっている気がしている。

とはいえ、岡田さんの死によって、この企画が根本的な変化を被ることはなかった。「人と人との対話を生みだすような本を作ること」を掲げたみずき書林を経て、「世界を変える言葉を届ける」図書出版みぎわへ。九月には茶話会を開いて執筆者プロフィールについて話し合い、一〇月には全ての章を取り上げた原稿検討会を丸二日間かけて行った。集まりの熱量は失われなかった。ひたすらに本をつくることに夢中でいる。

＊

死を知る一か月前、六月四日に時を戻して話を終えよう。茶話会の枠で保苅実の『ラディカル・オーラル・ヒストリー』読書会が開かれていた。みずき書林から『マーシャル、父の戦場』『なぜ戦争をえがくのか』を出版してきた大川史織さんがゲスト参加してくださる。病床の岡田さんは、今録音を聴き直してもびっくりするほど、張りのあるエネルギッシュな声で語り始めた。

今まさに保苅実の生き様や死に様が、心に「ぶっ刺さっている」。

二時間弱が過ぎたころ、大川さんの語りを呼び水に、岡田さんは歴史実践について語り始めた。岡田さんが遺した言葉も、「未定の遺産」として、創造的な解釈を待っている。

　保苅実がいるからこそ、僕とか堀くんとか大川さんがこういう場に出て来れている。それ（歴史実践という言葉）は、やはり一つ大きな効能があって、やっぱりどうしてもアカデミズムの世界は資格、修士出てます、博士出ていますみたいな、そういう垣根を取っ払った意味では、保苅実のいう歴史実践にはすごく大きな意味があったと思うんですね。

　それをもっと敷衍すると、やっぱりどうやって生きていくのかっていう話になってくる。何をやって生きていくのか。自分は何を見つめて考えて暮らしていくのかっていう話になってきて、そういうふうになってくと究極的には、死ぬこと、だったり、生きていくということの根本みたいなことになってくるんですね。で、僕は……ものすごく予定していたよりも早く、そうしたものを突き付けられてはいて。

〔中略〕

編集者として僕自身が死につつあるということが、どっかで反映されちゃう本になるんだろうな、と。だから、みなさんの思いのようなものを、この本にうまく乗せていきたいですし、そこには、えっと、僕とか堀くんの思いもちょっと乗せられるようなつくりになっていますんで、僕がのっけられるものがあるとすれば、そういう、なんていうんだろう。何を思って生きていくんだろう、我々は、っていう。うん。一人一人大事にして生きていくものってあるよね。それって何なんだろうねって。そういうことをあらためて考えていけるような、歴史実践。僕にとってはそういう言葉ですね。

歴史することは生きることそのものだ。

だとしたら、歴史実践という言葉は、歴史観や歴史認識の問題として狭くテーマ化してはもったいない。人間が「一人一人大事にして生きていくもの」を探していく日々の生き方が、歴史実践であるといえないか。歴史実践という言葉は、一心不乱に生き必ず死ぬ人間同士が、互いの切実な思いを語り合う場を開けないか。

歴史することの豊かさは、偶然出会った一人一人の生と死に向き合い、自らを揺さぶる経験を、ともに反芻し憶えていく過程にある。私たちが精魂尽くしている戦争研究など、そのほんの一部に過ぎない。

その思いから、学術書でありながら学術書の枠をこえていく「逸脱」[11]の書が生まれようとしている。

二〇二三年一〇月三一日[12]

注

（1）「自由で危険な広がりのなかで、一心不乱に遊びぬく術を、僕は学び知りたいと思っている」（保苅実とつながる会編『保苅実写真集 カントリーに呼ばれて――ラディカル・オーラル・ヒストリーとオーストラリア・アボリジニ』二〇一〇年、五一頁。『保苅実著作集BOOK 1 生命あふれる大地』図書出版みぎわ、二〇二四年、三三頁にも収録）。みずき書林創業の際に大きな支えになった言葉だ。

（2）「爆発」は、「書くこと」が生む効果について保苅実が好んで使った言葉だ。（『ラディカル・オーラル・ヒストリー――オーストラリア先住民アボリジニの歴史実践』御茶の水書房、二〇〇四年、二七八頁）。二〇年前に亡くなった保苅実が私たちをつないでいた。

（3）「以前それぞれに仕事をした塚田修一さん、遠藤美幸さん、後藤杏さんなどが一堂に会していて、不思議な気持ちがする」とブログに綴っている（岡田林太郎『憶えている――四〇代でがんになったひとり出版社の一九〇八日』コトニ社、二〇二三年、四二、四二一～二三頁）。後藤は「近代日本の日記文化と自己表象」研究会の縁。塚田は『近頃なぜか岡本喜八』（山本昭宏編、二〇二〇年）、遠藤と清水は『なぜ戦争体験を継承するのか』（蘭信三ほか編、二〇二一年）。そして『戦争社会学研究』への寄稿も含めると、望戸、角田、堀川、那波、津田も加わる。本書は、みずき書林が播いてきた種の発芽だった。ブログの締めくくりは「もうすこし生きていたいなあと思う。彼ら彼女らと一緒に、ごく普通に、まっとうに生きてみたい」。

（4）本当は一盃傾けるはずだった。岡田さんは早稲田大学出身で、私も当時早稲田大学の所属だった。

（5）この入院後に、みずき書林のいくつかの企画は移籍・中止が決まったようだが、本書の企画は、堀さんのサポートと万一の際の引継ぎを前提として、みずき書林企画のままだった（前掲岡田、一二六、四五五、四六六～六八頁）。

（6）堀さんも、保苅実について「読者をアジテーションするかのような文体に感化され、気が付けば、「自分も実践者として何かせねば！」と考え始めてしまう。その結果として、ひとりで出版社をはじめたりしてしまう恐ろしい本」と書いている

（二〇二三年三月東京堂書店『世界をどう文学で描けるか』刊行記念フェア配布文書「図書出版みぎわについて」内【こんな本が作りたい！】欄より）。

（7）この時点での仮タイトルは「生き残った人々と（出会う）私たち――「歴史化」する戦争からの距離」。

（8）八月八日永眠。

（9）通夜では執筆者一同名で送った弔電を紹介いただいた。

（10）一一月六日永眠。

（11）「いわゆる研究書・学術書にカテゴライズされる本であっても、いま必要とされているのは――すくなくとも僕が面白いと感じるのは――このような人と人との出会いを元にした血肉の通った充実であり、それがもたらす一種の逸脱だと思っています」（二〇二一年四月五日のブログ。前掲岡田、二〇二三年、二八四頁）。この言葉との出会いは、私の本の書き方を変えた。

（12）二〇二四年一月に、『憶えている』などの記録と照合し大幅に加筆修正した。

＊読者は、この文章のあちらこちらの日付の頃、何をして、誰と出会い、別れただろうか。私たちの小さな歴史は書かれなければ容易く記憶の底に沈む。

事実として受けとめる

白岩伸也

昨年から本書の企画はスタートしたが、編者になったのは二〇二三年の五月。社会学の清水亮さん、歴史社会学の角田燎さんの空白を埋めるように、歴史学者としての役割を期待された。普段は、教育学・教育史を肩書きとしているため、その務めを果たすことに自信はなく、歴史実践への無理解による不安も大きかったように思う。

読書茶話会で保苅実『ラディカル・オーラル・ヒストリー――オーストラリア先住民アボリジニの歴史実践』（御茶の水書房、二〇〇四年、以下ROH）を扱うことが同じ月に決まる。書棚にあったが、まともに読んだことがなかった。それは、ROH刊行から二〇年近く経過した現在も、歴史学での受容は進んでおらず[1]、教育史研究にいたっては、その影すら見られない状況と無関係ではない。茶話会のためにすぐさま読み始めると、顔をうずめるほど、夢中になった。院生時代の読書会で、スピヴァクやサイードなど、ポストコロニアリズムに関する書籍を読み漁ったため、保苅の言っていることはよくわかったし、わかりすぎてつらくなる。かれが究極まで高めたポストコロニアルな実践性は、「知の権力性とか言えば許されると思うなよ」と、私のような中途半端なポスコロ理解者を脅迫する。非対称性を乗り越えようとする、かれの徹底ぶりは、アボリジニへの真摯な向き合い方、多彩な表現や複数の一人称、アクロバットな本の構成など、すべてに表れていた。

ROHの咀嚼も不十分なまま、五月二八日の予科練戦没者慰霊祭へ行った。記憶に残るのは、その前日の偲ぶ集いにおける一場面。既定のプログラムが終わる頃、予科練出身者の方が突如壇上にあがり、これだけは伝えたいと、海軍のスマート精神について説教し始めた。三〇分が経ち、不穏な空気が広がるなか、唐突に日教組批判へ。急な話題転換に絶望したが、司会が止めに入った。

会も終わり席を立つと、先ほどの予科練出身者がいた。お話ありがとうございましたとなんとなく声をかけると、変なこと言っちゃったかなと返され、自嘲的な物言いに虚を突かれる。スピーチのときには気づかなかったが、よく見ると、かれの鼻には透明な酸素チューブが付けられていた。酒がまわっていたことや、離れていたことなども影響しただろうが、チューブが目に入らなかったのは、かれの顔を見ようとしないまま、かれらのなかに包摂する「強迫的三人称複数主義」[2]によるものだと思われる。その後、かれは私に、精神教育に関する出来事を語ってくれた。何もメモをとらず、一切録音もせず、ひたすら聞いた。命を削って話す生のリアリティに触れ、揺さぶられ、その話を信じた。だから私は、かれが語る出来事を相対的で主観的なストーリーやナラティブととらえたくなかった。ただ事実として受けとめた。「語られた出来事を「事実」として聞き取ることは、研究上の義務」であり、「たとえ時代錯誤と言われようとも、オーラルヒストリー研究は「実証的」であることを免れ得まい」[3]ということばが、いまの私に響く。

六月四日はいよいよROHの茶話会。高校生のときに初めてエヴァンゲリオンを見たとき以来の衝撃と述べた。私はこんな表現しか出てこなかったが、参加者のみなさんが語る保苅との出会いは、じつに多様で、どれも聞き入ってしまった。保苅の影響は生活や教育に及び、ROHについて知り合いの研究者と話したり、ワーキングホリデーでオーストラリアにいる友人に送ったりした。大学で担当する授業でも、教育史実践と勝手に称し、小さな学内で史跡探訪を行った。このように歴史実践に惹かれつつも、自身の論文はこれまでと変わらない手法で執筆していく。

九月末から一〇月頭にかけて、各章の原稿が揃う。堀川優奈さんが接近を試みる高橋大造さんは客観性に固執し、清水さんが対話を重ねてきた行方滋子さんが歴史への謙虚さを持っていたように、個々の歴史実践は事実を探究する緊張感に満ちた営みだった。物語に回収することはできないし、記憶と解釈してはならないという思いをさらに強くする。

それとは対照的に、文字資料を収集し、それを分析する、従来のオーセンティックな歴史学の手法に依拠した論文もあった。私もこれに該当するだろう。ただこれらも歴史実践と無関係ではないと思われた。というのも、歴史実践は歴史学の実践性を否定するのではなく、その可能性をすくい上げるからだ。オーラル・ヒストリーの手法を採用し自己を語るのが歴史実践で、史料に依拠して自己を語らないのが歴史実践でない、というわけではない。語らないという沈黙も発話行為なのだとすれば、「ギャップごしのコミュニケーション」[4]はそこにもある。それぞれの研究から戦略的な主体性を読みとる。

変な話に聞こえるかもしれないが、保苅と出会い、歴史実践に学び、本を編むことで、私の研究における事実の重要度は高まり、実証史学の支配域が広まった。これまで物語や記憶としてとらえ、歴史から排除してきた出来事を、歴史実践という視座から事実として再認識したことで。私は、本書の出版を通じて、事実と物語を峻別した実証史学を念頭に置きながら、事実を事実として受けとめることで物語との二項対立を超えようとする、実証史学にも向き合おうとしている。私という主体の変化が、私の研究の変化につながるのか、いまはわからない。この事実は私の新たな出発点にすぎない。

二〇二三年一一月二日

注

(1) 松井康浩「実証主義とテクスト主義を超えて――歴史研究者は保苅実から何を得たか」(『日本オーラル・ヒストリー研究』

第一三号、二〇一七年）。

（2）保苅実『ラディカル・オーラル・ヒストリー——オーストラリア先住民アボリジニの歴史実践』（御茶の水書房、二〇〇四年）、三五頁。

（3）朴沙羅「物語から歴史へ——社会学的オーラルヒストリー研究の試み」（『ソシオロジ』第五六巻第一号、二〇一一年）、四五、五二頁。

（4）保苅前掲、二七頁。

研究が作り出す広がり

角田　燎

漠然とした将来への不安。自分は何者で、何がしたいのか、何を成せるのか。そんなことを常に思いながら歩んでいた。将来への不安を少しでも和らげるために、少しでも業績を積み上げる。博士課程開始とともに学会はオンライン開催になり、満足に同世代の研究者と関係性を築けなかった自分にとっては、文字通り孤独な研究生活が続いた。

そんな中、二〇二二年三月に数少ないコロナ前からの研究仲間である清水さんから博論本『「予科練」戦友会の社会学』が送られてきた。夢中で読み進め、翌日にはお礼と感想のメールを送る。すると、清水さんから将来的に戦友会を研究する若手で『戦争社会学研究』の特集を組みたいという構想が送られてきた。自分も同じように何か共同研究ができれば良いと考えていたと返信したが、その「将来」は案外すぐやってきた。

八月になると、清水さんから企画を岡田さんに提案したこと、一緒に編者にならないかという誘いがくる。博論の佳境で、自分の研究に行き詰まりを感じていた自分は二つ返事で快諾した。この時期くらいから、対面学会も増えたことや、自分の書いたものが徐々に認知されたこともあり、若手研究者の間で交流する機会が増えていた。

戦友会とは何なのか、それを研究する意義は何なのか。それが永遠と問われ続ける博士論文執筆の傍ら参加するこの研究会は、至福の時であった。戦友会とは何なのかという話はいらない。むしろ、同じような悩みを抱え、戦友会研究の面白さを共有した。ひたすら資料と向き合い、ここから何が言えるのか、何の意義があるのかと悶々とする日々は、結果的に新たなつながりを生み出してくれたのである。

他方、本書をどうまとめていくのかという作業は非常に難しかった。自分は、各メンバーの個別事例の執筆とその比較分析を行ないたいと考えていたが、事はそう単純ではない。小規模な団体も存在する戦友会では、個人のパーソナリティーが組織に与える影響が大きいため、比較を行ったとしても~の会には~さんがいたから~となったとしかならない。そのため、そこから何かしらの類型やモデルを導き出すのは困難に思えた。むしろ、我々の事例研究の広がりや、戦友会研究を行う若手研究者が現れた意味を問う方向にシフトしていった。そこで大きな柱となったのが、岡田さんと我々の交差であり、保苅実の歴史実践であったと思う。岡田さんという我々にチャンスを与えてくれた編集者の存在や、保苅実の歴史実践なしに本書は語れないまでになっていった。

しかし、正直に言えば私は、清水さんや白岩さんほど歴史実践を理解できなかったし、岡田さんには感謝しているけれど、岡田さんの追悼文のような本にはしたくないという思いがあった。(1) また、博士論文執筆、就職、博論本の出版と立て込んだ自分は、清水さんや白岩さんに頼りきりで、終章の執筆に十分コミットできなかった。そういった意味では自分自身に対し、不甲斐なさを感じ、納得のいかない部分もある。ただ、本を共に編み上げるという経験は何物にも変え難い経験であった。その過程では、数々の難題があったが、その度に一人ではなく、編者三人、時には他の執筆者や二人の編集者を巻き込みながら共に悩み解決策を模索した。一人で悩んでいた博士論文とは大きく違う。研究が生み出したつながりは、一人では辿り着かないものをもたらしてくれたと思う。読者にもその一端を感じていただければ幸いである。

二〇二四年二月四日

注

(1) 保苅実や『ラディカル・オーラル・ヒストリー』の「怪しい魅力」を感じながらも、博士論文で「歴史修正主義」と向き合っていた自分にとって「歴史実践」をどのように理解すれば良いのかわからなかった。また、本書の成り立ちからして岡田さんの影響は不可避であるからこそ、そこに自覚的でなければ追悼文のような本になってしまうという危惧があった。

戦争と切り離せないわたしたち

堀　郁夫

子どもの頃、少しだけ、祖父から戦時中の話を聞いたことがある。祖父は、軍人になるための訓練は受けていたが、戦地に送られる前に戦争が終わった、俺は運が良かった、と言っていた。その話は憶えていたが、「運が良かった」という祖父の言葉をうのみにして、その時代背景については、あまり深く考えてこなかった。

本書の編集過程で、塚田修一さんの、山口瞳、そして中條高徳に関する論考を読んでいた時、ふと、彼らの経験が自分の祖父に似ていると気づいた。祖父の生年を僕は憶えていなかった。直ぐに母親に確認をしたところ、祖父は大正一五年生まれ、つまり「戦争と切り離せない青年期」（塚田修一「陸軍士官学校からエリートビジネスマンへ」、一九四頁）を過ごした山口、中條らと同世代であることを、いまさらながら知った。

祖父は温厚な人だった。孫の学校の送り迎えのためにわざわざ車の免許を取るような人だった。祖父に関する記憶で、嫌な思い出は一切ない。その祖父も、おそらく、孫という立場からは知りえなかった戦争に対する複雑な思い、葛藤やひけ目を抱えながら、その生涯を送ったのだろう。

大正一五年生まれの山口瞳が直木賞を受賞した小説、『江分利満氏の優雅な生活』は、大正一三年生まれの岡本喜八によって映画化された。映画のなかで小林桂樹が演じる江分利満氏は、終始ぼやいている。生活の苦しさや時代の急激な変化について、酒を飲んではぶつぶつと言葉にする姿がコミカルなのだが、映画の最後、酔いに任せて、戦中派としての思いを吐露する場面がある。この世代の思いを代弁するかのように、言葉巧みに戦地に若者を送り込んだ年長世代への恨みを吐き出すラストシーンは、その異様な雰囲気も相まって、強く印象に残っていた。

塚田論文を読むまで、『江分利満氏の優雅な生活』の小説・映画に触れていながら、祖父と彼らを結びつけていなかった。だから同世代だと知ったとき、自分の知らない祖父の一面に触れたような気がした。

僕らは、いつでも、歴史につながることができる。ふとしたきっかけで、歴史がこちらに歩み寄ってくる瞬間がある。過去を知ることで、見え方が変わるものがある。

清水亮さんが「あとがき」で詳しく記している通り、本書は当初、岡田林太郎という編集者が、みずき書林という出版社から刊行する本としてスタートした。何度かの打ち合わせの後、岡田さんが体調を崩した時期があり、それ以降、僕も編集会議などに参加するようになった。

岡田さんと僕は、元々同じ出版社で仕事をしていた。先輩と後輩として、のちには社長と部下として、一〇年ほど共に働いてた。二人ともその会社を離れて数年経っていたが、本書の打ち合わせに同席していた時期は、同僚でもないのに岡田さんと打ち合わせができることが懐かしく、嬉しかった。万が一の時は企画を引き継ぐ、という話はしていたが、実際にそうなる直前まで、本の完成まで一緒に仕事ができると思っていた。そのぐらい、岡田さんは亡くなる直前まで、元気に仕事をしていた。勉強会を繰り返し、それぞれが書くことを理解し合いながらまとめていった本書には、その勉強会で岡田さんの発した言葉たちが、様々な形で、影響を与えている。

普通、編集者は、自社の本に「あとがき」は書かない。編集者は、基本的に黒子でいい。ただ、本書については、図書出版みぎわから刊行するに至る経緯だけは、しっかりと残しておきたかった。本書は、岡田林太郎という編集者とともに作り上げた一冊だ。

継承なんてできない。けど、つながることはできる。戦争体験者と距離ができたいま、何を語ることができるのか。その問いから本書はスタートした。一方で、やはり身近にいたからこそ、伝わるもの、残せるものもある。その両輪で、歴史は、記憶は、つながっていく。

この文章を書くために、およそ二〇年ぶりに映画『江分利満氏の優雅な生活』を観た。大学時代にはコミカルな印象が強かったのだけど、見返してみると、かなり戦争を、戦後という時代を意識した作品であることに、改めて気が付かされる。歴史を知ることで、見るもの／見えるものが変わる。本書の編集は、僕にとっても、戦争と戦後という時代を考えなおす、捉えなおすきっかけになった。読者もまた、そんな経験ができる本になっていれば嬉しい。

本書を編集する機会を与えてくれた岡田林太郎さんに、そして、途中で編集者が、出版社が変わるという状況の中で、引き続き熱意をもって本書に関わってくださった皆さまに感謝したい。ありがとうございました。

二〇二四年四月一〇日

執筆者プロフィール／エッセイ（掲載順）

凡例

氏名

（よみ）

略　歴

［依頼内容］

「私と戦争と場所・モノ」というテーマで、写真を1枚、その写真にまつわる思い出を自由に書いてください。

塚原真梨佳

（つかはら・まりか）

1992年、佐賀県生まれ、沖縄県育ち、立命館大学立命館アジア・日本研究機構専門研究員。主な論文に、「戦艦三笠保存運動のメディア史」（『メディア研究』102号、日本メディア学会、2023年）、「『ナショナルなもの』としての戦艦」（『戦争社会学研究』7巻、2023年）などがある。

Tsukahara Marika

2019年の夏、私は台湾・基隆を再び訪れた。2度目の来訪は母を伴ってのことである。

ちょうどお盆の頃だったからだろうか。基隆の街のあちらこちらに色彩豊かなランタン飾りが華やいでいた。そのランタンに火が灯る頃、母と2人、基隆の波止場から海を眺めた。

「伯父さん、遅くなってごめんね。」

母がポツリと呟く。

「八千代の娘が来ましたよ。本当は八千代さんも連れてきたかったけれど、それは間に合いませんでした。」

戦後、祖母は彼らの母親（筆者の曽祖母）を靖国に連れて行くことが叶わず、戦死した兄の弔いを十分にできていないと随分悔いていたという。

思えば、全てはあの日の母の何気ない一言がきっかけではじまった。あの時、なぜあんなことを私に告げたのかと尋ねてみても、きっと母は覚えていないと言うだろう。でもそれは、裏を返せば、不意に口をついて出てしまう程度には、母方の一族の記憶の中に大伯父の存在が、そして彼への弔いの未完が無視できないしこりとなってわだかまっていたのだろうとも思う。写真一葉、骨ひと欠片帰ってこなかった大伯父。空の骨壺を墓に納めてみたとて、誰がそれを弔いの区切りとすることができるだろうか。

ふと、大伯父の戦没地へと続く海に、母が呼びかける。

「伯父さん、遅くなったけど、一緒に帰ろうね。」

海は、何も答えない。

私は、一族の年月が刻まれたような母の横顔を、ただじっと見つめていた。

遠藤美幸

（えんどう・みゆき）

1963年、秋田県生まれ、神田外語大学・埼玉大学兼任講師。イギリス近現代史、ビルマ戦史研究者。不戦兵士を語り継ぐ会共同代表。主な著作に、『「戦場体験」を受け継ぐということ』（高文研、2014年）、『悼むひと』（生きのびるブックス、2023年）などがある。

Endo Miyuki

ビルマ戦の聞き取りを始めた頃、龍兵団の戦友会で飛び交う聞き慣れない地名がどこにあるのか皆目見当がつかなかった。元兵士はそんな私に「この地図に龍兵団の行動地域の地名が全て書いてあるから」と言って、Ａ３判の「ビルマ戦場の地図」をくれた。地図には戦没した戦友の名前と場所と日時が細かい字でびっしりと書き込まれていた。私は地図の地名に○をつけながら元兵士らの話を必死に聞いた思い出がある。

数年経って、この「ビルマ戦場の地図」は、龍兵団衛生隊の吉松軍蔵が自費で建立した石碑を転写したものであることを知った。写真は1981年11月22日に福岡中央霊園内に建立した石碑（サイズ1・49Ｍ×2・21Ｍ）。作成に数名の職人が手彫作業で膨大な手間と莫大な費用を要した。噂によると家が建つほどの値段だったとか……。夫、息子、兄弟の戦没した地名を石碑に見つけて遺族は癒され、元兵士は亡き戦友を悼んだ。かつてはこの場所で毎年秋に数多の元兵士と遺族が集まって慰霊祭を行った。石碑の碑文を読むと、雲南の山野には未だ約八千人の戦没者があり、一片の収骨さえも行われず地下に眠ったままと記されている。雲南戦場を生きのびた吉松軍蔵の無念を強く感じる。

角田　燎
（つのだ・りょう）

1993年、東京都東久留米市生まれ、立命館大学立命館アジア・日本研究機構専門研究員。主な著作に、『陸軍将校たちの戦後史――「陸軍の反省」から「歴史修正主義」への変容』（新曜社、2024年）、「特攻隊慰霊顕彰会の歴史――慰霊顕彰の「継承」と固有性の喪失」（『戦争社会学研究』４巻、2020年）などがある。

Tsunoda Ryo

ボロボロの自転車で父の背中を追う。周りは一面田んぼ、遠くに見える山々が豊かな水を運ぶ。「日本の故郷」と言われたらこんな光景と言いたくなるような景色が広がる。ここは父の生まれ故郷、愛媛県西条市。私にとっても幼少期から家族と共に帰省してきた思い出深い場所である。

特攻隊の慰霊団体についての修士論文を書き上げた自分は父に連れられ、「最初の特攻隊」として有名な敷島隊とその隊長、関行男の慰霊碑に向かっていた。楢本神社境内にある関の慰霊碑は巨大で、その周りには250キロ爆弾を模した隊員の慰霊碑が並ぶ。関が愛媛県西条市出身なのは知っていたが、自分の身近な場所に戦争の「跡」があるのは知らなかった。

著名人も設立に参加した関の慰霊碑は、どのような経緯で、設立されたのか。父の地元である西条では、関や特攻隊はいかに認識されているのか。そんなことばかり気になる人間になったからこそ、自分の身近な戦争の「跡」に気が付くようになったのかもしれない。

後藤　杏

（ごとう・きょう）

1997年、山形県山形市生まれ、主な著作に、「戦後日本社会における全国憲友会連合会の意識動向――憲友会の政治化・右傾化をめぐって」（埼玉大学大学院人文社会科学研究科、2022年3月提出修士論文）などがある。

Goto Kyo

社会人になってから着付けを習い始めた。中原淳一や高畠華宵の世界に憧れていた私は、戦前に作られたアンティークの着物が着たかったのだ。働き始めて数ヶ月、市内にアンティーク着物専門店があることを知り、行ってみることにした。モダンな店内は、見るだけでも楽しかったが、口のうまい店主におだてられ、着物を買うことにした。

しかし、昔の人は小柄なため、自分に合うサイズがなかなか見つからない。ようやく身丈に合った着物を見つけ、購入したが、そこからが大変だった。着付け教室では、キツい帯に慣れない体勢が続き、何回も貧血で倒れかけた。悪戦苦闘の結果、なんとか一人で着れるようになったが、勢いで買った着物に後悔していた。袖が短いのである。どうせなら華宵が描いた女性のように袂の長い着物が着たかった。

だが聞くところによると、この短い袖には戦争が関わっているらしい。戦時中、長い袖は贅沢だと言われ、どんなに良い着物でも袖丈を短く直したという。何もかもが制限され、カーキ色に染まった世界の中で、色鮮やかな着物は持ち主の心にどれほどの彩りを与えたことだろうか。途端、目の前にある着物に愛着が湧いた。時代を身にまとって大好きな舞台を観に行くのも悪くないかもしれない。

購入した着物

白岩伸也

（しらいわ・しんや）

1990年、静岡市生まれ、北海道教育大学旭川校准教授。主な著作に、『海軍飛行予科練習生の研究――軍関係教育機関としての制度的位置とその戦後的問題』（風間書房、2022年）、「戦死をめぐる記憶と教育の歴史――予科練之碑設立の経緯と背景を中心に」（『教育学研究』89巻2号、2022年、日本教育学会奨励賞受賞）などがある。

Shiraiwa Shinya

2011年1月、筑波大学2年生の私は、他県出身の学友と茨城県全市町村を制覇しようと、車中泊をしながらまわった。それなりに濃密な時間だったはずなのに、行った場所の記憶は曖昧で、守谷市で見た木の名前は思い出せないし、潮来市の読み方も忘れかけている。そのなかで、阿見町の予科練平和記念館を訪れたことは、頭の中にたしかにある。ただ、何を見て何を考えたか、すっぽり抜けている。おぼろげに覚えているのは、「俺はまたここに来ると思う」と友人が言い、「たいした奴だな」と私が思ったこと。つい先日、そのときの写真について尋ねたが、誰も持っておらず。友人の一人がなんとか出してくれたのは、茨城旅で訪れたときは食べられなかった北茨城市の郷土料理のあんこう鍋を、旅の一年後に自分たちで作り、食べながら、なぜか「犬神家の一族」を見たときの写真。いまだったら、顔の戦傷をマスクで覆うスケキヨに注目するが、そのときは、古めかしい台詞回しをみんなでマネした記憶しかない。戦争は私のそばにいたが、目の前の存在ではなかった。

2012年2月に大学の友人宅で「犬神家の一族」を視聴

望戸愛果

（もうこ・あいか）

1980年、東京都生まれ、静岡県立大学国際関係学部准教授、立教大学アメリカ研究所客員研究員。主な著書に、『「戦争体験」とジェンダー——アメリカ在郷軍人会の第一次世界大戦戦場巡礼を読み解く』（明石書店、2017年）、訳書に、『バナナ・ビーチ・軍事基地——国際政治をジェンダーで読み解く』（シンシア・エンロー著、人文書院、2020年）などがある。

Moko Aika

「パトリオットミサイルごっこ」というものをご存じだろうか。湾岸戦争期に日本の子どもたちの間で流行った遊びである。誰がどのような経緯で、この遊びを考えついたのか。考案者は不明である。当時小学生だった私が、休み時間に学校の校庭に出たときには、すでにクラスの子どもたちの間で行われていた。即日、クラスの「帰りの会」で、この遊びは担任の教師から禁じられた。それは一日限りの流行だった。

簡単に説明するとこの遊びは、「電車ごっこ」をアレンジしたようなものである。子どもたちは二つのチーム（つまり、二基の「ミサイル」）に分かれて、それぞれ縦一列に並ぶ。高速で空を飛んでいる感じを出すために、全員両腕を翼のように広げる。レーダーで目標を追尾する「パトリオットミサイル」になりきって、縦一列のまま、駆け足で蛇行して進んだ。この遊びは最終的に、一方の「ミサイル」がもう片方の「ミサイル」を撃ち落とす（相手チームの列の側面に先頭から体当たりする）のである。

昨日まではなかった、新しい遊びだった。男の子も女の子も、この目新しい遊びにこぞって加わって遊んだ。校庭の「パトリオットミサイル」の列は、長くなる一方だった。

写真：National Archives

「パトリオットミサイルごっこをする子ども」は、湾岸戦争期の日本の大人が要請する子どものあり方とは異なっていたのだろう。だがそれは裏を返せば、大人の許可、黙認、あるいは推奨さえあれば、校庭でいつでもあの「禁じられた遊び」は再開されるということを示している。

津田壮章

（つだ・たけあき）

1988年、京都府生まれ。京都大学大学院人間・環境学研究科教務補佐員。主な論文に、「戦後日本の政軍関係と自衛隊出身政治家の消長――隊友会機関紙『隊友』の言説分析を中心に」（『戦争社会学研究』5巻、2021年）、「自由な校風という教育実践――京都府立鴨沂高等学校の学校行事「仰げば尊し」から」（『人間・環境学』29巻、2020年）などがある。

Tsuda Takeaki

学部生の頃、戦中派という言葉は過去で固定されたものなのだろうか、私はイラク戦争の戦中派ではないのだろうか、ということを考えていた時期がありました。または、正規軍同士の戦争ではなく新しい戦争の戦中派はあり得るのではないかという具合です。そうした時期に自衛隊施設で見つけたのが、これら自衛隊のパンフレットです。今ではアニメが利用されやすいですが、この時代はアイドルが多かった印象があります。

自衛隊のイラクでの一部活動を違憲とする高裁判決が世論をにぎわせてから数年間の自衛隊広報がこれなので、この現象は一体何だろうか、というのをよく考えていました。

これらパンフレットを持って、政治的立場に関係なく軍事に詳しい人へ意見を聞いて回ったことがあります。しかし、自衛隊を対象とする研究がまだあまりない時代です。ほとんどの人が自衛隊広報を知らず、「どこで手に入れたのか」「もらえないか」と聞かれることが大半でした。ある大講義の後に、それまで面識のなかった大学講師へ見せた際、こちらの話もあまり聞かずに「とにかく欲しい」とばかり強く言ってきたので一つ渡したことがありましたが、これは後になって失敗だったと反省しています。入手方法は伝えましたし欲しいなら足を使えばいい話です。印象も悪かったので研究する際の反面教師として覚えています。

このように、詳しい人に聞いたつもりが、内容に驚いたり欲しいと言われるだけなわけですから、もうこれは自分で調べるしかないと思ったのが、自衛隊を研究対象にしたきっかけです。

2008年から2010年頃にかけて手に入れた自衛隊広報パンフレットなど

堀川優奈

（ほりかわ・ゆな）

1992年、静岡県生まれ。主な著作に、「シベリア抑留者による「捕虜」概念の拒絶と受容」（『戦争社会学研究』4巻、2020年）などがある。2024年、第5回村山常雄記念シベリア抑留研究奨励賞受賞。

Horikawa Yuna

演劇や映画は、劇場にいるときだけではなく、そのあともずっと私を支える源になってくれる。だからチケットをアルバムに綴じて、そのときの感情も書き留めて、時々開いて眺めてみる。戦争をテーマとした作品も、そうでない作品であっても、痛みを抱えた人々が描かれるものは、どんなに社会がやるせなく見えても思考することをやめてはいけないと、私に思い出させてくれる。

劇団四季の『ミュージカル異国の丘』は、最後に観てから何年も過ぎた今でも、そんな作品のひとつ。台本執筆者の一人である湯川裕光さんから、演出家で劇団四季の代表だった浅利慶太さんの創作時の想いを聞くことができて、私の原点としての『異国の丘』を改めて心に刻むことができた。私は自分の中のシベリア抑留が占める大きさについ気を取られてしまうことがあるけれど、作品の出発点は、シベリア抑留自体ではなく、戦争というものに関わる理不尽さを描くことにあったのだと。

もうひとつの原点は父方の祖父との想い出。7歳くらいのとき、戦争体験を聞かせてほしいと言った私に、祖父は何も語ろうとしなかった。戦後50年以上が経ってもなお語ることができない、それほど大きな痛みをもたらすのが戦争なのだと、胸がつまる思いがした。

研究で長くお借りしている高橋大造さんのシベリア抑留体験資料は、たくさんのことを語りかけてくれると思っていた。でも、高橋さんにも語れないことがあったのだろうと、今は想像できる。

塚田修一

（つかだ・しゅういち）

1981年、東京都生まれ。相模女子大学学芸学部メディア情報学科准教授。主な著作に、『国道16号線スタディーズ』（共編著、青弓社、2018年）、『大学的相模ガイド』（編著、昭和堂、2022年）などがある。

Tsukada Shuichi

大学院の修士課程で「戦争」に関係する研究を始めて、15年以上が経過した。正直に告白してしまえば、「戦争」という研究対象にどこか“馴染めなさ”を抱え続けてきた。それは、私が「戦争」を研究対象にするのが「たまたま」だったからだと思う。研究に「（強い）動機」や「きっかけ」が無いことが、かつてはコンプレックスでもあった。

それもあって、幾度となく「戦争」とは全く異なる研究対象（アイドル文化など）へ「出奔」してきてしまった。

だが、最近、「戦争」の研究について、どこか必然めいたものを感じるようになってきている。“辻褄が合うようになってきた”と言うべきだろうか。

現在の職場の相模女子大学は、元々陸軍通信学校であった。正門の門柱は陸軍通信学校時代のままであり、構内には陸軍のシンボルマーク（五芒星）が刻まれたマンホールがある。最寄り駅から大学へは、中條高徳が所属した陸軍士官学校（現在はキャンプ座間）へ続く「行幸道路」を横断していく。そんな環境が、私のこれまでの「偶然」を「必然」にしたのであろう。

実は、中條高徳という人物を知ったのも「たまたま」である。「陸軍士官学校出身のビジネスマン」というキーワードで、偶然知った。しかし、本書の論考を書き上げた今は、そこにどこか「必然」を感じている。陸軍士官学校にほど近い環境で執筆したからであろうか。

だから、「偶然」が「必然」になるのを、あるいは、環境が辻褄を合わせてくれるのを待っていてもいいのかもしれない。今はそう思うようになった。

清水　亮

（しみず・りょう）

1991年、東京都新宿区生まれ。慶應義塾大学環境情報学部専任講師。主な著作に、『「予科練」戦友会の社会学――戦争の記憶のかたち』（新曜社、2022年、日本社会学会奨励賞受賞）、『「軍都」を生きる――霞ヶ浦の生活史1919-1968』（岩波書店、2023年）、「歴史実践の越境性」（『戦争社会学研究』6巻、2022年）などがある。

Shimizu Ryo

私が家族以外で一番長くお付き合いした戦争体験者は、予科練の語り部の戸張礼記さん（1928年生まれ）。戸張さんについて書いた卒業論文を手に、茨城県の予科練平和記念館を訪ねた2014年2月26日、自身の講演を編集したＤＶＤをみせてくれた。「私がいなくても、これを教材にして授業に使えるように」と語る。――いやまだまだ長生きしますよ。

実際に亡くなるのはほぼ十年後。時代は進み戸張さんの講演はYouTubeにいくつか載っていて、町の広報動画「若鷲に憧れて」にも出演している。私も本を書き、非常勤先の授業では2022年に学生と講演を聴きに行った。車いす生活になった翌年も自宅から教室へZoomでつないで戦争体験を語ってもらった。私がスイスに行っていた隙に、戸張さんはもっとずっと遠くへ旅立ってしまった。でも今も、ウェブに、クラウドに、書棚に、スマホに、フィールドノートに、無数の戸張さんが溢れている――「人は二度死ぬ、二度目は忘れられた時だ」と毎度言っていましたけど、まだまだ長生きしますよ。

93歳の誕生日に「若鷲に憧れて」のDVDをいただいた。2024年2月現在、同作品のYoutube再生回数は39万回超。ちなみに、戸張さんの語り部活動については、拙稿「戦争体験と「経験」――語り部のライフヒストリー研究のために」（赤川学・祐成保志編『社会の解読力〈歴史編〉――現在せざるものへの経路 』新曜社、2022年）参照。

那波泰輔

（なば・たいすけ）

1989年、東京都生まれ、成蹊大学文学部 調査・実習指導助手。主な著作に、「わだつみ会における加害者性の主題化の過程――1988年の規約改正に着目して」（『大原社会問題研究所雑誌』764号、2022年）などがある。

Naba Taisuke

私にとって戦争とはずっと前の出来事であった。両親は戦後生まれであり、どちらも「戦争体験」がなく、また祖父母からも「戦争体験」を聞いたことがなかった。戦争は教科書などに出てくる出来事であった。そんな私に戦争に関心をもたせたのは一冊の本であり、それは、山田風太郎の『戦中派不戦日記』であった。彼の日記を読むことで、歴史のなかの一部に感じていたものが、「一人の人間」として浮かび上がってきた。自分と同じように、生活を送っている人びとの存在がみえてきたのである。彼らと自分が地続きであることに気づいたといってもよいだろう。その気づきは自分が感じていた「遠さ」とは何なのかもに気づかせた。それは、自分が感じていた「遠さ」は、同じ線上にある「遠さ」ではなく、まったく異なる線上にあるような「遠さ」であった。『戦中派不戦日記』は私に「遠さ」を感じさせてくれた地図でもあったのかもしれない。

【編者略歴】

清水　亮（しみず・りょう）
1991 年、東京都新宿区生まれ。慶應義塾大学環境情報学部専任講師。主な著作に、『「予科練」戦友会の社会学——戦争の記憶のかたち』（新曜社、2022 年、日本社会学会奨励賞受賞）、『「軍都」を生きる——霞ヶ浦の生活史 1919-1968』（岩波書店、2023 年）、「歴史実践の越境性」（『戦争社会学研究』6 巻、2022 年）などがある。

白岩伸也（しらいわ・しんや）
1990 年、静岡県静岡市生まれ。北海道教育大学旭川校准教授。主な著作に、『海軍飛行予科練習生の研究——軍関係教育機関としての制度的位置とその戦後的問題』（風間書房、2022 年）、「戦死をめぐる記憶と教育の歴史——予科練之碑設立の経緯と背景を中心に」（『教育学研究』89 巻 2 号、2022 年、日本教育学会奨励賞受賞）などがある。

角田　燎（つのだ・りょう）
1993 年、東京都東久留米市生まれ。立命館大学立命館アジア・日本研究機構専門研究員。主な著作に、『陸軍将校たちの戦後史——「陸軍の反省」から「歴史修正主義」への変容』（新曜社、2024 年）、「特攻隊慰霊顕彰会の歴史——慰霊顕彰の「継承」と固有性の喪失」（『戦争社会学研究』4 巻、2020 年）などがある。

戦争のかけらを集めて
遠ざかる兵士たちと私たちの歴史実践

TOSHO MIGIWA

2024年6月10日　初版第1刷　発行

編　者　清水亮・白岩伸也・角田燎
発行者　堀 郁夫
発行所　図書出版みぎわ
〒270-0119
千葉県流山市おおたかの森北3-1-7-207
電話　090-9378-9120
FAX　047-413-0625
https://tosho-migiwa.com/

装　丁　宗利淳一

印刷・製本　株式会社シナノパブリッシングプレス

本書の一部または全部を無断でコピー、スキャンなどによって複写複製することは、著作権法上での例外を除いて禁止します。乱丁・落丁本はお取替えいたします。

©Ryo SHIMIZU, Shinya SHIRAIWA, Ryo TSUNODA, 2024, Printed in Japan

ISBN978-4-911029-09-1　C0020